메가스터디
중학 국어 독해
비문학
과학개념

집필

유현진(엠베스트 국어 강사)
김보라(보라국어학원)
노준철(서해고)
문동열(이석호국어학원)
복현자(국어전문필자)
윤다운(용인한국외대부설고)
이석호(이석호국어학원)
이승직(아침가지국어학원)

검토

기겨미(서문여중 과학 교사)
박영희(개원중 과학 교사)

삽화

이소영
정은지

메가스터디 중학 국어독해
비문학 과학개념

초판 2쇄	2023년 12월 27일
초판 1쇄	2022년 12월 1일
펴낸곳	메가스터디(주)
펴낸이	손은진
개발 책임	배경윤
개발	정혜은, 김인순, 김지안, 송향미
디자인	이정숙, 윤인아
마케팅	엄재욱, 김세정
제작	이성재, 장병미
주소	서울시 서초구 효령로 304(서초동) 국제전자센터 24층
대표전화	1661.5431(내용 문의 02-6984-6897 / 구입 문의 02-6984-6868,9)
홈페이지	http://www.megastudybooks.com
출판사 신고 번호	제 2015-000159호
출간제안/원고투고	writer@megastudy.net

메가스터디BOOKS

'메가스터디북스'는 메가스터디㈜의 출판 전문 브랜드입니다.

유아/초등 학습서, 중고등 수능/내신 참고서는 물론, 지식, 교양, 인문 분야에서 다양한 도서를 출간하고 있습니다.

개념  생각
열기

개념  지문
독해

개념  핵심
정리

개념  집중
암기

수능을 대비한 독해 연습과
중등 과학 교과 개념 학습을
한 번에!

왜 이 책을 학습해야 할까요?

Q. 중학교 교과서에서 배울 중요 개념을 미리 알아두면 좋을 것 같아요.

 사회, 과학 교과서 내용이 무슨 말인지 이해가 안 돼요. 예비 중학생은 사회, 과학 공부를 어떻게 하나요?

 국어가 어렵다 보니 독해 문제집 푸는 데 시간이 많이 걸려서 사회, 과학은 공부할 시간이 없어요.

Solution

중학교 교과 과정의 사회, 과학 과목 난이도는 급격하게 심화되고, 학생들은 중학교 교과 과정의 사회, 과학 교과서 내용 이해(독해)에 어려움을 겪습니다.

초등 고학년부터 수능까지 이어지는 사회, 과학의 핵심 교과 개념을 독해 훈련을 통해 집중해서 익혀 둠으로써 학습 효율을 극대화할 수 있습니다.

→

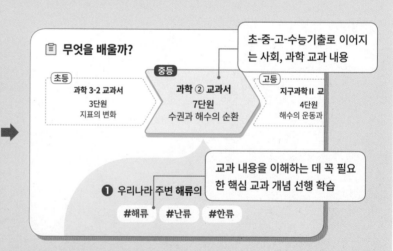

무엇을 배울까?

초-중-고-수능기출로 이어지는 사회, 과학 교과 내용

초등	중등	고등
과학 3-2 교과서 3단원 지표의 변화	과학 ② 교과서 7단원 수권과 해수의 순환	지구과학 II 교 4단원 해수의 운동과

교과 내용을 이해하는 데 꼭 필요한 핵심 교과 개념 선행 학습

❶ 우리나라 주변 해류의

#해류 #난류 #한류

중등 사회, 과학 교과서의 핵심 개념을
미리 학습할 수 있어요!

Q.

수능은 교과서에서 나온다는데, 독해력을 교과 지문을 읽으면서 기를 수 있나요?

중학생은 수능 국어 공부를 어떻게 시작하는 것이 좋을까요? 어떤 독해 교재를 풀어야 할지 모르겠어요.

S olution

수능 국어 지문의 출제 범위는 교과서이고,
수능에서 등급을 좌우하는 어려운 지문은 법·경제와 과학·기술 영역입니다.

수능 국어에서 등급을 좌우하는 사회, 과학 교과 지문으로 독해 훈련을 시작함으로써 수능 상위권 지향 학습이 가능합니다.

사회, 과학 교과 개념을 활용한 고난도 독해 지문!

STEP 2 교과 개념 🍚 지문 독해

1 제주도 바다에 빠진 유리병이 시간이 흘러 멀리 떨어진 의외의 장소에 되는 경우가 있다. 이는 해수에 일정한 흐름이 있기 때문인데, 이처럼 오 동안 일정한 방향으로 흐르는 지속적인 해수의 흐름을 #해류라고 한다. 해 대적 수온에 따라 저위도에서 고위도로 흐르는 따뜻한 해류인 #난류와 고위

4 윗글을 바탕으로 <보기>를 이해한 내용으로 적절하지 <u>않은</u> 것은?

보기
다음은 어느 해안 지역에서 하루 동안 측정한

해수면의 높이(m) 5

사회, 과학 교과 개념을 활용한 수능형 독해 문제!

배경지식을 쌓고 어려운 문제를 풀면서
수능 국어에 대비할 수 있어요!

과학 교육 과정 교과 연계 학습표

지금 여기!

일차/영역	단원명	초등	중등	고등	수능기출
1 지구과학	돌은 돌고 돌아 돌이 돼요	과학 4-1 지층과 화석	과학 ① 지권의 변화	지구과학 지권의 변동	2015년 3월 고3 교육청 B형 [25-26]
	화산 활동이 자주 일어나는 곳이 있다고?	과학 4-2 화산과 지진			2007학년도 9월 평가원 [24-27]
2 물리학	통통 튀어 오르게 만드는 힘은 무엇일까?	과학 4-1 물체의 무게	과학 ① 여러 가지 힘	물리학 역학과 에너지	2015학년도 9월 평가원 B형 [29-30]
	운동을 못 하도록 방해하는 힘				*COMING SOON*
3 생명과학	우리 주변에는 어떤 친구들이 살지?	과학 5-1 다양한 생물과 우리 생활	과학 ① 생물의 다양성	통합과학 생물 다양성과 유지	2005학년도 6월 평가원 [57-60]
	소중한 친구들을 지키는 방법				2005학년도 6월 평가원 [57-60]
4 화학	기체는 가만히 있지 않아	과학 6-1 여러 가지 기체	과학 ① 기체의 성질	화학 물질의 세 가지 상태와 용액	2019학년도 9월 평가원 [29-32]
	하늘 높이 올라간 풍선이 터지는 이유는?				2013학년도 수능 [29-31]
5 화학	물질의 세 가지 얼굴	과학 4-2 물의 상태 변화	과학 ① 물질의 상태 변화	화학 반응 엔탈피와 화학 평형	*COMING SOON*
	에스키모는 왜 이글루 바닥에 물을 뿌릴까?	과학 5-1 온도와 열			2006학년도 수능 [35-39]
6 물리학	물속에서는 왜 다리가 짧아 보일까?	과학 6-1 빛과 렌즈	과학 ① 빛과 파동	물리학 파동과 물질의 성질	2009학년도 6월 평가원 [13-16]
	소리는 어떤 방식으로 전달될까?	과학 3-2 소리의 성질		물리학 파동과 정보 통신	2017학년도 6월 평가원 [28-33]
7 화학	원소와 원자, 분자는 어떻게 다르지?	과학 5-1 용해와 용액	과학 ② 물질의 구성	화학 원자의 세계	2016학년도 6월 평가원 A형 [19-21]
	잃어버린 전자와 굴러 들어온 전자				2014년 4월 고3 교육청 A형 [28-30]
8 물리학	찌릿찌릿, 정전기는 왜 생기는 걸까?	과학 6-2 전기의 이용	과학 ② 전기와 자기	물리학 물질과 전자기장	2020년 7월 고3 교육청 [20-24]
	전류가 자석처럼 자기장을 만들어 낸다고?	과학 3-1 자석의 이용			2019년 4월 고3 교육청 [16-20]
9 지구과학	지구야, 네가 움직여서 그런 거야	과학 6-1 지구와 달의 운동	과학 ② 태양계	지구과학 행성의 운동	2015학년도 수능 B형 [25-26]
	기운 센 태양은 지구를 힘들게 해	과학 5-1 태양계와 별			*COMING SOON*
10 생명과학	식물이 만드는 영양분 레시피	과학 6-1 식물의 구조와 기능	과학 ② 식물과 에너지	생명과학 세포 호흡과 광합성	2013학년도 6월 평가원 [23-25]
	식물은 어떻게 숨을 쉬고 밥을 먹지?				*COMING SOON*

- 본 교재에서 배우는 중등 과학 필수 개념과 관련한 **과학 교육 과정의 흐름을 한눈에 확인할 수 있는 연계 학습표**입니다.
- 학생들은 현재 자신이 배우는 단원의 위치를 확인함으로써 이미 배운 내용을 복습하고 앞으로 배울 내용을 예상해 볼 수 있습니다.

지금 여기!

일차/영역	단원명	초등	중등	고등	수능기출
11 생명과학	사람은 어떻게 에너지를 얻을까?	과학 6-2 우리 몸의 구조와 기능	과학 ② 동물과 에너지	생명과학 사람의 물질대사	2008학년도 수능 [34-36]
	사람은 어떻게 숨을 쉬고 누폐물을 내보낼까?				2008년 3월 고3 교육청 [32-36]
12 화학	소금물이 100℃에도 끓지 않는 이유	과학 3-1 물질의 성질	과학 ② 물질의 특성	화학 물질의 세 가지 상태와 용액	2015년 4월 고3 교육청 B형 [24-26]
	바닷물도 식수가 될 수 있어요	과학 4-1 혼합물의 분리			COMING SOON
13 지구과학	바다마다 온도가 다른 이유	과학 3-2 지표의 변화	과학 ② 수권과 해수의 순환	지구과학 해수의 운동과 순환	2016년 7월 고3 교육청 [21-23]
	바닷물이 어딘가로 다 빠져나갔다고?				2015년 7월 고3 교육청 B형 [47-50]
14 물리학	열은 어떤 방법으로 이동할까?	과학 5-1 온도와 열	과학 ② 열과 우리 생활	물리학 역학과 에너지	2010년 3월 고3 교육청 [47-50]
	열을 받으면 커지는 것들이 있다고?				COMING SOON
15 화학	나무를 태우면 질량이 줄어들까?	과학 3-1 물질의 성질	과학 ③ 화학 반응의 규칙과 에너지 변화	통합과학 화학 변화	COMING SOON
	에너지가 열을 낸다고?	과학 6-2 연소와 소화		화학 역동적인 화학 반응	COMING SOON
16 지구과학	지구가 점점 뜨거워진다고?	과학 5-2 날씨와 우리 생활	과학 ③ 기권과 날씨	지구과학 대기와 해양의 변화	COMING SOON
	공기가 움직이면 바람이 불어요				2014년 7월 고3 교육청 B형 [26-27]
17 물리학	물체가 어떻게 운동을 할 수 있을까?	과학 6-2 에너지와 생활	과학 ③ 운동과 에너지	통합과학 역학적 시스템	2016학년도 수능 B형 [29-30]
	일을 하는데 어떻게 에너지가 생기지?			물리학 역학과 에너지	COMING SOON
18 생명과학	서로 다른 눈·코·입의 역할	과학 6-2 우리 몸의 구조와 기능	과학 ③ 자극과 반응	생명과학 항상성과 몸의 조절	2012학년도 수능 [21-24]
	우리 몸은 자극에 어떻게 반응할까?				2014년 7월 고3 교육청 A형 [18-20]
19 생명과학	넌 대체 누굴 닮은 거니?	과학 3-1 동물의 한살이	과학 ③ 생식과 유전	생명과학 유전	2007년 3월 고3 교육청 [21-24]
	나는 엄마와 아빠를 그대로 닮았을까?				COMING SOON
20 생명과학	내 몸은 어떻게 자라는 걸까?	과학 3-1 동물의 한살이	과학 ③ 생식과 유전	생명과학 유전	COMING SOON
	우리는 어떻게 만들어졌을까?				COMING SOON

차례

구성과 특징

STEP 1 교과 개념 톡 생각 열기

STEP 2 교과 개념 쏙 지문 독해

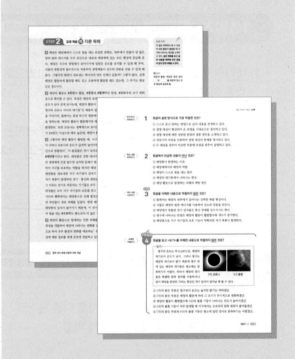

교과 개념과 관련된
배경지식 활성화하기

• **무엇을 배울까?** 교육 과정을 반영한 교과 연계표를 제시하여 학교급에 따라 달라지는 교과 개념의 흐름을 확인할 수 있도록 하였고, 독해 목표를 제시하여 학습할 내용을 미리 파악할 수 있도록 하였습니다.

• **읽기 전 떠올리기** 교과 개념과 관련 있는 시각 자료를 제시하여 지문을 읽기 전에 배경지식을 떠올리고 학습할 내용에 대한 흥미와 호기심을 느낄 수 있도록 하였습니다.

교과 개념이 수록된 지문을
독해하고 문제 풀기

• **교과 연계 지문** 중학교 과학 교과서에서 다루어지는 교과 필수 개념과 관련된 내용을 독해 지문으로 재구성하였습니다.

• **독해 TIP** 지문을 읽기 전에 글의 구조와 내용 이해에 도움이 되는 독해의 기본 원리를 제시하였습니다.

• **문단별 중심 내용 정리** 각 문단의 중심 내용을 정리하고 확인할 수 있는 빈칸 문제를 제시하였습니다.

• **수능 찍먹** 실제 수능과 유사한 수능형 문제를 출제하여 독해 실력을 완성하고 수능형 사고를 기를 수 있도록 하였습니다.

수능을 대비한 독해 연습과
중등 과학 교과 개념 학습을
한 번에!

STEP 3 교과 개념 콕 핵심 정리

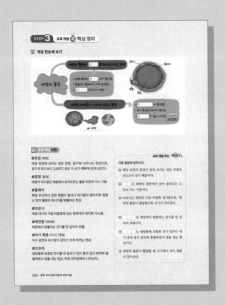

정답과 해설

**지문 구조도로 지문 내용을
한눈에 살피고 정답과 해설 읽어 보기**

- **지문 구조** 지문의 내용을 구조도로 보여 주어 지문의
구조와 내용을 명확하게 파악할 수 있도록 하였습니다.

- **정답과 해설** 충실한 정답 해설과 오답 해설을 통해 혼
자 공부하더라도 정답과 오답의 근거를 명확하게 이해할
수 있도록 하였습니다.

**시각 자료로 배운 내용을 정리하고
사전과 퀴즈로 개념 다지기**

- **개념 한눈에 보기** 지문에 제시된 교과 개념을 그림과
표로 일목요연하게 제시하여 학습한 교과 개념을 보다
효과적으로 이해하고 잘 기억할 수 있도록 하였습니다.

- **교과 개념 사전** 교과 개념의 의미를 분명하게 파악할
수 있도록 용어의 뜻풀이를 수록하였습니다.

- **교과 개념 확인 Quiz** 지문에 제시된 교과 개념을 이해
했는지, 학습한 내용을 확인할 수 있는 개념 확인 문제를
제시하였습니다.

부록 교과 개념 꽉 집중 암기

- **과학 개념 꽉 암기 노트**
본문에서 학습한 과학 교과
필수 개념을 모두 모아 한
권으로 구성하여 과학 교과
개념을 손쉽게 찾아보며 효
율적 반복 학습이 가능하도
록 하였습니다.

시작!

» 지구과학

돌은 돌고 돌아 돌이 돼요

STEP 1 교과 개념 톡 생각 열기

📋 무엇을 배울까?

초등
과학 4-1 교과서
2단원
지층과 화석

중등
과학 ① 교과서
1단원
지권의 변화

고등
지구과학 I 교과서
1단원
지권의 변동

수능기출
2015년 3월 고3 교육청 B형
[25-26]
암석의 변성 작용

❶ 지각을 이루는 암석을 생성 과정에 따라 분류하기

#지각   #화성암   #퇴적암   #변성암

❷ 암석의 순환 과정을 이해하기

#암석의 순환

얘들아, 이것 좀 봐!
여기 특이하게 생긴
돌멩이가 있어!

오잉?
돌멩이 안에
조그마한 돌멩이들이
박혀 있네?

❓ 생각해 보기   작은 돌멩이들이 어떻게 다른 돌멩이 속에 들어 있는 것일까?

1 수많은 생물들이 살아가는 지구의 표면은 대부분 단단한 고체인 암석°으로 이루어져 있다. 이를 #지각이라고 하는데, 지각을 이루는 암석은 지역에 따라, 혹은 같은 지역이라도 그 색과 모양, 알갱이의 크기 등이 매우 다양하다. 그 이유는 무엇일까? 가장 큰 이유는 암석이 생성되는 과정이 다르기 때문이다. 암석은 생성 과정에 따라 화성암, 퇴적암, 변성암의 세 종류로 나뉜다.

2 #화성암은 화산 활동으로 인해 만들어진 암석이다. 지구 내부는 매우 뜨거우며, 이러한 열 때문에 땅속 깊은 곳에 있는 암석은 녹아서 액체인 마그마가 된다. 뜨거운 촛농이 식으면 굳어져서 다시 양초가 되는 것처럼, 마그마가 땅속 깊은 곳에서 식거나, 밖으로 흘러나와 식으면 굳어져서 암석이 되는데, 이것이 화성암이다. 화성암은 마그마가 식는 속도에 따라 다시 화산암과 심성암으로 나뉜다. 마그마가 지표에서 빠르게 식으면 광물° 결정의 크기가 작은 화산암이 되고, 마그마가 땅속 깊은 곳에서 느리게 식으면 결정의 크기가 큰 심성암이 된다. 대표적인 화성암으로는 현무암, 안산암, 화강암 등이 있는데, 이 중 현무암은 제주도에서 많이 볼 수 있는 암석으로, 화성암 중에서도 화산암에 속한다.

3 #퇴적암은 퇴적 작용으로 만들어진 암석이다. 지표의 암석은 시간이 흐르면서 바람이나 물 등에 깎이고 부서진다. 이렇게 만들어진 암석 조각들은 흐르는 물이나 바람을 따라 이동하고 바다나 호수 밑에 쌓여 퇴적물이 된다. 퇴적물이 계속해서 쌓이면 아래의 퇴적물은 위에 쌓인 퇴적물의 무게에 눌려 다져지고 굳어지는데, 이렇게 생성된 암석이 퇴적암이다. 퇴적암이 생성될 때 종류나 크기가 다른 퇴적물이 여러 겹으로 쌓여 굳어지면 줄무늬 모양의 층리가 만들어진다. 그리고 퇴적물 속에 생물의 유해°나 흔적이 함께 쌓이면 화석이 만들어진다. 한편, #변성암은 변성 작용으로 만들어진 암석이다. 변성 작용이란 암석이 높은 열이나 압력을 받아 암석의 구조와 성질 등이 변하는 과정을 말한다. 변성암은 암석을 누르는 힘의 수직 방향으로 광물이 배열되어 생기는 줄무늬인 엽리가 나타난다. 그리고 암석을 이루는 광물 결정의 크기가 원래의 암석보다 더 크다. 이는 변성암이 될 때 암석 속의 광물이 녹았다 식으면서 다시 결정을 만드는 재결정화가 일어나기 때문이다.

4 암석은 한 번 생성된 다음에도 주변 환경의 변화에 따라 다른 암석으로 변화한다. 부서진 암석들이 강물이나 바람에 실려 운반되다가 바다나 호수 바닥에 쌓여 다져지고 굳어지면 다양한 암석 조각을 포함한 퇴적암이 된다. 또 퇴적암이 지하 깊은 곳으로 이동하여 높은 열과 압력을 받으면 변성암이 되고, 더 높은 열을 받아서 녹으면 마그마가 된다. 그리고 이런 마그마가 지하 깊은 곳이나 지표에서 식어서 굳으면 화성암이 된다. 이처럼 암석은 지구의 다양한 환경 속에서 오랜 시간에 걸쳐 끊임없이 변하는데, 이 과정을 #암석의 순환°이라고 한다.

---

1 문단
지각의 개념과 암석의 종류
- 지각의 개념: ____으로 이루어진 지구의 표면
- 암석의 종류: ____에 따라 화성암, 퇴적암, 변성암으로 나뉨.

- 암석 지각을 구성하고 있는 단단한 물질. 화성암, 퇴적암, 변성암으로 크게 나눈다.

2 문단
____의 생성과 분류
- 화성암의 생성: ____가 식어서 굳어져 생김.
- 화성암의 분류: 마그마가 식는 속도에 따라 ____과 ____으로 나뉨.

- 광물 암석을 이루는 작은 알갱이.

3 문단
퇴적암과 변성암의 생성과 특징
- ____의 생성과 특징: 퇴적물이 바다나 호수 밑에 쌓인 후 굳어져서 생김. ____가 나타나며 ____이 만들어짐.
- ____의 생성과 특징: 암석이 높은 열이나 압력을 받아 그 구조와 성질이 변하여 생김. ____가 나타나며 광물 결정이 ____.

- 유해 죽은 생물의 몸이나 뼈.

4 문단
암석의 ____: 암석은 한 번 생성된 다음에도 주변 환경의 변화에 따라 끊임없이 다른 암석으로 변화함.

- 순환 주기적으로 자꾸 되풀이하여 돎. 또는 그런 과정

핵심 내용
파악하기

1 윗글에서 답을 찾을 수 있는 질문에 해당하지 <u>않는</u> 것은?

① 퇴적암은 어떠한 과정을 거쳐 생성될까?

② 대표적인 화성암으로는 어떤 것들이 있을까?

③ 화산암과 심성암의 광물 결정은 어떤 차이가 있을까?

④ 암석의 색과 모양, 알갱이의 크기가 다른 이유는 무엇일까?

⑤ 지각 전체에서 가장 큰 비율을 차지하는 암석은 무엇일까?

세부 내용
추론하기

2 윗글을 이해한 내용으로 가장 적절한 것은?

① 현무암은 땅속 깊은 곳에서 만들어지는 화성암이다.

② 퇴적암은 화성암과 달리 변성암으로 변화하지 않는다.

③ 마그마가 식는 속도는 화성암의 색깔에 영향을 미친다.

④ 크기가 다른 퇴적물이 쌓여서 굳어지면 층리가 형성된다.

⑤ 지표의 암석들은 퇴적 작용으로 인해 성질이 변할 수 있다.

사례에
적용하기

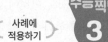

3 윗글을 바탕으로 <보기>를 이해한 내용으로 적절하지 <u>않은</u> 것은?

┌ 보기 ┐

　퇴적암인 셰일과 사암은 변성 작용으로 인해 변성암이 될 수 있다. 온도와 압력이 높아지면서 셰일과 사암을 이루는 주요 광물에도 변화가 생기는데, 그에 따라 셰일은 편암, 편마암 등으로 변하고, 사암은 규암으로 변한다.

① 셰일과 사암에서 과거에 살았던 생물의 유해나 흔적을 발견할 수도 있겠군.

② 규암은 원래의 암석인 사암보다 암석을 이루는 광물 결정의 크기가 작겠군.

③ 셰일과 편암을 구성하는 주요 광물이 다른 것은 변성 작용과 관련이 있겠군.

④ 셰일이 편마암으로, 사암이 규암으로 변하는 것은 암석의 순환에 해당하겠군.

⑤ 편마암을 관찰하면 압력의 수직 방향으로 나타나는 줄무늬를 발견할 수 있겠군.

🔖 개념 한눈에 보기

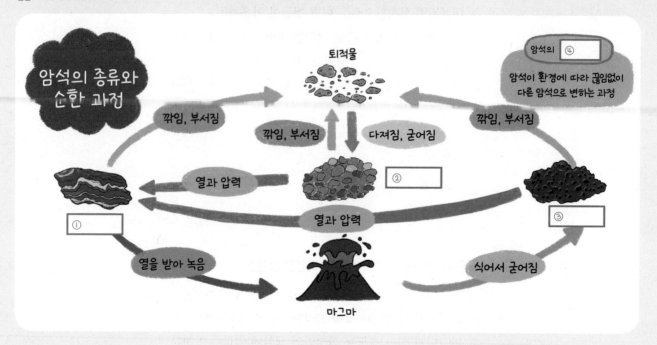

📖 교과 개념 사전

#지각 [지각]
단단한 암석으로 이루어진 지구의 겉 부분. 대륙 지역에서는 평균 35km, 해양 지역에서는 5~10km의 두께이다.

#화성암 [화ː성암]
마그마가 냉각·응고되어 이루어진 암석을 통틀어 이르는 말. 마그마가 지표 가까이에서 빠르게 냉각되며 만들어진 화산암과 마그마가 땅속 깊은 곳에서 느리게 냉각되며 만들어진 심성암으로 나뉜다.

#퇴적암 [퇴저감/퉤저감]
퇴적 작용으로 생긴 암석. 퇴적물이 바다나 호수 밑에 쌓인 후 단단하게 굳어져서 생긴다.

#변성암 [변ː성암]
퇴적암 또는 화성암이 땅 밑 깊은 곳에서 열, 압력 등의 영향이나 화학적 작용을 받아 변한 암석.

#암석의 순환 [암석] [순환]
암석이 지구의 다양한 환경 속에서 오랜 시간 변화를 받아 다른 암석으로 변하는 과정을 말한다.

교과 개념 확인 Quiz 🔍

다음 물음에 답하시오.

❶ 지각은 단단한 고체 상태의 암석으로 이루어져 있다. ○ I X

❷ 화산암은 화성암의 하나로 지표로 분출된 마그마가 천천히 식으면서 만들어진다. ○ I X

❸ ☐☐☐는 암석이 녹은 상태로, 이것이 굳어져 생긴 암석을 화성암이라고 한다.

❹ 퇴적물이 쌓인 위층의 무게로 다져지고 굳어진 암석을 ☐☐☐이라고 한다.

❺ 변성암은 암석이 ☐이나 ☐☐을 받아 원래의 암석과는 성질이 다르게 변한 암석이다.

≫ 지구과학

화산 활동이 자주 일어나는 곳이 있다고?

STEP 1 교과 개념 톡 생각 열기

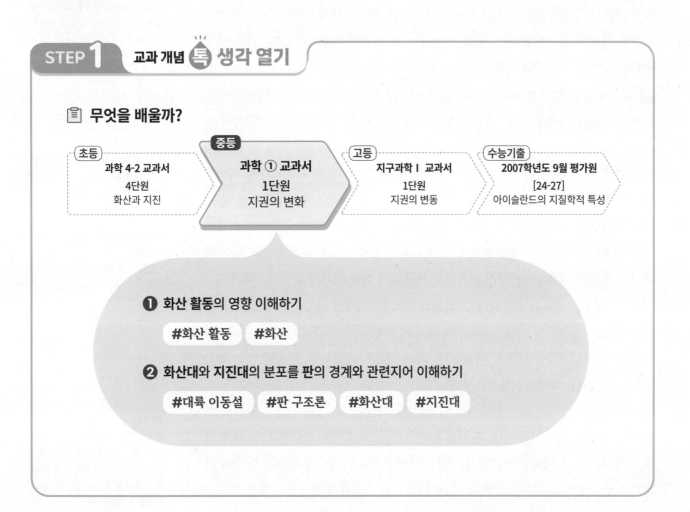

📋 **무엇을 배울까?**

초등	중등	고등	수능기출
과학 4-2 교과서 4단원 화산과 지진	과학 ① 교과서 1단원 지권의 변화	지구과학 I 교과서 1단원 지권의 변동	2007학년도 9월 평가원 [24-27] 아이슬란드의 지질학적 특성

❶ 화산 활동의 영향 이해하기

#화산 활동   #화산

❷ 화산대와 지진대의 분포를 판의 경계와 관련지어 이해하기

#대륙 이동설   #판 구조론   #화산대   #지진대

오늘 ○○에 대규모 화산이 폭발하였습니다. 화산이 뿜어 올린 화산재 기둥이……

아빠, 저기 얼마 전에 화산이 폭발한 ○○ 아니에요?

맞아. 그때 화산 폭발로 만 명이 넘는 사상자가 발생했다고 하던데, 큰일이구나.

❓ 생각해 보기   특정 지역에서만 화산과 지진이 자주 일어나는 까닭은 무엇일까?

독해 TIP!
이 글은 화산 활동의 긍정적 측면과 부정적 측면을 모두 살피고 있어. 이런 글은 **문단별 내용이 둘 중 어디에 포함되는지 생각**하며 읽는 것이 좋아.

1 **#화산 활동**은 마그마가 지각을 뚫고 나오는 현상으로, 화산 활동으로 **#화산**이 만들어진다. 화산 활동은 지하에서 생성된 마그마와 화산 가스가 지각의 약한 부분을 뚫고 조금씩 올라오면서 시작되는데, 이들이 올라오면서 땅 위에 틈이 생기면 화산 가스가 폭발을 일으키며 터져 나오고 이어서 마그마가 뿜어져 나온다. 화산이 폭발할 때는 화산 가스와 용암뿐만 아니라 가루 형태의 화산재와 크고 작은 바위 파편도 함께 분출되는데, 이들을 통틀어 화산 쇄설물이라고 한다.

1 문단
화산 활동과 화산 분출물: 화산 활동은 마그마가 지각을 뚫고 나오는 현상으로, □□와 □□□, □□□□이 분출됨.

2 화산 활동은 대표적 자연재해로, 인간이나 생물들의 삶의 터전을 파괴하며 이들에게 막대한 피해를 준다. 화산 활동으로 분출된 화산 쇄설물은 대기권°까지 솟아오르기도 하는데, 솟아오른 화산 쇄설물이 햇빛을 가리면서 농작물의 생장°에 지장을 주거나 지구 전체의 기후에 영향을 미치기도 한다. 실제로 1815년에 폭발한 인도네시아 탐보라 화산은 폭발 당시에 화산재가 1,300㎞까지 확산하였으며 이 때문에 화산에서 600㎞ 떨어진 곳까지 사흘 동안 어두웠다고 한다. 이 밖에도 화산이 폭발하면서 분출되는 용암은 농토나 가옥을 덮치거나 산불을 일으키고 화산 폭발의 충격으로 지진과 산사태가 일어나면 대규모의 인명 피해가 발생하기도 한다.

2 문단
화산 활동이 주는 피해: 농작물의 생장에 지장을 주고 □□에 영향을 미침. 또한 산불과 □□, 산사태를 발생시킴.

· 대기권 지구를 둘러싸고 있는 공기층.
· 생장 나서 자람. 또는 그런 과정.

3 화산 활동은 이처럼 인간에게 큰 피해를 주지만, 지각의 변동을 조사하는 데 중요한 정보를 제공하는 역할도 한다. 독일의 지질학자 베게너는 과거 한 덩어리를 이루고 있었던 거대한 대륙인 판게아°가 여러 대륙으로 갈라져 현재와 같은 위치로 이동하였다는 **#대륙 이동설**을 주장하였다. 그리고 멀리 떨어진 남아메리카 대륙과 아프리카 대륙의 해안선 모양이 일치한다는 점, 이 두 대륙에 같은 종류의 화석이 분포하고° 빙하의 흔적이 잘 연결된다는 점을 그 증거로 제시했다. 그런데 그의 대륙 이동설은 대륙을 이동시키는 힘이 무엇인지는 설명하지 못했기 때문에 과학계에서 인정받지 못했다. 그러나 시간이 흐른 뒤 베게너의 생각은 수많은 과학자의 논쟁°과 연구를 거쳐 판 구조론으로 발전했다. **#판 구조론**은 지구의 표면이 여러 조각의 판으로 이루어져 있다는 이론이다. 이 이론에 따르면 판은 각각 다른 방향과 속도로 이동하면서 서로 멀어지거나 모여들고, 때로는 부딪치는데, 이 과정에서 화산 활동과 지진 등의 지각 변동이 발생하게 된다. 실제로 화산이 자주 일어나는 **#화산대**나 지진이 자주 발생하는 **#지진대**가 판의 경계와 거의 일치한다는 사실은 이러한 판 구조론의 주장을 뒷받침해 준다.

3 문단
화산 활동의 과학적 가치 ①: 지각의 변동에 관한 정보 제공 - □□□와 □□□가 판의 경계와 일치하는 사실은 판 구조론의 주장을 뒷받침해 줌.

· 판게아 대륙 이동설에서, 현재의 대륙들이 하나의 커다란 대륙을 이루고 있을 때의 이름.
· 분포하다 일정한 범위에 흩어져 퍼져 있다.
· 논쟁 서로 다른 의견을 가진 사람들이 각각 자기의 주장을 말이나 글로 논하여 다툼.

4 한편 ㉠화산 활동은 화석 연구에도 중요한 역할을 한다. 화석은 지금은 존재하지 않는 생물의 유해나 흔적이 지층에 남아 있는 것인데, 죽은 생명체는 흙이나 돌 같은 퇴적물보다 화산재에 덮여야 화석으로 발견될 확률이 높다. 고생대의 삼엽충 화석, 중생대의 암모나이트와 공룡 화석, 신생대의 매머드 화석을 통해 지층°의 생성 시기를 알 수 있는 것도 바로 화산 활동 덕분이라고 할 수 있다.

4 문단
화산 활동의 과학적 가치 ②: □□ 연구에 중요한 역할을 함.

· 지층 오랜 세월이 흐르는 동안 여러 종류의 흙이 쌓여 층을 이루면서 돌처럼 굳어진 것.

(핵심 내용
  파악하기)
1 윗글에서 언급한 내용이 <u>아닌</u> 것은?

① 화산 활동이 일어날 때 분출되는 물질
② 대륙 이동설에 대한 당대 과학계의 반응
③ 지층의 생성 시기를 알려 주는 화석의 예
④ 화산 활동이 가장 활발하게 일어난 시기
⑤ 화산 쇄설물로 인해 인간이 피해를 입은 사례

(세부 내용
  파악하기)
2 윗글의 내용과 일치하지 <u>않는</u> 것은?

① 화산 활동의 충격으로 인해 지진이 발생한다.
② 아프리카 대륙에서 빙하의 흔적을 발견할 수 있다.
③ 화산재는 햇빛을 가려서 식물에 피해를 주기도 한다.
④ 화산 활동이 일어나면 지구의 기후가 변화할 수 있다.
⑤ 베게너는 대륙 이동의 원동력을 가장 처음 제시하였다.

(세부 내용
  추론하기)
고난도
3 ㉠의 이유로 가장 적절한 것은?

① 특정 지역에서만 서식했던 생물이 많기 때문이다.
② 퇴적물이 화산재보다 더 느리게 분해되기 때문이다.
③ 화산재에 의해 생물의 유해가 잘 보존되기 때문이다.
④ 압력에 의해 생물의 유해가 지닌 성질이 변하기 때문이다.
⑤ 화산재가 지표면의 다른 물질과 섞일 가능성이 크기 때문이다.

(사례에
  적용하기)

4 윗글을 참고할 때, <보기>에 대해 이해한 내용으로 가장 적절한 것은?

▸보기◂

현재 지구의 표면은 10여 개의 크고 작은 판으로 이루어져 있다. 판은 아래쪽 맨틀의 움직임을 따라 1년에 수 ㎝씩 천천히 이동하며, 판의 이동에 따라 판에 포함된 대륙이 함께 이동한다. 오른쪽의 그림  은 주요 대륙과 판의 분포, 판의 경계와 이동 방향을 나타낸 것이다.

① 베게너는 현재 대륙의 분포가 과거와 비슷하다고 생각했겠군.
② 대륙과 달리 바다의 한가운데에서는 지각 변동이 나타나지 않겠군.
③ 태평양판의 중앙 부분보다 가장자리에서 화산 활동이 자주 일어나겠군.
④ 북아메리카 대륙은 동쪽 지역보다 서쪽 지역이 지진으로부터 안전하겠군.
⑤ 태평양판과 남극판은 서로 다른 방향으로 이동하지만 이동 속도는 같겠군.

🍯 개념 한눈에 보기

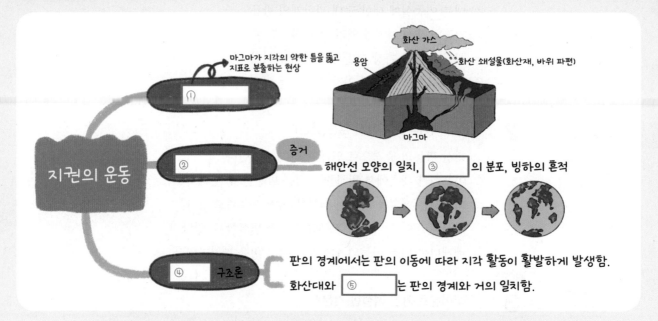

📖 교과 개념 **사전**

#화산 활동 [화:산] [활똥]
지하에서 생성된 마그마가 지각의 약한 틈을 뚫고 지표로 분출하는 현상.

#화산 [화:산]
지하에서 생성된 마그마가 지각의 약한 틈을 뚫고 지표로 분출되는 지점. 또는 그 결과로 만들어진 산.

#대륙 이동설 [대:륙] [이동설]
지구상의 대륙은 예전에는 하나의 거대한 덩어리였는데, 그 후 분리되고 이동하여 현재와 같은 상태로 되었다는 학설.

#판 구조론 [판] [구조론]
지구의 겉 부분은 여러 개의 판으로 이루어지며, 이들이 서로 다른 방향과 속도로 움직여 대륙이 이동하고, 화산 활동이나 지진 등의 지각 변동이 발생한다는 이론.

#화산대 [화:산대]
화산이 띠 모양으로 분포한 지대. 환태평양 화산대와 지중해 화산대 등이 있다.

#지진대 [지진대]
지진이 자주 일어나거나 일어나기 쉬운 지역. 가늘고 긴 띠 모양을 이루고 있는 경우가 많다.

교과 개념 확인 **Quiz** 🔍

다음 물음에 답하시오.

❶ 화산은 ☐☐☐가 지각의 약한 틈을 뚫고 지표로 분출하여 만들어진다.

❷ 베게너는 과거 하나의 거대한 대륙이 갈라지고 이동하여 오늘날과 같은 대륙 분포를 이루었다고 보았다. ◯ l ✕

❸ 판 구조론은 판이 이동하는 과정에서 ☐☐ ☐☐이 발생한다고 주장한 이론이다.

❹ 판들이 이동하는 속도와 방향은 대체로 유사하다. ◯ l ✕

❺ 화산대와 지진대는 대부분 판의 경계에 위치해 있다. ◯ l ✕

1 ≫ 물리학

통통 튀어 오르게 만드는 힘은 무엇일까?

교과 개념 💡 생각 열기

📋 **무엇을 배울까?**

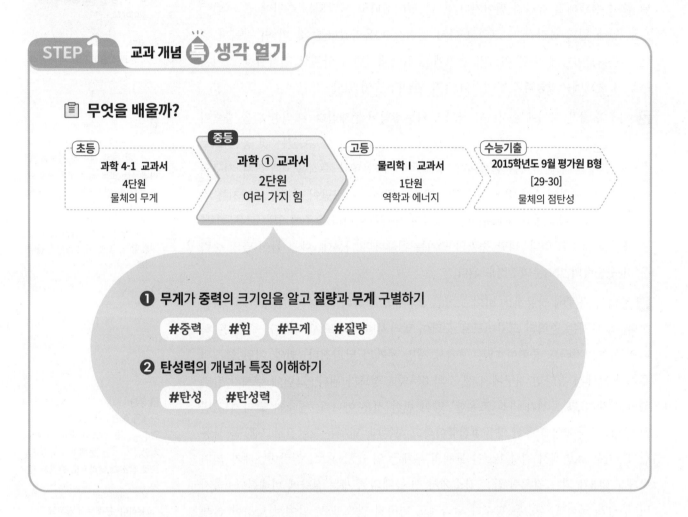

초등	중등	고등	수능기출
과학 4-1 교과서 4단원 물체의 무게	과학 ① 교과서 2단원 여러 가지 힘	물리학 I 교과서 1단원 역학과 에너지	2015학년도 9월 평가원 B형 [29-30] 물체의 점탄성

❶ 무게가 중력의 크기임을 알고 질량과 무게 구별하기

#중력　#힘　#무게　#질량

❷ 탄성력의 개념과 특징 이해하기

#탄성　#탄성력

와! 너무 신난다.

정말 하늘을 나는 것 같아.

야호!

난 잠깐 쉬어야겠어.

❓ 생각해 보기　트램펄린 위에서 방방 뛰면 날아오르기와 떨어지기를 계속할 수 있는데, 그 까닭은 무엇일까?

1 유원지에서 번지 점프를 즐기는 사람들을 종종 볼 수 있다. 굵고 긴 고무줄이 연결된 안전장치를 하고 있다는 것을 알면서도, 수십 미터 높이에서 뛰어내리는 사람들을 보면 아찔한 느낌이 든다. 번지 점프대에서 뛰어내린 사람은 몸에 연결된 줄이 팽팽해질 때까지 떨어지다가, 다 떨어졌다고 생각되는 순간에 줄의 반동으로 인해 튕겨 올라간다. 그리고 다시 떨어졌다 올라갔다를 몇 번 더 반복한 뒤에 멈춘다. 이렇게 수십 미터의 높이에서 뛰어내리면서 아찔한 긴박감을 즐기는 ㉠번지 점프에는 #중력과 탄성력의 과학 원리가 숨어 있다.

2 지구와 물체 사이에는 서로를 끌어 당기는 #힘이 존재한다. 이러한 힘을 중력이라고 하는데, 물이 아래로 흐르는 것, 사람이 땅을 디디고 살 수 있는 것 등은 모두 중력이 작용하여 나타나는 현상이다. 중력은 지구 표면과 수직을 이루면서 지구의 중심 쪽으로 향하여 작용한다. 번지 점프대에서 뛰어내린 사람이 아래로 떨어지는 것도 이러한 중력이 작용하기 때문이다. 그런데 지구뿐 아니라 우주에 있는 모든 천체˚는 중력을 가지고 있다. 다만 중력의 크기는 천체마다 다른데, 예를 들어 달의 중력은 지구 중력의 약 6분의 1 정도 된다.

3 중력이 물체에 작용하는 힘의 크기를 #무게라고 하며, 단위는 'N(뉴턴)'을 사용한다. ⓐ무게는 중력의 크기이므로 중력이 달라지면 무게도 달라진다. 즉 같은 하나의 물체일지라도 중력이 다른 곳에서 재면 무게가 달라진다. 만약 어떤 물체의 무게를 달에서 잰다면 지구에서 잰 것의 6분의 1 정도가 된다. 그런데 무게가 달라졌다고 해서 그 물체가 가진 고유한˚ 양이 변한 것은 아니다. 장소가 달라져도 변하지 않는, 물체의 고유한 양을 #질량이라고 하는데, 단위는 'kg(킬로그램)'을 사용한다. 지구 표면에서 질량 1kg인 물체의 무게는 약 9.8N으로, 질량이 2배가 되면 무게도 2배가 되는 것처럼 같은 장소에서 잰 물체의 무게는 질량에 비례한다. 하지만 무게와 달리 ⓑ질량은 장소가 달라져도 변하지 않으므로, 달에서 측정한 물체의 질량은 지구에서 측정한 질량과 같다.

4 물체의 질량과 무게는 저울을 사용하여 측정하는데, 무게를 측정하는 저울 중에서 용수철저울은 용수철의 탄성력을 활용한 것이다. 그렇다면 탄성력은 무엇일까? 용수철을 아래로 당기면 용수철의 길이가 늘어나는 것처럼 물체에 힘을 가하면 모양의 변형이 일어난다. 하지만 당기는 힘을 제거하면˚ 용수철은 원래 길이로 되돌아간다. 이처럼 변형된 물체가 원래 모양으로 되돌아가는 성질을 #탄성이라 한다. 탄성을 지닌 물체의 예로는 용수철, 고무, 태엽˚, 스펀지 등을 들 수 있으며, 번지 점프에 사용하는 고무줄도 이에 해당한다. 탄성에 의해 나타나는 힘을 #탄성력이라고 하는데, 탄성력은 외부의 힘이 물체에 가해지는 방향과 반대 방향으로 작용한다. 그리고 탄성력의 크기는 탄성을 가진 물체가 변형되는 정도가 클수록 커진다.

독해 TIP!
이 글은 중력과 탄성력의 개념과 특징을 설명하면서 질량과 무게의 개념도 제시하고 있어. 이런 글은 먼저 각 설명 대상의 개념을 정확하게 파악해야 해. 그리고 **각 대상의 공통점과 차이점을 비교·정리하면서 읽어야 해.**

1 문단
번지 점프에 숨어 있는 과학 원리:
☐과 ☐

2 문단
☐의 개념과 특징: 중력은 ☐와 물체 사이에 서로를 끌어당기는 힘으로, 지구를 비롯하여 우주에 있는 모든 ☐는 중력을 지님.

• 천체 우주에 존재하는 모든 물체. 항성, 행성, 위성 등을 통틀어 이르는 말.

3 문단
무게와 질량의 차이: 중력의 크기인 ☐는 장소에 따라 달라지지만, ☐은 물체의 고유한 양으로 장소가 달라져도 변하지 않음.

• 고유하다 본래부터 가지고 있어 특별하다.

4 문단
☐의 개념과 특징: 탄성력은 ☐을 지닌 물체가 본래의 모양으로 되돌아가려는 힘으로, 외부의 힘의 방향과 반대 방향으로 작용하며 물체의 변형 정도가 클수록 커짐.

• 제거하다 없애 버리다.
• 태엽 얇고 긴 강철 띠를 둘둘 말아 그 풀리는 힘으로 시계 따위를 움직이게 하는 장치.

핵심 내용
파악하기

1 윗글에서 다루고 있는 내용으로 적절하지 <u>않은</u> 것은?

① 무게와 질량의 차이점

② 중력과 탄성력이 작용하는 방향

③ 번지 점프에 숨어 있는 과학 원리

④ 중력의 크기가 천체마다 다른 까닭

⑤ 달의 중력과 지구의 중력의 크기 차이

세부 내용
추론하기

고난도

2 ㉠에 대한 이해로 적절하지 <u>않은</u> 것은?

① 번지 점프에 사용하는 고무줄이 늘어나는 것은 고무의 탄성 때문이다.

② 번지 점프대에서 뛰면 아래로 떨어지게 되는 것은 지구의 중력 때문이다.

③ 공중에서 오르내리는 상황이 멈추게 된 것은 탄성력이 약해졌기 때문이다.

④ 공중에서 오르내리는 상황이 반복되는 것은 중력이 줄어들고 있기 때문이다.

⑤ 팽팽해진 고무줄이 반동으로 튕겨 올라가는 것은 탄성력이 작용했기 때문이다.

세부 내용
파악하기

3 ⓐ와 ⓑ에 대한 설명으로 가장 적절한 것은?

① 동일한 물체라면 지구와 달에서 ⓐ의 크기는 같다.

② ⓐ는 지구가 물체를 당기는 힘이 작을수록 커진다.

③ 달에서 ⓑ가 1kg인 물체는 지구에서 6kg이 된다.

④ ⓑ는 지구 표면과 수직 방향으로 힘이 작용한다.

⑤ 같은 장소에서 잴 경우, 물체의 ⓐ와 ⓑ는 비례한다.

사례에
적용하기

4 다음 '선생님'의 질문에 대한 대답으로 적절하지 <u>않은</u> 것은?

> 선생님: 이 글을 통해 탄성력이 무엇인지 잘 이해했지요? 탄성력은 우리 주변에서 어렵지 않게 찾아볼 수 있습니다. 탄성력이 작용하는 사례에는 어떤 것들이 있을까요?

① 볼펜 심을 나오게 하거나 들어가게 하는 과정에서 볼펜에 들어 있는 작은 스프링의 탄성력이 작용합니다.

② 자동차가 미끄러운 눈길을 달릴 때 타이어에서 발생하는 탄성력이 자동차가 미끄러지지 않도록 작용합니다.

③ 양궁에서 활시위를 뒤쪽으로 강하게 당길 때 활과 활시위에서 발생하는 탄성력을 이용하여 화살을 앞으로 밀어냅니다.

④ 다이빙 선수가 다이빙대의 끝에서 발을 굴릴 때 휘어진 다이빙대가 원래 모양으로 돌아오는데, 이때 탄성력이 나타납니다.

⑤ 농구 시합에서 선수가 농구공을 바닥에 튀기면 바닥에 부딪힌 공이 순간적으로 찌그러졌다 펴지면서 탄성력에 의해 튀어 오릅니다.

개념 한눈에 보기

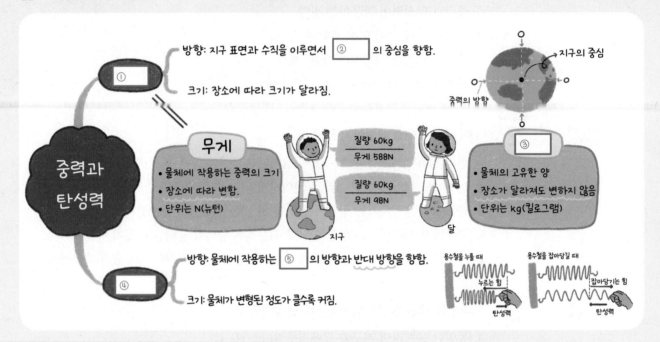

방향: 지구 표면과 수직을 이루면서 ② ☐☐ 의 중심을 향함.

크기: 장소에 따라 크기가 달라짐.

① ☐☐

중력과 탄성력

무게
- 물체에 작용하는 중력의 크기
- 장소에 따라 변함.
- 단위는 N(뉴턴)

질량 60kg / 무게 588N

질량 60kg / 무게 98N

지구 / 달

③ ☐☐
- 물체의 고유한 양
- 장소가 달라져도 변하지 않음
- 단위는 kg(킬로그램)

지구의 중심

중력의 방향

④ ☐☐☐

방향: 물체에 작용하는 ⑤ ☐☐ 의 방향과 반대 방향을 향함.

크기: 물체가 변형된 정도가 클수록 커짐.

용수철을 누를 때 / 누르는 힘 / 탄성력

용수철을 잡아당길 때 / 잡아당기는 힘 / 탄성력

교과 개념 사전

#중력 [중:녁]
지구 위의 물체가 지구로부터 받는 힘.

#힘 [힘]
정지하고 있는 물체를 움직이게 하고, 또 움직이고 있는 물체의 속도를 변화시키거나 아주 정지시키는 작용.

#무게 [무게]
물건의 무거운 정도. 물리에서의 단위는 뉴턴(N). 중력에 따라 달라진다.

#질량 [질량]
물체의 고유한 역학적 기본량. 국제단위는 킬로그램(kg). 중력이 달라져도 변하지 않는다.

#탄성 [탄:성]
물체에 외부에서 힘을 가하면 부피와 모양이 바뀌었다가, 그 힘을 제거하면 본디의 모양으로 되돌아가려고 하는 성질.

#탄성력 [탄:성녁]
물체의 변형으로 생기는 힘. 늘어나거나 줄어든 길이나 부피에 비례한다.

교과 개념 확인 Quiz

다음 물음에 답하시오.

❶ ☐☐은 지구가 지구 위의 물체를 당기는 힘을 말한다.

❷ 무게는 지구나 달 어디서 재더라도 같은 크기의 값이 나온다.　　○ㅣ×

❸ ☐☐은 물체가 가진 고유한 양을 의미한다.

❹ ☐은 물체의 움직임에 변화를 주는 작용을 의미한다.

❺ 탄성력은 물체가 변형되는 정도가 클수록 커진다.　　○ㅣ×

❻ 동일한 물체에 대해 지구에서 측정한 질량은 달에서 측정한 질량의 6분의 1 정도 된다.　　○ㅣ×

>> 물리학

운동을 못 하도록 방해하는 힘

STEP 1 교과 개념 톡 생각 열기

📋 **무엇을 배울까?**

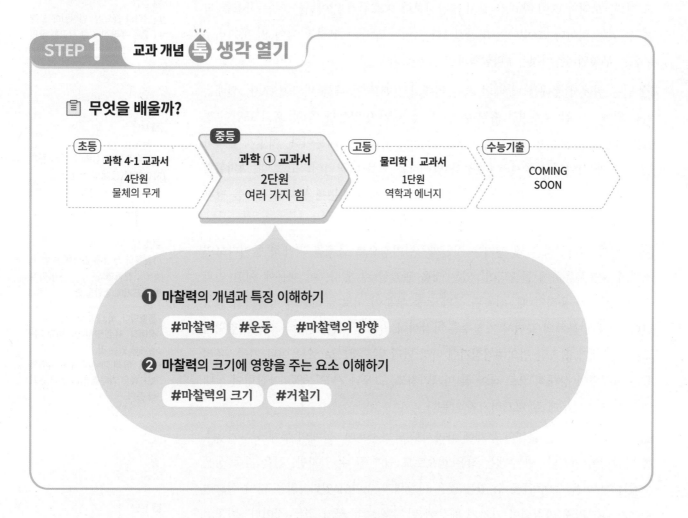

초등	중등	고등	수능기출
과학 4-1 교과서 4단원 물체의 무게	과학 ① 교과서 2단원 여러 가지 힘	물리학 I 교과서 1단원 역학과 에너지	COMING SOON

❶ **마찰력의 개념과 특징 이해하기**

#마찰력　#운동　#마찰력의 방향

❷ **마찰력의 크기에 영향을 주는 요소 이해하기**

#마찰력의 크기　#거칠기

❓ **생각해 보기** 얼음판 위를 미끄러져 나가던 스톤이 과녁의 한가운데에 멈출 수 있게 된 까닭은 무엇일까?

1 겨울에 눈이 내린 후 얼어 빙판길이 만들어지면, 사람들은 그 길을 조심조심해서 걷는다. 자칫하다가 미끄러져 엉덩방아를 찧을 수도 있고 넘어져 다칠 수도 있기 때문이다. 그래서 이러한 사고를 막기 위해서 빙판길 위에 모래나 흙을 뿌리기도 한다. 모래나 흙이 뿌려진 길이 빙판길보다 미끄럽지 않아 넘어지는 사고를 막을 수 있는 것이다. 그렇다면 빙판길보다 흙이나 모래가 뿌려진 길이 덜 미끄러운 이유는 무엇일까? 이것은 **#마찰력**과 관련이 있다.

2 얼음 위에서 썰매를 탈 때와 흙길 위에서 썰매를 탈 때를 비교해 보자. 썰매는 얼음 위에서는 잘 나가지만 흙길 위에서는 잘 나가지 않는다. 이는 흙의 표면이 얼음의 표면보다 거칠어서 썰매의 운동을 더 많이 방해하기 때문이다. 이렇게 접촉하는 두 물체 사이에서 물체의 **#운동**을 방해하는 힘을 마찰력이라고 한다. **#마찰력의 방향**은 물체의 운동 방향과 반대 방향으로 작용하기 때문에 물체의 운동을 방해하는 것이다.

3 그렇다면 마찰력은 왜 생기는 것일까? 현미경으로 물체를 자세히 들여다보면 표면이 울퉁불퉁하게 돌출되어˚ 있는 것을 관찰할 수 있다. 이 때문에 어떤 면과 접촉된 물체가 움직일 때, 접촉된 곳의 돌출 부분이 서로 긁히면서 마찰력이 발생한다. 그래서 물체의 표면이 거칠수록 마찰력이 커지게 되는 것이다. 즉 **#마찰력의 크기**는 물체가 접촉한 면의 **#거칠기**에 따라 달라지는 것으로, 얼음이나 기름, 유리 등은 마찰력이 상대적˚으로 작아 잘 미끄러지고, 고무나 사포˚ 등은 마찰력이 상대적으로 크기 때문에 잘 미끄러지지 않는다.

4 마찰력의 크기는 물체의 무게에 따라서도 달라지는데, 물체의 무게가 무거울수록 마찰력이 커진다. 빈 수레는 작은 힘으로도 쉽게 끌 수 있지만, 짐을 가득 실은 수레는 큰 힘을 들여야 끌 수 있는 것은 마찰력과 관련이 있다. 짐을 많이 실으면 수레가 무거워져 마찰력이 커지기 때문에 빈 수레보다 끌기 힘든 것이다. 이처럼 접촉면의 거칠기나 물체의 무게는 마찰력의 크기에 영향을 준다. 그러나 물체가 접촉한 면의 넓이, 즉 접촉면의 면적은 마찰력의 크기에 아무런 영향을 주지 않는다.

5 일상 생활에서 물체를 계속 운동하게 하려면 마찰력을 줄여야 한다. 마찰력을 줄이기 위해서는 접촉면을 매끄럽게 만들어야 한다. 가령 자전거의 경우 페달의 톱니와 체인 사이에 마찰력이 크면 페달을 밟을 때 힘이 많이 들어가는데, 톱니와 체인 사이에 기름을 칠해 주면 마찰력이 줄어든다. 반면에 마찰력을 크게 해야 할 때도 있다. 등산을 할 때 바닥과 신발 사이의 마찰력이 떨어지면 미끄러지기 쉬우므로 밑창이 울퉁불퉁한 등산화를 신어 마찰력을 크게 한다. 겨울철에 눈길에 미끄러지지 않도록 자동차 바퀴에 체인˚을 감는 것도 마찰력을 크게 하는 한 방법이다.

1 문단
마찰력의 중요성: 빙판길에 모래나 흙을 뿌려 미끄럼 사고를 줄일 수 있는 이유는 [　　　]과 관련됨.

2 문단
마찰력의 개념과 마찰력의 방향: 마찰력은 접촉하는 두 물체 사이에서 물체의 운동을 [　　　] 하는 힘으로, 물체의 운동 방향과 [　　　] 방향으로 작용함.

3 문단
마찰력의 크기에 영향을 주는 요소 ①: 접촉면의 [　　　]가 마찰력의 크기에 영향을 줌.

· 돌출되다 쑥 내밀거나 불거지다.
· 상대적 서로 맞서거나 비교되는 관계에 있는 것.
· 사포 유리 가루나 규석 따위의 보드라운 가루를 발라 붙인 천이나 종이.

4 문단
마찰력의 크기에 영향을 주는 요소 ②: 물체의 [　　　]가 마찰력의 크기에 영향을 줌.

5 문단
마찰력의 이용: 물체의 [　　　]과 관련하여 마찰력을 작게 해야 할 때와 마찰력을 크게 해야 할 때가 있음.

· 체인 쇠로 만든 고리를 여러 개 죽 이어서 만든 줄.

세부 내용
파악하기

1 **윗글의 내용과 일치하지 않는 것은?**

① 빙판길보다 흙길이 마찰력이 높아서 덜 미끄럽다.

② 물체를 계속 운동하게 하려면 마찰력을 줄여야 한다.

③ 마찰력은 물체의 운동 방향과 반대 방향으로 작용한다.

④ 마찰력의 크기는 물체 표면의 거칠기 정도에 반비례한다.

⑤ 두 물체가 접촉되어 있지 않으면 마찰력이 작용하지 않는다.

사례에
적용하기

고난도
2 **윗글을 바탕으로 '마찰력'에 대해 떠올린 내용으로 가장 적절한 것은?**

① 역도 선수가 손에 송진 가루를 바르면 역기를 들 때 마찰력이 줄어들겠군.

② 놀이공원의 물 미끄럼틀에 물을 흘려보내면 미끄러질 때 마찰력이 높아지겠군.

③ 건물의 계단에 미끄럼 방지 패드를 붙이면 발을 디딜 때 마찰력이 줄어들겠군.

④ 볼펜의 손잡이 부분에 고무를 덧대면 손으로 볼펜을 잡을 때 마찰력이 높아지겠군.

⑤ 부품끼리 닿아 움직이는 부분에 윤활유를 바르면 기계가 움직일 때 그 부분의 마찰력이 높아지겠군.

사례에
적용하기

수능찍먹
3 **윗글을 참고할 때, <보기>의 책의 마찰력을 가장 크게 만드는 조건으로 적절한 것은?**

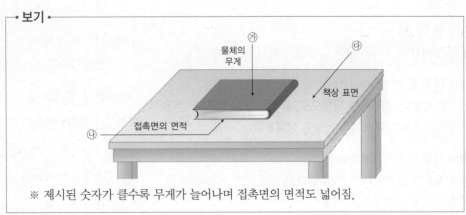

┌─ 보기 ─

물체의 무게 ㉮

책상 표면 ㉰

접촉면의 면적 ㉯

※ 제시된 숫자가 클수록 무게가 늘어나며 접촉면의 면적도 넓어짐.

	㉮	㉯	㉰
①	1	1	거침
②	5	10	거침
③	10	1	거침
④	5	10	매끄러움
⑤	10	5	매끄러움

개념 한눈에 보기

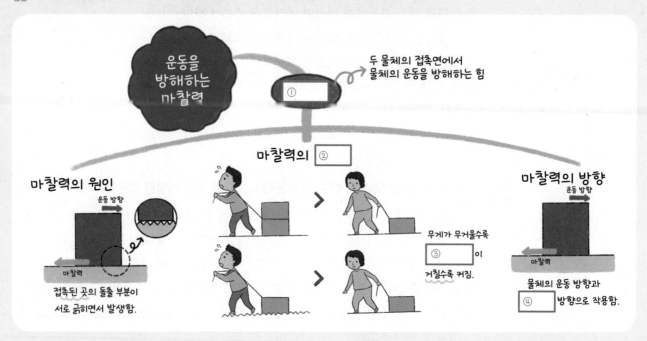

운동을 방해하는 마찰력

① 두 물체의 접촉면에서 물체의 운동을 방해하는 힘

마찰력의 ②

마찰력의 원인

운동 방향

마찰력

접촉된 곳의 돌출 부분이 서로 긁히면서 발생함.

무게가 무거울수록

③ 이

거칠수록 커짐.

마찰력의 방향

운동 방향

마찰력

물체의 운동 방향과 ④ 방향으로 작용함.

교과 개념 사전

#마찰력 [마찰력]
접촉하고 있는 두 물체가 상대 운동을 하려고 하거나 상대 운동을 하고 있을 때, 그 운동을 저지하는 방향으로 작용하는 저항력.

#운동 [운:동]
물체가 시간의 경과에 따라 그 공간적 위치를 바꾸는 일.

#마찰력의 방향 [마찰력] [방향]
물체의 운동을 방해하는 방향으로, 물체의 운동 방향과 반대 방향으로 작용하여 물체의 운동을 방해한다.

#마찰력의 크기 [마찰력] [크기]
물체의 운동을 방해하는 힘의 크기로, 접촉면이 거칠수록, 물체의 무게가 무거울수록 크다.

#거칠기 [거칠기]
표면의 조직 상태를 나타내는 값. 거칠기가 큰 표면과 접촉할 때 마찰력이 커진다.

교과 개념 확인 Quiz

다음 물음에 답하시오.

① 물리에서 물체가 그 공간적 위치를 바꾸는 일을 □□이라 한다.

② 마찰력의 방향은 물체의 운동 방향과 □□ 방향이다.

③ 물체 사이의 접촉면이 작을수록 마찰력의 크기가 작아진다. ○ | X

④ 마찰력은 두 물체의 접촉면 사이에서 물체의 운동을 방해한다. ○ | X

⑤ 물체의 무게가 무거울수록 물체의 운동을 방해하는 힘도 커진다. ○ | X

>> 생명과학

우리 주변에는 어떤 친구들이 살지?

STEP 1 교과 개념 **톡** 생각 열기

📋 무엇을 배울까?

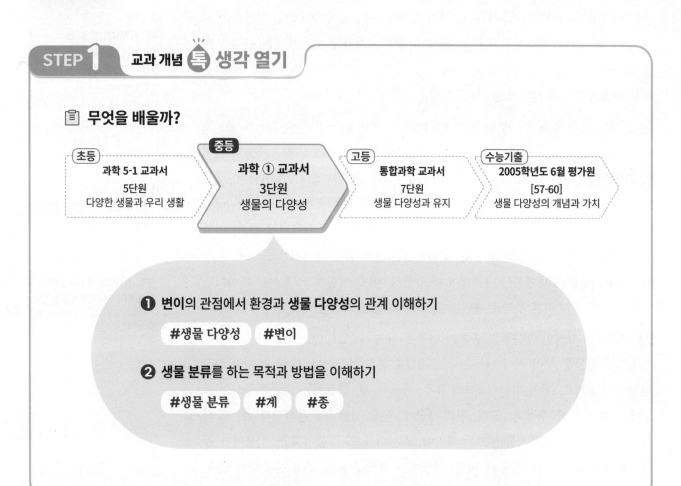

초등
과학 5-1 교과서
5단원
다양한 생물과 우리 생활

중등
과학 ① 교과서
3단원
생물의 다양성

고등
통합과학 교과서
7단원
생물 다양성과 유지

수능기출
2005학년도 6월 평가원
[57-60]
생물 다양성의 개념과 가치

❶ 변이의 관점에서 환경과 **생물 다양성**의 관계 이해하기

#생물 다양성   #변이

❷ 생물 분류를 하는 목적과 방법을 이해하기

#생물 분류   #계   #종

❓ 생각해 보기   집 주변의 공원에는 얼마나 다양한 동물과 식물이 있을까?

독해 TIP!
이 글에는 생물 다양성과 변이에 대한 정의가 나타나 있어. 정의는 뜻을 풀어서 설명하는 방식이야. 정의의 방식이 나타날 때는, **핵심 대상의 뜻을 파악하는 데 초점을 두고 읽어야 해.**

1 매년 6월 5일은 세계 환경의 날로, 국제기구인 유엔환경계획(UNEP)에서는 이날을 맞아 그 해의 주제를 발표하는데, 2022년의 주제는 '생태계 복원'이다. 이것을 주제로 선정한 것은 숲, 바다, 초원 등 각종 생태계가 파괴되어 그곳에서 서식하는 생물들이 사라지면서 나타나는 여러 문제가 우리 삶에 부정적인 영향을 미치고 있기 때문이다. 생태계의 복원은 **#생물 다양성**을 지키는 것과 밀접한 관련을 맺고 있는데, ㉠생물 다양성이란 한 지역에 살고 있는 생물의 다양한 정도를 말한다. 생물 다양성이 높은 생태계일수록 생태계가 안정적으로 유지된다.

1 문단
생물 다양성의 개념: 한 [____]에 살고 있는 생물의 다양한 정도. 생물의 다양성이 높을수록 [____]가 안정적으로 유지됨.

2 그런데 같은 얼룩말도 무늬가 조금씩 다르고, 장미도 저마다 색깔과 크기가 조금씩 다르다. 이처럼 같은 종류의 생물 사이에서 나타나는 생김새나 특성의 차이를 **#변이**라고 하는데, 이러한 변이도 생물 다양성과 관련이 있다. 예를 들어, 색깔이 조금씩 다른, 한 종류의 곤충이 있다고 하자. 풀이 많은 곳과 나무가 많은 곳에서는 각 환경과 비슷한 색을 지닌 곤충이 천적*의 눈을 피해 살아남게 된다. 이렇게 살아남은 곤충은 자손을 남기고, 그 자손들은 풀이 많은 곳에서는 풀색에 더 가깝게, 나무가 많은 곳에서는 나무색에 더 가깝게 된다. 이렇게 오랜 시간 반복되면 둘은 차이가 커져 다른 무리로 나뉘는데, 그 결과 생물 다양성이 높아지게 된다.

2 문단
[____]와 생물 다양성의 관계: 같은 종류의 생물 사이에서 나타나는 생김새나 특성의 차이인 [____]는 생물 다양성에 영향을 줌.

• 천적 잡아먹는 동물을 잡아먹히는 동물에 상대하여 이르는 말.

3 그렇다면 다양한 생물들의 종류는 어떻게 나눌 수 있을까? 여러 가지 특징을 기준으로 생물을 무리 지어 나누는 것을 **#생물 분류**라고 한다. 생물 분류의 가장 큰 단위는 **#계**로, 핵막이나 세포벽의 유무, 세포의 수, 광합성* 여부, 운동성의 유무에 따라 식물계, 동물계, 균계, 원핵 생물계, 원생 생물계로 분류한다. 이 중 식물계와 동물계에 속한 생물은 모두 핵막이 있는 다세포* 생물이지만, 식물계가 광합성을 하고 운동성이 없는 데 반해, 동물계는 광합성을 못 하고 운동성이 있다. 이렇게 같은 계에 속하는 생물 무리 중에서 공통된 특징을 갖는 생물을 묶어 '문'으로 분류한다. 그리고 같은 방법으로 범위를 좁혀 가며 '강, 목, 과, 속, 종'으로 분류한다. **#종**은 생물 분류에 가장 기본이 되는 단위로, 일반적으로 자연 상태에서 생식 능력이 있는 자손을 낳을 수 있으면 같은 종, 그렇지 않으면 다른 종으로 분류한다. 가령 당나귀와 말은 둘 사이에서 생식 능력이 없는 노새가 태어나므로 종이 다르다.

3 문단
생물을 [____]하는 방법: 일정한 기준에 따라 무리를 나눔. '[____] → 문 → 강 → 목 → 과 → 속 → [____]'의 단계로 갈수록 범위가 좁아짐.

• 광합성 식물이 빛에너지를 이용하여 양분을 만드는 과정.
• 다세포 한 생물체 안에 여러 개의 세포가 있는 것.

4 그렇다면 이렇게 생물의 종류를 나누는 목적은 무엇일까? 그것은 생물 사이의 가깝고 먼 관계를 파악하기 위해서이다. 분류된 생물들이 지닌 특징을 비교해 보면 생물 사이의 가깝고 먼 관계를 알 수 있는데, 일반적으로 공통점이 많을수록 가까운 관계에 있다고 본다. 예를 들어, 고래는 당나귀처럼 폐로 호흡을 하고 새끼를 낳아 젖을 먹이는 포유강으로, 아가미로 호흡하고 알을 낳거나 알을 부화시켜 낳는 상어보다 당나귀와 더 가까운 관계이다.

4 문단
생물을 분류하는 [____]: 생물 사이의 가깝고 먼 [____]를 파악하기 위해서임.

핵심 내용 파악하기

1 윗글에서 알 수 있는 내용이 <u>아닌</u> 것은?

① 생물 분류의 단계
② 생물을 분류하는 목적
③ 생물 분류의 기본 단위
④ 생물 다양성과 변이의 뜻
⑤ 생태계가 다양하게 나타나는 이유

세부 내용 파악하기

2 윗글의 내용과 일치하지 <u>않는</u> 것은?

① 자손의 생식 능력은 '종'을 분류하는 기준이 된다.
② 환경에 적합한 특성을 가진 생물이 생존에 유리하다.
③ '종'에서 '계'로 갈수록 분류된 생물의 범위가 넓어진다.
④ 세포 수와 핵막의 유무로 동물계와 식물계를 구분할 수 있다.
⑤ 생물 분류 체계를 통해 생물 간의 멀고 가까운 관계를 알 수 있다.

세부 내용 추론하기

3 ㉠에 대한 설명으로 적절한 것을 <보기>에서 모두 골라 바르게 묶은 것은?

> ┌─ 보기 ───┐
> ⓐ 생태계가 다양할수록 지구 전체의 생물 다양성을 높일 수 있다.
> ⓑ 생물 다양성을 결정하는 데는 생물의 종류보다 생물의 수가 더 중요하다.
> ⓒ 한 지역에 사는 생물 종류의 다양한 정도에 따라 생물 다양성이 달라진다.
> ⓓ 같은 종류의 생물에서 생김새나 특성이 달라도 생물 다양성에 영향을 준다.
> └──┘

① ⓐ, ⓑ
② ⓐ, ⓓ
③ ⓐ, ⓑ, ⓒ
④ ⓐ, ⓒ, ⓓ
⑤ ⓑ, ⓒ, ⓓ

사례에 적용하기

4 윗글을 바탕으로 <보기>의 내용을 이해한 것으로 적절하지 <u>않은</u> 것은?

> ┌─ 보기 ───┐
>   A 섬에는 부리 모양과 크기가 조금씩 다른 한 종류의 새들이 있었다. 이 중 일부가 딱딱한 씨앗이 있는 B 섬으로, 또 다른 일부가 선인장이 많은 C 섬으로 날아갔다. 이후 B 섬에서는 짧고 단단한 부리를 지닌 새들이, C 섬에서는 선인장 가시보다 긴 부리를 지닌 새들이 살아남아 자손을 남겼다. 점점 그러한 특성이 더 강한 부리를 지닌 새들만 살아남았고, B 섬과 C 섬의 새들은 다른 섬의 새들과 교류하지 않은 채 오랜 시간이 흐르며 다른 종으로 바뀌었다.
> └──┘

① B 섬으로 날아간 새들 중 긴 부리를 지닌 새는 살아남기 어려웠겠군.
② 현재 C 섬의 새들은 생물 분류상 A 섬의 새들과 '종'이 다를 수 있겠군.
③ B 섬과 C 섬의 새들은 먹이로 인해 부리 모양 자체에 변화가 생겼겠군.
④ B 섬과 C 섬의 새들이 지닌 부리의 특성은 그들의 자손에게 전달되었겠군.
⑤ B 섬과 C 섬의 새들이 오랜 시간이 교류하지 않으면서 특징의 차이가 커졌겠군.

개념 한눈에 보기

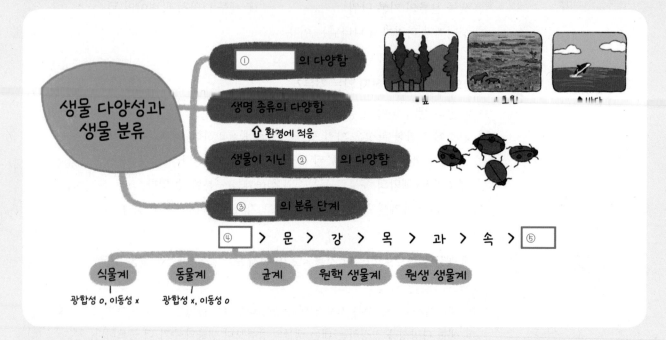

생물 다양성과 생물 분류

① ___ 의 다양함

생명 종류의 다양함

⇧ 환경에 적응

생물이 지닌 ② ___ 의 다양함

③ ___ 의 분류 단계

④ ___ > 문 > 강 > 목 > 과 > 속 > ⑤ ___

식물계   동물계   균계   원핵 생물계   원생 생물계

광합성 o, 이동성 x   광합성 x, 이동성 o

교과 개념 **사전**

#생물 다양성 [생물] [다양썽]
한 지역에 살고 있는 생물의 다양한 정도. 종의 다양성, 유전자의 다양성, 생태계의 다양성을 통틀어 이르는 말이다.

#변이 [벼:니]
같은 종에서 성별, 나이와 관계없이 모양과 성질이 다른 개체가 존재하는 현상. 외부 요인의 작용에 의한 환경 변이, 유전자의 변화에 의한 돌연변이가 있다.

#생물 분류 [생물] [불류]
생물을 형태나 구조 등 여러 가지 특징을 기준으로 무리 지어 나누는 일. 종을 기본 단위로 하여, 속, 과, 목, 강, 문, 계의 차례로 비슷한 것을 모아 정리한다.

#계 [계:/게:]
생물을 분류하는 가장 큰 단위. 동물계, 식물계 등이 있다.

#종 [종]
생물 분류의 기본 단위.

교과 개념 확인 Quiz

다음 물음에 답하시오.

❶ 같은 종류의 생물들 사이에서 생김새나 모양이 조금씩 다른 것을 생물 다양성이라고 한다.
O ! X

❷ 생물 다양성은 생물의 종류와 [ ][ ][ ]가 다양할수록 높다.

❸ 환경과 비슷한 색이나 모양을 가진 생물이 생존에 더 유리하다.
O ! X

❹ 생물 분류의 가장 기본이 단위는 계이고, 가장 큰 단위는 종이다.
O ! X

❺ 생물을 분류하는 목적은 생물 사이의 가깝고 먼 관계를 파악하기 위해서이다.
O ! X

❻ 일반적으로 생물 사이의 [ ][ ][ ]이 많을수록 가까운 관계에 있다고 본다.

소중한 친구들을 지키는 방법

월   일

STEP 1 교과 개념 톡 생각 열기

📋 무엇을 배울까?

초등	중등	고등	수능기출
과학 5-1 교과서 5단원 다양한 생물과 우리 생활	과학 ① 교과서 3단원 생물의 다양성	통합과학 교과서 7단원 생물 다양성과 유지	2005학년도 6월 평가원 [57-60] 생물 다양성의 개념과 가치

❶ 생태계 유지에 생물 다양성이 중요함을 이해하기

\#생태계   \#먹이 사슬

❷ 생물 다양성의 보전이 필요함을 이해하기

\#멸종   \#외래 생물

❓ 생각해 보기   세상에서 반달가슴곰이 사라진다면 어떤 일이 일어날까?

독해 TIP!
이 글에는 생물 다양성이 줄어
드는 문제와 해결 방법이 잘
드러나 있어. 이런 글은 **문제
상황과 그에 대한 해결 방법을
연결해 보면서 글을 읽어야 해.**

1 최근에 수많은 ⓐ꿀벌이 갑자기 실종되면서˚ 사회적 관심을 불러일으켰다. "꿀벌들이 사라진 게 뭐가 대단한 일이야?"라고 생각할지 모른다. 그러나 꿀벌의 생존은 인간의 생존과 직접적인 관련이 있다. 꽃가루를 옮겨 주는 꿀벌이 사라지면 식물이 제대로 열매 맺기 어려워진다. 그러면 식물의 열매를 먹이로 삼는 곤충, 새, 초식 동물은 먹이 부족으로 그 수가 줄어들고, 이는 육식 동물은 물론 인간에게까지 그 영향이 미친다. 이처럼 다양한 생물들이 **#먹이 사슬**로 연결되어 **#생태계**를 이루고 있으므로 한 생물 종이 사라지는 것은 다른 생물 종에도 영향을 주어 생물 다양성에 위기를 가져올 수 있다.

1 문단
생물 종의 멸종과 [   ]의
관계: 한 종의 생물이 사라지면 생
물 다양성에 [   ]가 옴.

· 실종되다 종적을 잃어 간 곳이
  나 생사를 알 수 없게 되다.

2 그런데 생물 다양성이 높은 생태계일수록 먹이 사슬이 복잡하게 얽혀 있어서 어떤 생물 한 종이 사라져도 그 심각성이 덜할 수 있다. 예를 들어, '메뚜기, 개구리, 뱀'으로 이루어진 ⓑA 생태계와 '풀, 메뚜기, 토끼, 들쥐, 개구리, 뱀, 매'로 이루어진 ⓒB 생태계가 있다고 가정해 보자. 메뚜기가 멸종되면 A 생태계에서는 개구리와 뱀도 멸종될 가능성이 커져 결국 생태계도 사라진다. 하지만 B 생태계에서는 '풀, 토끼, 들쥐, 뱀, 매'가 먹이 사슬을 이루므로 생태계가 사라지지는 않는다. 따라서 생태계를 안정적으로 유지하려면 생물 다양성을 높이는 것이 중요하다.

2 문단
생물 다양성이 중요한 이유 ①:
생물 다양성이 높아야 생태계를
안정적으로 [   ]할 수 있음.

3 생물 다양성은 생태계 유지뿐만 아니라 인간에게도 많은 혜택을 준다. 인간은 의식주를 비롯해 생활에 필요한 재료들을 다양한 생물을 통해 얻는다. 다양한 종의 식물이 약재로 사용되며, 곤충에서 뽑아낸 항암˚ 물질이나 푸른곰팡이에서 얻은 페니실린 등은 의약품의 재료가 된다. 또한 향기 있는 식물들은 화장품 재료가 되기도 한다. 이뿐만 아니라 산이나 바다처럼 다양한 생물로 이루어진 생태계는 관광 자원이 되어 휴식과 안정을 취할 수 있게 해 준다.

3 문단
생물 다양성이 중요한 이유 ②:
생물 다양성이 인간에게 다양한
[   ]을 줌.

· 항암 암세포의 증식을 억제하거
  나 암세포를 죽임.

4 이러한 생물 다양성의 중요성에도 불구하고, **#멸종** 위기에 처한 생물들이 늘어나고 있다. 무분별한 개발로 서식지˚가 파괴되고, 마구잡이식 채집과 사냥 등으로 야생 동식물의 수가 줄어들고, **#외래 생물**로 인해 고유 생물이 살아가기 힘들어졌다. 또한 환경 오염과 기후 변화 등으로 생물이 살기 어려운 환경이 되면서 생물 다양성은 더욱 낮아지고 있다.

4 문단
생물 다양성이 [   ]하는 원인:
서식지 파괴, 마구잡이식 채집과
사냥, 외래 생물의 유입, 환경 오
염과 기후 변화

· 서식지 생물 따위가 일정한 곳
  에 자리를 잡고 사는 곳.

5 그렇다면 생물 다양성의 보전을 위해 어떻게 해야 할까? 먼저 지나친 개발을 줄여 동식물의 서식지를 보전하고 보호해야 한다. 그리고 법을 강화하여˚ 식물을 마구 채집하거나 불법 사냥을 못 하게 막고, 멸종 위기에 있는 생물들은 법으로 지정하여 보호하고 관리해야 한다. 더불어 먹이 사슬을 교란시켜 생태계를 파괴하는 외래 생물을 없애고, 우리 고유의 생물을 살리고 지키기 위해 노력해야 한다. 또한 생활 속에서 쓰레기 배출량을 줄이고 에너지를 아껴 쓰는 등 ㉠개인의 실천도 필요하다.

5 문단
생물 다양성을 [   ]하는 방법:
개발 자제, 법률 강화, 고유 생물
지키기, 환경 오염 줄이기

· 강화하다 수준이나 정도를 더
  높이다.

핵심 내용 파악하기

1 윗글에서 다루고 있는 내용이 <u>아닌</u> 것은?

① 생물의 다양성의 감소 원인
② 생물 다양성의 학문적 가치
③ 생물 다양성을 보전하는 방법
④ 생물 다양성이 높아야 하는 이유
⑤ 생물의 멸종이 생물 다양성에 미치는 영향

세부 내용 추론하기

2 윗글을 통해 미루어 짐작한 내용으로 적절하지 <u>않은</u> 것은?

① 생물 다양성이 높은 생태계는 관광 자원으로 활용될 수 있다.
② 외래 생물은 고유 생물의 생존을 위협하는 존재가 될 수 있다.
③ 일회용품이나 에너지의 사용이 생물 다양성에 영향을 줄 수 있다.
④ 개발로 생물의 서식지가 파괴되면 생물 다양성이 낮아질 수 있다.
⑤ 미생물과 달리 약효가 있는 식물에서만 의약품 재료를 얻을 수 있다.

사례에 적용하기 〔고난도〕

3 생물 다양성의 감소 문제를 해결하기 위한 방안 중, ㉠에 해당하는 것은?

① 공장에서 나오는 오염 물질을 정화하는 시설을 설치한다.
② 야생 동식물이 많이 사는 지역은 보호 구역으로 지정한다.
③ 고유 식물의 씨앗을 보관하는 씨앗 은행을 만들어 운영한다.
④ 도로를 건설할 때 동물들이 이동할 수 있는 생태 통로를 만든다.
⑤ 이산화 탄소를 줄이기 위한 노력으로 자동차 대신 자전거를 이용한다.

사례에 적용하기

4 윗글과 <보기>를 바탕으로 ⓐ~ⓒ을 이해한 내용으로 적절한 것은?

┌─ 보기 ─

　1980년대 일부 학자들이, 생태계는 금속 조각판을 못으로 이어 만든 하나의 비행기와 같다는 가설을 주장하였다. 만약 못이 하나씩 빠지면 비행기 몸체가 점점 약해지다가 어느 시점에서 완전히 무너지게 되는데, 무너지기 직전의 마지막 못이 비행기 전체의 운명에 중요한 역할을 한다는 것이다. 생태계에서 이 마지막 못과 같은 역할을 하는 생물종을 '주춧돌종'이라고 한다.

① ⓐ가 '못'에 대응한다면, ⓑ와 ⓒ는 '비행기'에 대응한다.
② ⓑ에 ⓐ가 추가되면 ⓒ보다 먹이 사슬이 더 복잡하게 연결된다.
③ ⓑ보다 ⓒ에서 '메뚜기'가 주춧돌종으로서의 역할을 더 크게 한다.
④ ⓑ와 달리 ⓒ는 무너지기 직전에 있는 비행기와 같은 상태에 있다.
⑤ ⓒ와 달리 ⓑ에서는 한 종의 멸종이 생태계 유지에 영향을 주지 않는다.

개념 한눈에 보기

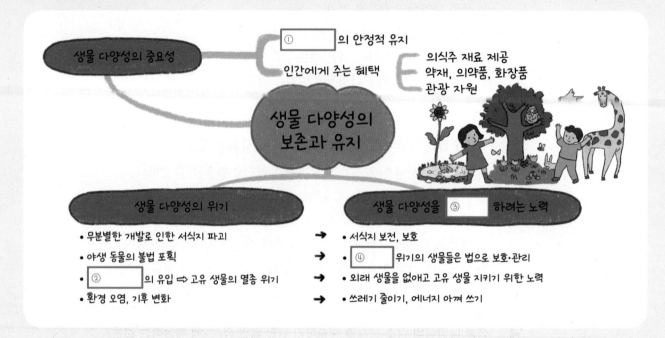

생물 다양성의 중요성

①　　　　의 안정적 유지

인간에게 주는 혜택

의식주 재료 제공
약재, 의약품, 화장품
관광 자원

생물 다양성의
보존과 유지

생물 다양성의 위기

• 무분별한 개발로 인한 서식지 파괴
• 야생 동물의 불법 포획
• ②　　　　의 유입 ⇨ 고유 생물의 멸종 위기
• 환경 오염, 기후 변화

생물 다양성을 ③　　　하려는 노력

→ • 서식지 보전, 보호
→ • ④　　　　위기의 생물들은 법으로 보호·관리
→ • 외래 생물을 없애고 고유 생물 지키기 위한 노력
→ • 쓰레기 줄이기, 에너지 아껴 쓰기

📖 교과 개념 사전

#생태계 [생태계/생태게]
어느 환경 안에서 서로 영향을 주고받는 생물 요소와 그 생물들을 제어하는 비생물 요소를 통틀어 이르는 말.

#먹이 사슬 [머기] [사슬]
생태계에서 먹이를 중심으로 이어진 생물 간의 관계.

#멸종 [멸쫑]
생태계에서 특정 생물종이 사라지는 것을 이르는 말.

#외래 생물 [외:래/웨:래] [생물]
외국 등 다른 지역으로부터 자연적이거나 인위적으로 유입되어 들어온 모든 생물을 이르는 말.

교과 개념 확인 Quiz 🔍

다음 물음에 답하시오.

❶ 생물 다양성이 높을수록 □□□를 안정적으로 유지할 수 있다.

❷ 먹이 사슬이 복잡할수록 생태계가 안정적으로 유지될 수 있다. ○ I X

❸ 무분별한 개발과 채집, 사냥 등은 생물 다양성이 감소하는 원인이 되고 있다. ○ I X

❹ 생물 다양성을 보전하기 위해서는 사람에게 이로운 생물의 멸종만 막으면 된다 ○ I X

❺ 생물 다양성이 낮아지는 것을 막기 위해서는 국가, 기업, □□의 노력이 모두 필요하다.

1 » 화학

기체는 가만히 있지 않아

📋 **무엇을 배울까?**

초등	중등	고등	수능기출
과학 6-1 교과서 4단원 여러 가지 기체	과학 ① 교과서 4단원 기체의 성질	화학 II 교과서 1단원 물질의 세 가지 상태와 용액	2019학년도 9월 평가원 [29-32] 주사 터널링 현미경

❶ **기체의 입자가 운동하고 있음을 알기**

#기체   #입자   #입자의 운동

❷ **기체의 확산과 증발 현상 이해하기**

#기체의 확산   #증발 현상

숙제를 마치고 먹어야겠어. 어디에다 숨겨 놓을까?

이게 무슨 냄새지? 어디서 맛있는 피자 냄새가 나.

피자를 숨겨 놓은 걸 어떻게 알았지?

❓ **생각해 보기** 구석에 숨겨 놓은 피자 냄새가 어떻게 방 전체로 퍼졌을까?

1 **#기체**는 눈에 보이지 않지만 항상 우리 주변에 존재하고 있다. 부푼 고무풍선 이나 농구공 속, 또 텅 비어 있는 것처럼 보이는 상자 안에도 기체가 들어 있다. 우리가 숨을 쉴 때 마시는 산소도, 내뿜는 이산화 탄소도 모두 기체이다. 기체는 눈에 보이지 않지만, 나뭇잎을 흔드는 바람을 통해 기체의 움직임을 알 수 있다. 그렇다면 기체는 무엇으로 이루어져 있을까? 모든 물질은 거의 눈에 보이지 않을 정도로 아주 작은 **#입자**˚로 이루어져 있는데, 기체 역시 입자로 구성되어 있다. 입자가 모여 있는 것이 기체이므로, 기체의 특징은 입자가 가지는 성질과도 밀접한 관련이 있다.

2 물질을 이루는 입자는 가만히 정지해 있지 않고 스스로 끊임없이 움직이는데, 이것을 **#입자의 운동**이라고 한다. 방의 한쪽 구석에 놓아둔 방향제의 향기가 방 전체에 퍼진다거나, 머리를 감은 후 젖은 머리카락이 시간이 지나면 저절로 마르는 것은 모두 ㉠입자의 운동과 관련이 있는 현상들이다. 방향제의 향기가 퍼지는 것은 입자가 운동하며 공기 중으로 퍼져 나간 것으로, 이는 **#기체의 확산**˚과 관련된다. 한편 젖은 머리카락이 마르는 것은 액체 입자가 액체 표면˚에서 기체로 바뀌어 공기 중으로 날아갔기 때문인데, 이는 **#증발**˚ 현상과 관련된다.

3 물질을 이루고 있는 입자가 스스로 운동하여 멀리 퍼져 나가는 현상을 확산이라고 한다. 빵집 앞을 지날 때 갓 구운 빵 냄새를 맡을 수 있는 것이나, 공항에서 폭발물 탐지견이 냄새를 맡아 폭발물을 찾아내는 것은 모두 기체의 확산 때문이다. 확산은 온도가 높을수록, 입자의 질량이 작을수록 잘 일어나며, 같은 물질이라도 고체일 때보다 기체 상태일 때 더 활발해진다. 또한 확산은 모든 방향으로 이루어지며, 액체 속보다는 기체 속에서, 기체 속보다는 진공˚ 속에서 일어날 때 그 속도가 더 빨라진다.

4 한편, 일상생활에서 액체가 점점 줄어들거나 사라지는 현상을 자주 볼 수 있는데, 이것을 증발이라고 한다. 액체 상태에서 스스로 운동하는 입자 중 운동이 활발한 입자는 액체의 표면에서 떨어져 나와 기체로 바뀐다. 풀잎에 맺혀 있는 이슬이 시간이 지나면서 사라지는 것은 이슬 표면의 입자가 기체로 변하기 때문이고, 젖은 빨래를 말리면 보송보송한 상태가 되는 것 역시 빨래에 스며들어 있던 물 입자가 운동하며 기체로 바뀌면서 공기 중으로 날아가기 때문이다. 이러한 증발 현상은 실험을 통해서도 확인할 수 있다. 전자저울 위에 거름종이를 올려놓고 영점 조정 단추를 누른 후 거름종이에 아세톤 몇 방울을 떨어뜨리면, 시간이 지남에 따라 거름종이에 묻은 아세톤의 흔적˚이 점점 사라지고, 저울의 숫자가 줄어드는데, 이는 아세톤 입자가 운동을 통해 기체로 바뀌어 공기 중으로 날아갔기 때문이다.

독해 TIP!
이 글에는 기체의 확산과 증발 현상의 다양한 사례가 제시되어 있어. **익숙하지 않은 과학 현상이나 원리는 글에 제시된 사례를 잘 살펴서 정확히 이해해야 해.**

1 문단
기체의 구성: 기체는 눈에 보이지 않을 정도로 매우 작은 ▢로 이루어져 있음.

• 입자 물질을 구성하는 매우 작은 크기의 물체.

2 문단
입자의 운동과 관련된 현상: 기체의 ▢과 ▢ 현상

• 확산 흩어져 널리 퍼짐.
• 표면 사물의 가장 바깥쪽. 또는 가장 윗부분.
• 증발 어떤 물질이 액체 상태에서 기체 상태로 변하는 현상.

3 문단
확산의 개념과 확산에 영향을 주는 요인: 확산은 입자가 스스로 운동하며 멀리 퍼져 나가는 현상으로, ▢, 입자의 ▢, 물질의 상태, 일어나는 장소에 따라 정도가 달라짐.

• 진공 물질이 전혀 존재하지 않는 공간.

4 문단
증발의 개념과 증발 현상의 사례: 증발은 ▢가 점점 줄어들거나 사라지는 현상으로, 액체 입자가 액체 표면에서 떨어져 나와 ▢로 바뀌어 공기 중으로 날아감.

• 흔적 어떤 현상이나 실체가 없어졌거나 지나간 뒤에 남은 자국이나 자취.

핵심 내용 파악하기

1 윗글에서 설명하고 있는 내용으로 가장 적절한 것은?

① 기체의 종류   ② 기체의 확산과 증발

③ 기체가 필요한 이유   ④ 기체와 액체의 차이점

⑤ 기체 입자가 운동하는 이유

세부 내용 파악하기

2 윗글의 내용과 일치하지 <u>않는</u> 것은?

① 모든 물질은 작은 입자로 이루어져 있다.

② 입자는 스스로 끊임없이 운동하는 성질을 가진다.

③ 확산은 온도가 높고 입자의 질량이 작을수록 잘 일어난다.

④ 액체 입자가 운동하며 기체로 바뀌는 것을 확산이라고 한다.

⑤ 아세톤을 묻힌 거름종이의 무게가 줄어드는 것은 증발 현상 때문이다.

세부 내용 추론하기

고난도

3 ㉠에 대한 설명으로 적절하지 <u>않은</u> 것은?

① 바람의 움직임은 ㉠이 일어나고 있음을 보여 준다.

② ㉠이 활발할수록 멀리 떨어진 곳의 사물까지 볼 수 있다.

③ 증발은 ㉠을 통해 입자가 액체 표면에서 떨어져 나가면서 일어난다.

④ 기체를 진공 상태의 용기에 넣으면 이전보다 ㉠의 속도가 빨라진다.

⑤ 같은 물질이라도 고체 상태보다 기체 상태일 때 ㉠이 더 활발히 일어난다.

사례에 적용하기

4 윗글을 바탕으로 할 때, <보기>와 같은 현상이 나타난 사례로 적절하지 <u>않은</u> 것은?

┌ 보기 ┐

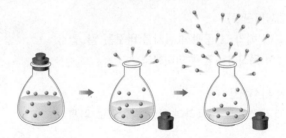

방 안에 향수의 뚜껑을 열어 놓으면 향수가 점점 줄어들면서 향기가 방 안에 퍼진다.

① 부엌에서 생선을 구우면 그 냄새가 온 집안에 퍼진다.

② 식탁에 꺼내 놓은 촉촉한 식빵이 시간이 지날수록 딱딱해진다.

③ 동그랗게 불어 놓은 고무풍선을 세게 누르면 모양이 납작해진다.

④ 꽃향기가 멀리 퍼질수록 먼 곳에 있는 나비도 꽃을 찾아 날아온다.

⑤ 염전에 바닷물을 가두어 햇볕과 바람 등으로 수분을 없애고 소금을 얻는다.

개념 한눈에 보기

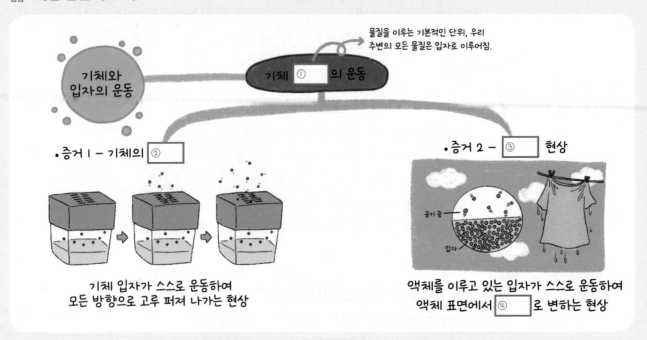

물질을 이루는 기본적인 단위, 우리 주변의 모든 물질은 입자로 이루어짐.

기체와 입자의 운동

기체 ① 의 운동

• 증거 1 – 기체의 ②

기체 입자가 스스로 운동하여
모든 방향으로 고루 퍼져 나가는 현상

• 증거 2 – ③ 현상

공기 중
입자

액체를 이루고 있는 입자가 스스로 운동하여
액체 표면에서 ④ 로 변하는 현상

교과 개념 사전

#기체 [기체]
물질이 나타내는 상태의 하나. 공기, 수소, 산소 따위와 같이 분자의 간격이 멀고 응집력이 없어 자유로이 운동한다.

#입자 [입짜]
물질의 일부로서, 구성하는 물질과 같은 종류의 매우 작은 물체.

#입자의 운동 [입짜] [운:동]
입자가 시간의 경과에 따라 그 공간적 위치를 바꾸는 일. 입자가 스스로 끊임없이 움직이는 것을 의미한다.

#기체의 확산 [기체] [확싼]
기체를 이루는 입자가 스스로 운동하여 모든 방향으로 퍼져 나가는 현상.

#증발 현상 [증발] [현:상]
액체를 이루고 있는 입자가 스스로 운동하여 액체 표면에서 기체로 변하는 현상.

교과 개념 확인 Quiz

다음 물음에 답하시오.

❶ 기체는 눈에 보이지 않을 정도로 아주 작은 물체인 ☐☐로 이루어져 있다.

❷ 입자는 외부의 힘이 작용하지 않으면 움직이지 않고 가만히 있다. ⓞ ⅼ ✕

❸ 물질을 이루고 있는 입자가 스스로 운동하여 멀리 퍼져 나가는 현상을 ☐☐이라고 한다.

❹ 확산은 같은 물질이더라도 액체일 때보다 고체 상태일 때 더 활발하게 일어난다. ⓞ ⅼ ✕

❺ 풀잎에 맺혀 있는 이슬이 시간이 지나면서 사라지는 것은 이슬 표면의 입자가 액체에서 기체로 바뀌기 때문이다. ⓞ ⅼ ✕

2

≫ 화학

하늘 높이 올라간 풍선이 터지는 이유는?

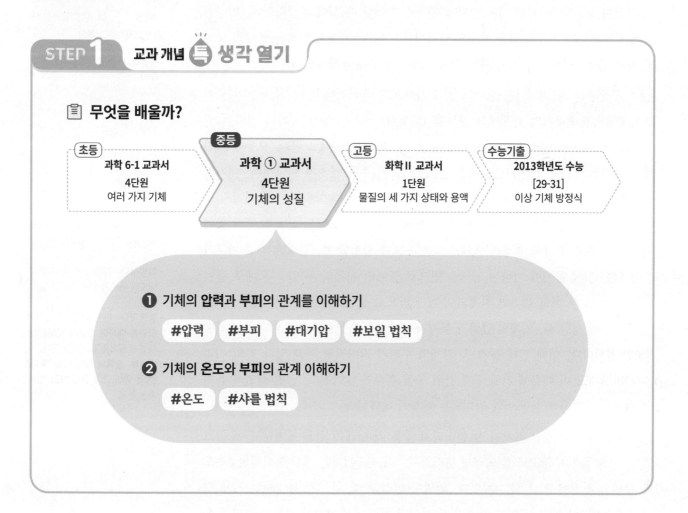

STEP 1 교과 개념 💡 **생각 열기**

📋 **무엇을 배울까?**

초등	중등	고등	수능기출
과학 6-1 교과서 4단원 여러 가지 기체	과학 ① 교과서 4단원 기체의 성질	화학 II 교과서 1단원 물질의 세 가지 상태와 용액	2013학년도 수능 [29-31] 이상 기체 방정식

❶ 기체의 **압력**과 **부피**의 관계를 이해하기

#압력　　#부피　　#대기압　　#보일 법칙

❷ 기체의 **온도**와 **부피**의 관계 이해하기

#온도　　#샤를 법칙

어머, 하늘 높이 오르니까 페트병이 빵빵해졌어!

몇 시간 전…

어머, 페트병을 냉장고에 넣어 놨더니 찌그러졌어!

❓ **생각해 보기**　페트병의 모양이 바뀐 까닭은 무엇 때문일까?

독해 TIP!
이 글에서는 구체적 사례를 바탕으로 보일 법칙과 샤를 법칙을 설명하고 있어. 서로 다른 두 법칙이 제시될 때는 **두 법칙의 차이점을 잘 살피면서 읽어야 해.**

1 기체 입자는 모든 방향으로 계속해서 움직이는 성질을 지니고 있다. 고무풍선에 공기를 불어 넣으면 풍선 안으로 들어간 기체 입자가 스스로 끊임없이 운동하면서 고무풍선의 안쪽 벽면에 충돌하고˚, 그 힘에 의해 고무풍선은 점점 커지며 둥글게 부풀어 오른다. 이처럼 기체 입자가 물체에 충돌할 때 힘이 발생하는데, 일정한 면적에 작용하는 기체의 힘을 기체의 압력이라고 한다. 기체의 압력은 물체의 모양과 상태 등을 바꿀 수 있으며, 기체가 있는 모든 방향에서 작용한다.

2 고무풍선을 하늘로 날리면 어느 정도 높이까지 올라가다가 터지는데, 이는 기체의 **#압력**과 **#부피**의 관계에서 살펴볼 수 있다. 우리는 항상 공기의 압력을 받고 있는데, 지구를 둘러싸고 있는 공기의 압력을 **#대기압**이라고 한다. 보통 지표면에서 대기압은 약 1기압이지만, 높은 곳으로 올라갈수록 공기가 희박해져˚ 대기압이 작아진다. 이 때문에 고무풍선 안의 기체 부피가 점점 증가해 더 이상 커지지 못하고 터지게 되는 것이다. 이와 관련하여 영국의 과학자 보일은 실험을 통해 공기의 압력과 부피 관계를 증명해˚ 냈다. 그는 온도가 일정할 때, 일정한 양의 기체가 들어 있는 밀폐 용기에 가하는 압력을 반으로 줄이면 기체의 부피가 두 배로 늘어나고, 압력을 두 배로 늘리면 기체의 부피가 반으로 줄어드는 것을 알아냈다. 이처럼 온도가 일정할 때, 기체의 압력과 부피가 반비례˚ 관계에 있음을 나타낸 법칙이 **#보일 법칙**이다. 이때 밀폐 용기 속 기체의 부피가 작아지면 기체 입자 간의 거리가 가까워지고 이 때문에 기체 입자 간의 충돌 횟수가 많아진다. 반면에 밀폐 용기 속 기체의 부피가 커지면 이와 반대되는 현상이 나타난다.

3 한편, 두 개의 컵이 겹쳐져 잘 분리되지 않을 때 아래쪽 컵을 뜨거운 물에 담그면 큰 힘을 들이지 않고도 컵을 쉽게 분리할 수 있는데, 이러한 현상은 기체의 **#온도**와 부피의 관계에서 살펴볼 수 있다. 압력이 일정할 때, 온도가 높아지면 기체 입자의 운동이 활발해지고 이에 따라 입자 사이의 거리가 멀어져서 기체의 부피가 늘어난다. 반면에 온도가 낮아지면 기체 입자의 움직임이 둔해지고 이에 따라 입자 사이의 거리가 가까워져 기체의 부피가 줄어든다. 이와 관련하여 프랑스의 과학자 샤를은 실험을 통해 압력이 일정할 때, 일정한 양의 기체는 종류와 관계없이 온도가 높아지면 기체의 부피가 일정한 비율로 증가한다는˚ 사실을 알아냈다. 이처럼 기체의 온도와 부피의 관계를 나타낸 법칙이 **#샤를 법칙**이다.

4 기체의 압력, 부피, 온도의 관계로 인한 다양한 현상들은 우리 주변에서 쉽게 발견할 수 있다. 높은 산에 올랐을 때 귀가 먹먹해지는 것은 대기압이 낮아져 고막 안쪽 공기의 부피가 늘어나 고막이 밀려 나가는 현상으로, 이는 보일 법칙으로 설명할 수 있다. 또 추운 겨울이 되면 자동차 타이어 안의 공기가 수축하므로 타이어에 공기를 주입해˚ 공기압을 높여 주는데, 이는 ㉠샤를 법칙으로 설명할 수 있다.

1 문단
기체의 ☐☐의 개념: 일정한 면적에 작용하는 기체의 ☐

• 충돌하다 서로 맞부딪치거나 맞서다.

2 문단
압력과 부피의 관계 - ☐☐ 법칙: ☐☐가 일정할 때, 기체 부피와 압력은 ☐☐☐ 관계에 있음.

• 희박하다 기체나 액체 따위의 밀도나 농도가 짙지 못하고 낮거나 엷다.
• 증명하다 어떤 사항이나 판단 따위에 대하여 그것이 진실인지 아닌지 증거를 들어서 밝히다.
• 반비례 한쪽의 양이 커질 때 다른 쪽 양이 그와 같은 비로 작아지는 관계.

3 문단
온도와 부피의 관계 - ☐☐ 법칙: 압력이 일정할 때, ☐☐가 높아지면 기체의 부피는 일정하게 ☐☐함.

• 증가하다 양이나 수치가 늘어나다.

4 문단
보일 법칙과 샤를 법칙으로 설명 가능한 사례: 기체의 ☐☐, ☐☐, ☐☐의 관계로 인해 다양한 현상이 일어남.

• 주입하다 흘러 들어가도록 부어 넣다.

핵심 내용
파악하기

1 윗글에서 확인할 수 있는 내용이 <u>아닌</u> 것은?

① 기체의 압력의 의미

② 기체의 온도와 부피의 관계

③ 보일 법칙과 샤를 법칙의 의미

④ 지표면에서 받는 대기압의 크기

⑤ 기체의 종류에 따른 압력의 크기

세부 내용
추론하기

2 윗글을 통해 알 수 있는 내용으로 가장 적절한 것은?

① 일정한 면적에 작용하는 기체의 힘이 클수록 기체의 압력이 낮다.

② 기체의 압력은 중력의 영향을 받아 위에서 아래 방향으로만 작용한다.

③ 압력의 크기와 상관없이 기체의 온도와 부피는 항상 비례 관계에 있다.

④ 온도가 낮아질수록 기체 입자의 운동이 느려져 기체의 부피가 줄어든다.

⑤ 고무풍선이 높이 날아오를수록 부푸는 것은 기체 입자가 점점 커지기 때문이다.

사례에
적용하기

고난도

3 ㉠으로 설명할 수 있는 사례로 적절하지 <u>않은</u> 것은?

① 물이 끓으면 냄비 뚜껑이 들썩인다.

② 여름철에는 타이어의 공기압을 살짝 낮춘다.

③ 풍등의 연료에 불을 붙이면 풍등이 떠오른다.

④ 찌그러진 탁구공을 뜨거운 물에 넣으면 펴진다.

⑤ 잠수부가 내쉰 공기 방울은 수면에 가까워질수록 커진다.

사례에
적용하기

 4 윗글을 바탕으로 <보기>를 이해한 내용으로 가장 적절한 것은?

┌ 보기 ┐

　오른쪽 그래프는 일정한 양의 기체가 들어 있는 용기에 압력을 가할 때, 용기 안 기체의 압력과 부피의 변화를 측정한 실험 결과이다. 이 실험은 온도는 일정한 상태에서 진행하였다.

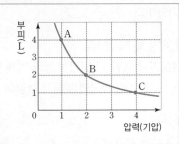

① 기체의 부피가 압력에 비례함을 보여 주는군.

② A보다 B에서 기체 입자의 운동이 더 활발해지겠군.

③ 기체 입자 사이의 평균 거리가 가장 먼 것은 C이겠군.

④ B보다 C에서 기체 입자들이 충돌하는 횟수가 더 많겠군.

⑤ 기체 입자가 운동할 수 있는 공간은 A에서 C로 갈수록 넓어지겠군.

개념 한눈에 보기

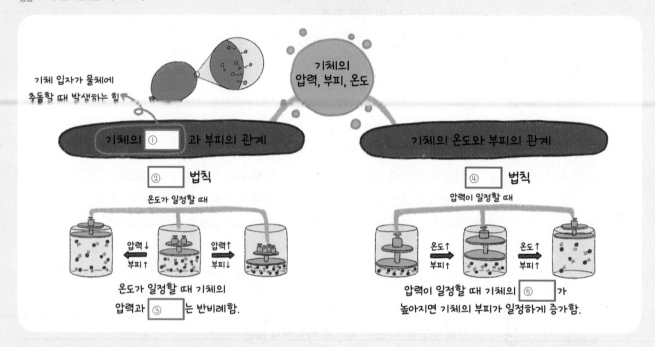

기체 입자가 물체에 충돌할 때 발생하는 힘

기체의 압력, 부피, 온도

기체의 ① 과 부피의 관계

② 법칙

온도가 일정할 때

압력↓ 부피↑　압력↑ 부피↓

온도가 일정할 때 기체의 압력과 ③ 는 반비례함.

기체의 온도와 부피의 관계

④ 법칙

압력이 일정할 때

온도↑ 부피↑　온도↑ 부피↑

압력이 일정할 때 기체의 ⑤ 가 높아지면 기체의 부피가 일정하게 증가함.

교과 개념 사전

#압력 [암녁]
두 물체가 접촉면을 경계로 하여 서로 그 면에 수직으로 누르는 단위 면적에서의 힘의 단위.

#부피 [부피]
넓이와 높이를 가진 물건이 공간에서 차지하는 크기.

#대기압 [대:기압]
지구를 둘러싸고 있는 공기의 압력. 보통 지표에서 대기압은 1기압이다.

#보일 법칙 [법칙]
'온도가 일정할 때 일정한 양의 기체 부피는 압력에 반비례한다.'는 것으로, 영국의 과학자 보일이 처음으로 밝혀내었다.

#온도 [온도]
따뜻함과 차가움의 정도. 또는 그것을 나타내는 수치.

#샤를 법칙 [법칙]
'같은 압력에서 온도가 높아지면 기체의 부피는 일정하게 증가한다.'는 것으로, 프랑스의 과학자 샤를이 처음으로 밝혀내었다.

교과 개념 확인 Quiz

다음 물음에 답하시오.

① 기체의 압력은 물체의 모양과 상태를 바꿀 수 있다.　　○ | X

② 높은 곳으로 올라갈수록 공기의 압력이 커지면서 기체의 부피도 점점 늘어난다.　　○ | X

③ 보일 법칙에 따르면, 온도가 일정할 때 기체의 부피는 압력에 □□□한다.

④ 일정한 압력에서 일정한 양의 기체는 □□가 높아지면 기체의 부피가 일정한 비율로 늘어난다.

⑤ □□ 법칙은 압력이 일정할 때 기체의 부피와 온도가 어떤 관계가 있는지 나타내는 법칙이다.

》화학

1 물질의 세 가지 얼굴

STEP 1 교과 개념 톡 생각 열기

📋 무엇을 배울까?

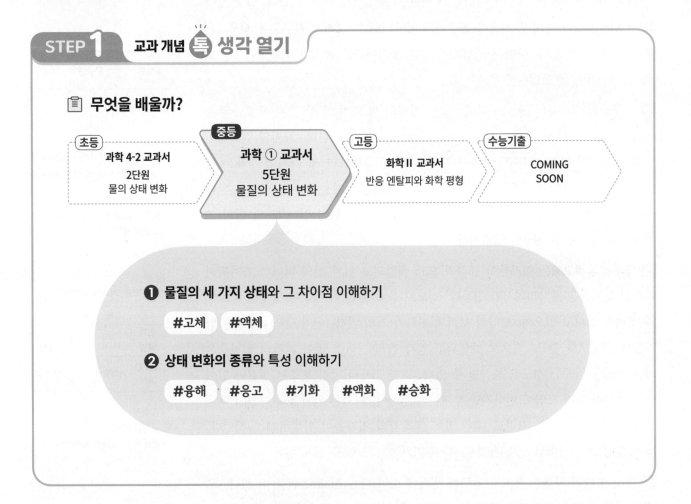

초등	중등	고등	수능기출
과학 4-2 교과서 2단원 물의 상태 변화	과학 ① 교과서 5단원 물질의 상태 변화	화학Ⅱ 교과서 반응 엔탈피와 화학 평형	COMING SOON

❶ 물질의 세 가지 상태와 그 차이점 이해하기

#고체 #액체

❷ 상태 변화의 종류와 특성 이해하기

#융해 #응고 #기화 #액화 #승화

아, 솜사탕 기계에 설탕 알갱이를 넣으면 설탕 실이 나오는구나.

정확하게는 융해가 되었다가 다시 응고가 되는 거죠.

원리는 몰라도 솜사탕은 정말 맛있어.

❓ 생각해 보기 작고 딱딱한 설탕 알갱이가 어떤 과정을 거쳐 가느다란 실같이 길게 변하는 것일까?

1 선호는 과학 시간에 물질의 상태를 배웠다. 주변에서 볼 수 있는 것들을 기체, 액체, 고체로 나누어 보다가, 문득 책가방에 넣어 둔 초콜릿이 떠올랐다. '초콜릿은 딱딱하니까 고체야.'라고 생각하며 초콜릿을 꺼냈는데, 초콜릿은 녹아서 물렁해져 있었다. '아! 초콜릿은 고체가 아니라 액체였구나! 그래도 맛은 똑같네.'라고 생각한 선호는 자신이 알게 된 사실을 친구에게 이야기했다. 그러자 친구는 한심하다는 듯이 말했다. "선호야, 아까 선생님께서 같은 물질이라도 녹으면 액체, 굳으면 고체라고 하셨어. 못 들었니?"

2 지구상의 대부분의 물질은 고체, 액체, 기체의 세 가지 중 한 가지 상태로 존재한다. 그리고 하나의 물질이 상황에 따라 상태가 변하기도 한다. 하지만 겉모양만 달라질 뿐이지 구성 입자˚의 종류나 개수는 같다. 그렇다면 세 가지의 상태는 왜 나타나는 것일까? 그것은 각 상태에서 물질을 이루는 입자들의 배열이 다르기 때문이다. 물질의 입자는 다른 입자를 끌어당겨 묶어 두는 힘이 있는데, 이 힘의 크기에 따라 입자들의 배열이 달라진다.

3 대부분의 **#고체**는 입자들이 규칙적˚으로 배열되고 입자 간의 거리가 가까워서 각각의 입자들은 제자리에서만 진동할˚ 정도로 움직인다. 이 때문에 일정한 겉모양과 부피를 지니고 있으며, 모양과 부피의 변화가 거의 없다. 이와 달리 **#액체**는 입자들이 고체보다 불규칙적으로 배열되고 입자 간의 거리가 멀어 각각의 입자들은 서로 자리를 바꾸는 정도로 움직일 수 있다. 또한 고체와 달리 흐르는 성질이 있어 담긴 그릇에 따라 모양이 변하지만 부피는 일정하다. 기체는 입자들의 배열이 매우 불규칙하고 입자 간의 거리도 매우 멀어 ㉠각각의 입자들이 활발하게 움직인다. 이 때문에 같은 질량의 고체나 액체보다 부피가 크고 모양도 쉽게 변한다.

4 특정 상태의 물질은 온도나 압력의 변화에 따라 다른 상태로 변할 수 있다. 고체인 얼음에 열을 가하면 액체인 물이 되고, 물이 끓으면 기체인 수증기가 된다. 이처럼 물질의 상태가 변하는 것을 **#상태 변화**라고 한다. 상태 변화 중에서 고체가 액체로 변하는 것을 **#융해**, 액체가 고체로 변하는 것을 **#응고**라고 하며, 액체가 기체로 변하는 것을 **#기화**, 기체가 액체로 변하는 것을 **#액화**라고 한다. 그리고 고체가 기체로 변하거나 기체가 고체로 변하는 것을 **#승화**라고 한다.

5 어떤 물질에 ⓐ상태 변화가 일어나더라도 그 물질의 질량˚이나 성질은 변하지 않는다. 고체였던 초콜릿이 액체 상태가 되어도 맛이 변하지 않는 것은 이 때문이다. 한편, 대부분의 물질은 고체에서 액체, 액체에서 기체, 고체에서 기체로 상태 변화가 일어날 때 부피가 늘어나고, 액체에서 고체, 기체에서 액체, 기체에서 고체로 상태 변화가 일어날 때 부피가 줄어든다.

독해 TIP!
이 글은 물질의 상태와 상태 변화를 설명하고 있어. 이렇게 다양한 정보가 제시된 글은 **정보들을 구분할 수 있어야 해.** 이때 고체, 액체, 기체처럼 차이점이 나타나는 경우 **기준을 정해 표로 정리하는 것이 좋아.**

1 문단
고체와 액체의 차이: 어떤 물질이 녹으면 ☐☐, 굳으면 ☐☐임.

2 문단
물질의 세 가지 상태: 입자들의 ☐☐에 따라 고체, 액체, 기체로 존재함.
• 입자 물질을 구성하는 미세한 크기의 물체.

3 문단
고체, 액체, 기체의 차이점

	고체	액체	기체
입자 배열	☐☐	불규칙	매우 불규칙
입자 간 거리	가까움	☐☐보다 멂	매우 멂

• 규칙적 일정한 질서가 있거나 규칙을 따르는 것.
• 진동하다 흔들려 움직이다.

4 문단
상태 변화의 개념 및 종류: 상태 변화는 ☐☐나 압력의 변화에 따라 물질의 상태가 변하는 것으로, 융해, 응고, 기화, 액화, 승화가 있음.

5 문단
상태 변화가 일어날 때의 특성: 물질의 질량이나 성질은 변하지 않지만 ☐☐의 변화가 일어남.
• 질량 물체마다 가지고 있는 고유의 양.

세부 내용 파악하기

1 윗글의 내용과 일치하지 <u>않는</u> 것은?

① 대부분의 물질은 응고나 액화가 일어날 때 부피가 줄어든다.

② 고체가 액체를 거치지 않고 바로 기체로 상태가 변하기도 한다.

③ 물질에 상태 변화가 일어나도 그 물질의 질량은 변하지 않는다.

④ 대부분의 물질은 고체, 액체, 기체 중의 한 가지 상태로 존재한다.

⑤ 물질의 상태가 변하면 그 물질을 구성하는 입자의 종류가 달라진다.

세부 내용 추론하기

2 ㉠과 같은 현상이 나타나는 까닭으로 가장 적절한 것은?

① 물질의 부피가 다른 상태보다 작기 때문에

② 입자들의 배열 상태가 계속 달라지기 때문에

③ 물질을 구성하는 입자의 수가 줄어들기 때문에

④ 물질의 겉모양이 상황에 따라 쉽게 변하기 때문에

⑤ 입자들 간에 끌어당기는 힘이 매우 약하기 때문에

사례에 적용하기

3 ⓐ의 사례로 적절하지 <u>않은</u> 것은?

① 냉동실에서 꺼낸 아이스크림이 점점 녹는다.

② 찌개를 계속 끓이면 찌개의 국물이 줄어든다.

③ 망치로 벽돌을 내리치면 벽돌이 잘게 부서진다.

④ 추운 겨울날 아침에 창문에 뿌옇게 성에가 낀다.

⑤ 촛불을 켰을 때 흘러내린 촛농이 단단하게 굳는다.

사례에 적용하기

4 <보기>는 물질의 입자 상태를 그림으로 표현한 것이다. 윗글을 참고할 때, <보기>에 대한 이해로 적절하지 <u>않은</u> 것은?

• 보기 •

㉮ ㉯ ㉰

① ㉮는 ㉰와 달리 입자들의 움직임이 제한적이다.

② ㉯는 ㉮와 달리 일정한 모양을 지니지 않는다.

③ ㉰는 ㉮와 달리 모양의 변화가 쉽게 일어난다.

④ ㉮가 ㉯로 변해도 물질의 고유한 성질은 변하지 않는다.

⑤ ㉯가 ㉰로 변하면 부피가 본래보다 늘어난다.

📖 개념 한눈에 보기

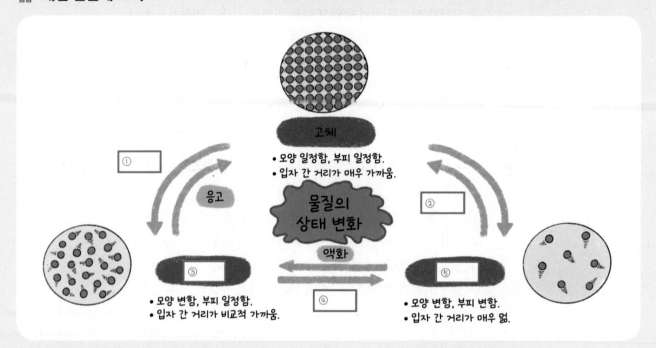

📖 교과 개념 **사전**

#고체 [고체]
일정한 모양과 부피가 있으며 쉽게 변형되지 않는 물질의 상태.

#액체 [액체]
일정한 부피는 있으나 일정한 형태가 없는 물질의 상태.

#융해 [융해]
고체에 열을 가했을 때 액체로 되는 현상.

#응고 [응:고]
액체가 고체로 변하는 현상.

#기화 [기화]
액체가 기체로 변하는 현상.

#액화 [애콰]
기체가 냉각 · 압축되어 액체로 변하는 현상.

#승화 [승화]
고체가 액체가 되는 일 없이 곧바로 기체로 변하거나 그와 반대로 기체가 곧바로 고체로 변하는 현상.

교과 개념 확인 **Quiz** 🔍

다음 물음에 답하시오.

❶ 일정한 모양과 부피를 가지고 있는 물질의 상태를 ☐☐라고 한다.

❷ 액체는 일정한 부피를 지녔으나 일정한 ☐☐을 지니지 못한 상태이다.

❸ 액화는 기체가 액체로 변하는 현상을 말한다.
　　　　　　　　　　　　　　　○ | ✕

❹ 융해는 액체가 기체로 변하는 현상을 말한다.
　　　　　　　　　　　　　　　○ | ✕

❺ 응고는 액체가 고체로 변하는 현상을 말한다.
　　　　　　　　　　　　　　　○ | ✕

❻ 고체가 액체 상태를 거치지 않고 바로 기체가 되는 현상을 ☐☐라고 한다.

에스키모는 왜 이글루 바닥에 물을 뿌릴까?

STEP 1 교과 개념 💧 생각 열기

📋 **무엇을 배울까?**

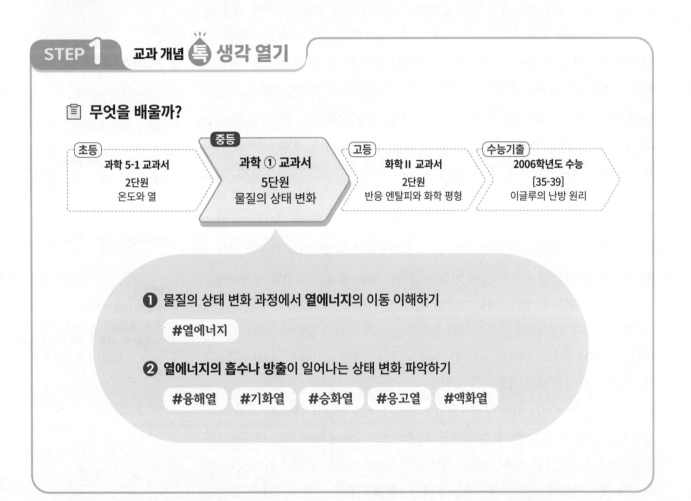

초등	중등	고등	수능기출
과학 5-1 교과서 2단원 온도와 열	과학 ① 교과서 5단원 물질의 상태 변화	화학 II 교과서 2단원 반응 엔탈피와 화학 평형	2006학년도 수능 [35-39] 이글루의 난방 원리

❶ 물질의 상태 변화 과정에서 **열에너지**의 이동 이해하기

#열에너지

❷ 열에너지의 흡수나 방출이 일어나는 상태 변화 파악하기

#융해열 #기화열 #승화열 #응고열 #액화열

❓ **생각해 보기** 오렌지 나무에 물을 뿌리면 추위로 오렌지가 어는 것을 막을 수 있는 까닭은 무엇일까?

독해 TIP!
이 글은 물질의 상태 변화가 일어날 때 열에너지가 이동하는 원리를 설명하고 있어. 이렇게 어려운 용어가 많이 나오는 글은 사례를 통해 용어의 개념을 이해하는 것이 좋아.

1 우리는 더운 여름철에 주변을 시원하게 만들려고 바닥에 찬물을 뿌리곤 한다. 그런데 북극 지방에 사는 에스키모는 우리와 반대로 주변을 따뜻하게 만들기 위해 바닥에 찬물을 뿌린다. 에스키모는 사냥하는 과정에서 이글루를 만들어 생활하는 경우가 있다. 이글루는 눈을 벽돌 모양으로 잘라서 반원 모양으로 쌓은 집을 말한다. 그런데 불을 피우지 않은 이글루의 내부는 영하의 온도라서 사람이 지내기가 어렵다. 이글루 안이 추울 때 에스키모는 바닥에 물을 뿌리곤 하는데, 그러면 신기하게도 이글루의 ⓘ내부 온도가 높아진다. 어떻게 이런 일이 가능한 걸까?

2 물질을 가열하거나° 냉각하면° 물질의 상태가 변한다. 얼음을 가열하면 물이 되고, 물을 계속 가열하면 수증기가 되는데, 이 과정에서 물질은 **#열에너지**를 계속 흡수한다. 반대로 수증기를 냉각하면 물이 되고, 물을 계속 냉각하면 얼음이 된다. 이 과정에서 물질은 열에너지를 계속 방출한다. 열에너지는 열을 에너지의 한 형태로 볼 때 일컫는 이름으로, 온도가 다른 두 물체 사이에서 이동하는 에너지를 말한다. 일반적으로 기체는 액체보다, 액체는 고체보다 많은 열에너지를 가지고 있다.

3 이런 성질 때문에 물질의 상태 변화가 일어날 때는 물질이 주변의 열에너지를 흡수하거나 주변으로 열에너지를 방출한다. 그러나 상태가 변해도 물질을 구성하는 입자 자체가 변하는 것은 아니므로 물질의 성질은 변하지 않는다. 따라서 상태 변화가 일어난 물질도 가열해서 열에너지를 증가시키거나 냉각해서 열에너지를 감소시키면 원래의 상태로 되돌릴 수 있다.

4 물질의 상태 변화에 따른 열에너지의 변화는 흡수와 방출로 나뉜다. 우선, 물질이 주변의 열에너지를 흡수하는 상태 변화에는 고체에서 액체로 변하는 융해, 액체에서 기체로 변하는 기화, 고체에서 기체로 변하는 승화가 있다. 그리고 융해 과정에서 물질이 흡수하는 열에너지를 **#융해열**, 기화 과정에서 물질이 흡수하는 열에너지를 **#기화열**, 고체에서 기체로의 승화 과정에서 물질이 흡수하는 열에너지를 **#승화열**이라 한다. 이처럼 물질이 열에너지를 흡수하면 주변의 온도가 낮아진다. 가령 더운 여름날 분수대 근처에 가면 시원하게 느껴지는 것도 물이 수증기로 기화하면서 열에너지를 흡수하기 때문이다. [A]

5 다음으로, 물질이 자신의 열에너지를 주변에 방출하는 상태 변화에는 액체에서 고체로 변하는 응고, 기체에서 액체로 변하는 액화, 기체에서 고체로 변하는 승화가 있다. 그리고 각 상태 변화 과정에서 물질이 방출하는 열에너지를 각각 **#응고열**, **#액화열**, **#승화열**이라 한다. 이처럼 물질이 열에너지를 방출하면 주변의 온도가 높아진다. 가령 더운 여름날 소나기가 내리기 직전, 습도°가 높을 때 후텁지근해지는° 것은 공기 중의 수증기가 물로 액화하면서 열에너지를 방출하기 때문이다.

1 문단
이글루의 난방: 이글루 바닥에 물을 뿌리면 이글루의 내부 온도가 ☐.

2 문단
물질의 상태 변화에 따른 ☐의 변화: 물질의 상태 변화가 일어날 때 물질이 열에너지를 ☐하거나 ☐함.

• 가열하다 어떤 물질에 열을 가하다.
• 냉각하다 식혀서 차게 하다.

3 문단
물질의 상태 변화와 ☐의 관계: 물질을 ☐하거나 냉각하여 열에너지를 증가시키거나 감소시키면 물질의 상태 변화가 일어남.

4 문단
열에너지를 ☐하는 상태 변화: 융해, 기화, 승화가 있으며, 각 과정에서 물질이 ☐, ☐, 승화열을 흡수함.

5 문단
열에너지를 ☐하는 상태 변화: 응고, 액화, 승화가 있으며, 각 과정에서 물질이 ☐, ☐, 승화열을 방출함.

• 습도 공기 가운데 수증기가 들어 있는 정도.
• 후텁지근하다 조금 불쾌할 정도로 끈끈하고 무더운 기운이 있다.

전개 방식
파악하기

1 윗글의 설명 방식으로 적절하지 <u>않은</u> 것은?

① 구체적 예를 들어 관련 내용을 이해하기 쉽게 전달한다.

② 질문을 던짐으로써 내용에 대한 독자의 흥미를 유발한다.

③ 중요 용어의 개념을 정의하여 내용에 대한 이해를 돕는다.

④ 현상의 원인과 결과를 제시하는 방식으로 내용을 전개한다.

⑤ 설명 대상을 둘로 나누어 장단점을 분석해 둘의 차이를 강조한다.

세부 내용
파악하기

2 윗글의 내용과 일치하지 <u>않는</u> 것은?

① 물질의 상태가 변하면 원래 상태로 돌아가지 못한다.

② 물질이 열에너지를 흡수하면 주변의 온도가 낮아진다.

③ 일반적으로 고체가 기체보다 적은 열에너지를 지닌다.

④ 기온이 높을 때 바닥에 찬물을 뿌리면 기온이 내려간다.

⑤ 물질이 기체에서 액체로 변할 때 주변 온도가 높아진다.

세부 내용
추론하기

고난도

3 [A]를 참고할 때, ㉠의 원인으로 가장 적절한 것은?

① 물이 증발하면서 기화열을 흡수하기 때문에

② 물이 증발하면서 융해열을 흡수하기 때문에

③ 물이 얼어붙으면서 승화열을 방출하기 때문에

④ 물이 얼어붙으면서 액화열을 방출하기 때문에

⑤ 물이 얼어붙으면서 응고열을 방출하기 때문에

사례에
적용하기

4 윗글을 참고할 때, <보기>의 ⓐ~ⓒ에 들어갈 말을 바르게 짝지은 것은?

> **보기**
>
> 무더운 여름철, 현주네 가족은 해수욕장으로 피서를 갔다. 바닷물 속에서 놀다 보니 더위를 잊을 수 있었다. 현주는 잠시 쉬려고 백사장으로 나왔다. 그런데 기온이 높은 물 밖으로 나오자 물속에 있을 때보다 순간적으로 ⓐ 느껴졌다. 이는 현주의 몸에 묻은 물이 높은 기온 때문에 ⓑ 하면서 열에너지를 ⓒ 하기 때문이다.

	ⓐ	ⓑ	ⓒ
①	덥게	기화	방출
②	덥게	액화	방출
③	춥게	기화	흡수
④	춥게	액화	흡수
⑤	춥게	승화	흡수

📯 개념 한눈에 보기

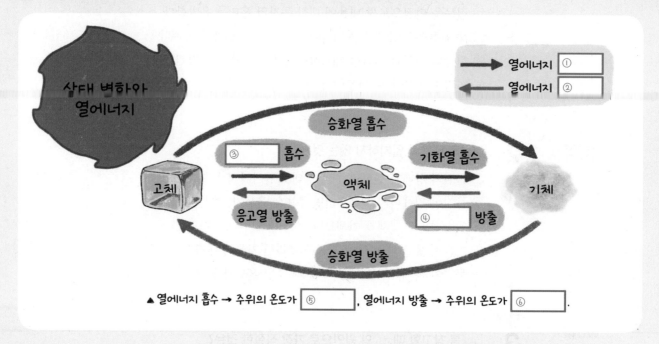

▲ 열에너지 흡수 → 주위의 온도가 ⑤ [　　], 열에너지 방출 → 주위의 온도가 ⑥ [　　].

📖 교과 개념 사전

#열에너지
열을 에너지의 한 형태로 볼 때의 이름. 온도가 높은 물질에서 낮은 물질로 이동하는 성질이 있다.

#융해열 [융해열]
고체에서 액체로 변할 때 물질이 흡수하는 열에너지.

#기화열 [기화열]
액체에서 기체로 변할 때 물질이 흡수하는 열에너지.

#승화열 [승화열]
고체에서 기체로 변하거나 기체에서 고체로 변할 때 흡수하거나 방출하는 열에너지.

#응고열 [응:고열]
액체에서 고체로 변할 때 물질이 방출하는 열에너지.

#액화열 [애콰열]
기체에서 액체로 변할 때 물질이 방출하는 열에너지.

교과 개념 확인 Quiz 🔍

다음 물음에 답하시오.

❶ 물질의 상태가 변할 때 [　][　][　][　]의 방출이나 흡수가 일어난다.

❷ 액체가 기화할 때 주변의 열에너지를 흡수한다.
〇 l ✕

❸ 액체에서 고체로 변할 때 응고열을 방출한다.
〇 l ✕

❹ 액화열은 기체가 액체로 변하는 과정에서 물질이 방출하는 열에너지이다.
〇 l ✕

❺ 열에너지를 방출하면 주변의 온도가 낮아진다.
〇 l ✕

❻ 고체에서 기체로 변할 때 열에너지를 [　][　]한다.

이번 주에 배운 핵심 교과 개념을 확인해 볼까요?

본문에 수록된 교과 개념에 대한 자세한 풀이를

일차별로 묶어 부록에 담았어요.

부록 페이지를 찾아가서 이번 주에 배운

핵심 교과 개념을 다시 한번 복습해 보세요!

물속에서는 왜 다리가 짧아 보일까?

STEP 1 교과 개념 톡 생각 열기

📋 **무엇을 배울까?**

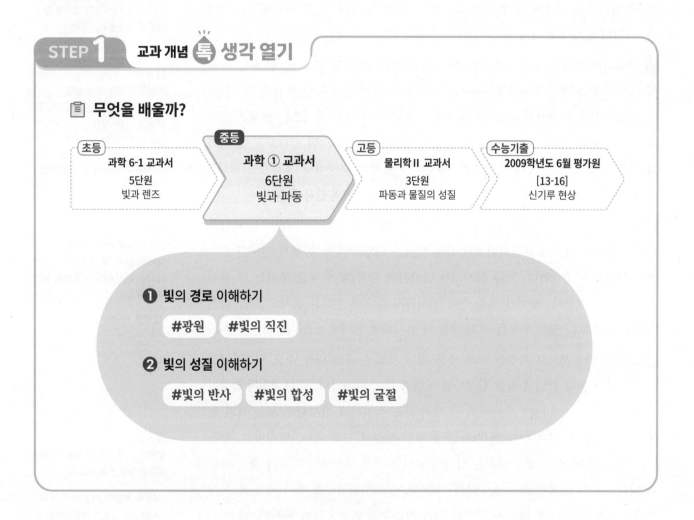

초등	중등	고등	수능기출
과학 6-1 교과서 5단원 빛과 렌즈	과학 ① 교과서 6단원 빛과 파동	물리학Ⅱ 교과서 3단원 파동과 물질의 성질	2009학년도 6월 평가원 [13-16] 신기루 현상

❶ 빛의 경로 이해하기

　#광원　　#빛의 직진

❷ 빛의 성질 이해하기

　#빛의 반사　　#빛의 합성　　#빛의 굴절

어머? 갑자기 다리가 짧아졌네? 혹시 그동안 키 높이 운동화 신은 거 아니야?

❓ 생각해 보기　물속에서는 왜 다리가 원래 길이보다 짧아 보일까?

1 이 세상에서 빛이 사라진다면 어떻게 될까? 아마 지금까지의 일상생활이 대부분 불가능해질 것이다. 세상은 온통 암흑이 될 것이므로 사랑하는 사람은 물론 우리 주변의 것들을 전혀 볼 수 없을 것이다. 또한 빛을 필요로 하는 식물의 광합성이 불가능해지므로 식물이 살 수 없게 되고 이로 인해 결국에는 생태계가 파괴될 것이다. 이처럼 빛은 우리의 삶은 물론 지구 생태계에도 꼭 필요한 것이다.

1 문단
□□의 중요성: 빛이 없으면 일상생활이 거의 불가능해짐.

2 그렇다면 이러한 빛은 어떤 성질을 가지고 있을까? 태양이나 별, 전구 등과 같이 스스로 빛을 내는 물체를 **#광원**이라고 한다. 광원에서 나온 빛은 곧게 나아가는데, 이를 **#빛의 직진**이라 한다. 문 틈으로 바깥의 빛이 새어 들어오는 현상은 빛의 직진을 잘 보여 준다. 그런데 직진하던 빛이 어떤 물체에 닿으면 반사되고, 물체에서 반사된 빛이 우리 눈에 들어오면 우리는 그 물체의 모양이나 색을 인식한다˚. 우리가 ㉠거울을 통해 자신의 얼굴을 볼 수 있는 것도 **#빛의 반사** 때문이다.

2 문단
광원의 개념과 빛의 성질: □□은 스스로 빛을 내는 물체이며, 광원에서 나온 빛은 □□하다가 물체에 부딪히면 □□됨.

• 인식하다 사물을 분별하고 판단하여 알다.

3 여러 가지 광원 중에서 태양광˚은 여러 가지 색의 빛이 합쳐진 것이다. 태양광이 직진하다가 물체에 부딪히면 대부분의 물체는 태양광의 빛 중에서 일부만 흡수하고 나머지는 반사한다. 이때 물체에서 반사되어 나온 빛의 색을 우리는 그 물체의 색으로 인식한다. 물체가 빛을 전혀 반사하지 않으면 우리는 물체의 색을 검은색으로 인식하고, 물체가 모든 색의 빛을 다 반사하면 흰색으로 인식한다.

3 문단
빛의 반사에 따라 물체의 색을 인식하는 원리: 물체에서 □□되어 나온 빛의 색을 그 물체의 색으로 인식함.

• 태양광 태양의 빛.

4 그런데 인공적으로 특정한 색의 빛을 섞어 새로운 색을 만들 수도 있다. 예를 들어 초록색 빛과 빨간색 빛을 합성하면 노란색 빛이 나타난다. 이를 **#빛의 합성**이라 한다. 빨간색, 파란색, 초록색의 세 가지 빛을 적절하게 합성하면 모든 색의 빛을 만들 수 있다. 그래서 이 세 가지 빛을 빛의 삼원색˚이라 한다. 텔레비전, 컴퓨터, 스마트 기기 등의 영상 장치는 삼원색 빛의 밝기를 조절하여 다양한 색을 만들어 낸다. 세 가지 색을 모두 균등하게˚ 섞으면 흰색이 되고, 세 가지 색을 모두 제거하면 검은색이 된다. 물감은 다양한 색을 섞을수록 어두운색이 되지만, 빛은 다양한 색을 섞을수록 밝은색이 된다.

4 문단
빛의 □□: 특정한 빛을 섞으면 새로운 색을 만들 수 있음.

• 삼원색 바탕이 되는 세 가지 색.
• 균등하다 고르고 가지런하여 차별이 없다.

5 한편, 빛은 굴절되기도 한다. 빛이 공기 속을 직진하다가 물이나 렌즈같이 성질이 다른 물질을 만나면 경계면에서 진행 방향이 꺾이는데, 이를 **#빛의 굴절**이라 한다. 빛이 굴절되면 물체가 왜곡되어˚ 보인다. 맑은 시냇물에 잠긴 다리가 원래보다 짧게 보이는 것이다. 물속의 물고기가 원래보다 크게 보이는 것은 모두 빛이 굴절되었기 때문이다. 또한 평행하게 직진하던 빛이 오목 렌즈에 들어오면 굴절되어 넓게 퍼져 나가고, 볼록 렌즈에 들어오면 굴절되어 렌즈 뒤의 한 점에 모인다. 망원경이나 콘택트렌즈, 안경 등은 빛의 이런 성질을 이용하여 눈의 한계를 보완하는˚ 도구이다.

5 문단
빛의 □□: 빛이 직진하다가 성질이 다른 물질을 만나면 □□□에서 진행 방향이 꺾임.

• 왜곡되다 사실과 다르게 해석하거나 그릇되게 하다.
• 보완하다 모자라거나 부족한 것을 보충하여 완전하게 하다.

핵심 내용 파악하기

1 윗글에서 답변을 찾을 수 있는 질문이 <u>아닌</u> 것은?

① 광원이 빛을 만들어 내는 원리는 무엇인가?

② 우리가 물체의 색을 인식하는 원리는 무엇인가?

③ 광원에서 나온 빛의 성질에는 어떤 것이 있는가?

④ 영상 장치는 어떻게 다양한 색을 만들어 내는가?

⑤ 빛의 굴절 현상을 이용한 도구에는 어떤 것이 있는가?

세부 내용 파악하기

2 윗글의 내용과 일치하지 <u>않는</u> 것은?

① 물체에 반사된 빛이 굴절되면 그 물체가 왜곡되어 보인다.

② 빛의 삼원색을 모두 균등한 비율로 섞으면 검은색이 된다.

③ 빛이 없으면 식물이 광합성을 하지 못해 생태계가 파괴된다.

④ 태양광과 달리 물감은 다양한 색을 섞을수록 어두운색이 된다.

⑤ 태양광의 여러 가지 색의 빛은 물체에 반사되기도 하고 흡수되기도 한다.

세부 내용 추론하기

 3 ㉠이 이루어지기까지의 빛의 경로로 가장 적절한 것은?

① 거울 → 광원 → 얼굴 → 눈   ② 거울 → 얼굴 → 광원 → 눈

③ 광원 → 거울 → 얼굴 → 눈   ④ 광원 → 얼굴 → 거울 → 눈

⑤ 광원 → 얼굴 → 눈 → 거울

사례에 적용하기

 4 윗글을 참고하여 <보기>를 이해한 내용으로 적절하지 <u>않은</u> 것은?

┌─ 보기 ─────────────────────

※ 단, 컵 자체에 의한 굴절 현상은 없다고 가정한다.

└────────────────────────

① 광원이 없다면 왼쪽이나 오른쪽의 상황 모두 우리의 눈으로는 인식할 수 없겠군.

② 오른쪽의 컵에 담긴 빨대가 잘린 것처럼 보이는 것은 빛의 굴절로 인한 것이겠군.

③ 오른쪽의 상황에서는 직진하던 빛이 물에 닿으면서 진행 방향이 꺾이는 과정이 있었겠군.

④ 양쪽의 빨대가 빛을 조금도 반사하지 않는다면 우리 눈에는 두 빨대 모두 흰색으로 보이겠군.

⑤ 왼쪽의 컵에 담긴 빨대가 제 모양대로 보이는 것은 빨대에 닿은 빛이 굴절 없이 반사되었기 때문이겠군.

📖 개념 한눈에 보기

빛의 ①

광원에서 나온 빛이
일직선으로 곧게 나아가는 성질

스스로 ② 을
내는 물체

빛의 반사

빛이 직진하다가 물체의
표면에 닿아 반사되는 현상

책(물체)을 볼 때

빛과 색

빛의 ③

여러 가지 색의 빛이 합쳐져
다른 색의 빛으로 보이는 현상

빨간색
노란색   자홍색
흰색
초록색   청록색   파란색

빛의 ④

빨간색, 초록색, 파란색

빛의 ⑤

빛이 직진하다가 다른 물질을 만나면
경계면에서 진행 방향이 꺾이는 현상

빨대
보이는 위치
실제 위치   물

📘 교과 개념 사전

#광원 [광원]
제 스스로 빛을 내는 물체. 태양, 별 등이 있다.

#빛의 직진 [빋] [직찐]
광원에서 나온 빛이 장애물을 만나지 않았을 때, 일직선으로 곧게 나아가는 성질.

#빛의 반사 [빋] [반:사]
빛이 직진하다가 성질이 다른 물질의 표면에 부딪혀 되돌아오는 현상.

#빛의 합성 [빋] [합썽]
여러 가지 색의 빛이 합쳐져서 다른 색의 빛으로 보이는 현상.

#빛의 굴절 [빋] [굴쩔]
빛이 공기 속을 직진하다가 다른 물질을 만나면 경계면에서 진행 방향이 꺾이는 현상.

교과 개념 확인 Quiz 🔍

다음 물음에 답하시오.

❶ 광원에서 나온 빛은 어떤 물체나 물질을 만나기 전까지 □□ 한다.

❷ 우리가 눈으로 물체의 모습이나 색을 인식할 수 있는 것은 빛의 반사와 관련 있다. ○ | ×

❸ 빛의 삼원색은 빨간색, 노란색, 파란색이다.
○ | ×

❹ 빛의 삼원색을 □□ 하면 다양한 색의 빛을 만들 수 있다.

❺ 직진하던 빛이 성질이 다른 물질을 만나면 경계면에서 □□ 한다.

>> 물리학

소리는 어떤 방식으로 전달될까?

STEP 1 · 교과 개념 특 생각 열기

📋 무엇을 배울까?

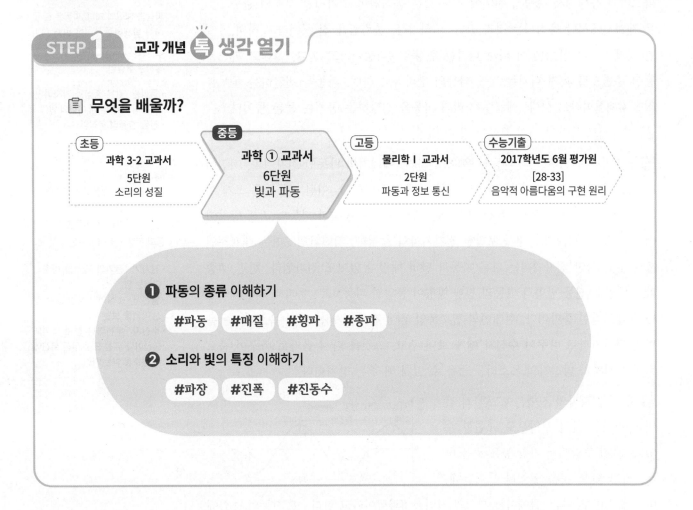

초등	중등	고등	수능기출
과학 3-2 교과서 5단원 소리의 성질	과학 ① 교과서 6단원 빛과 파동	물리학 I 교과서 2단원 파동과 정보 통신	2017학년도 6월 평가원 [28-33] 음악적 아름다움의 구현 원리

❶ 파동의 종류 이해하기

#파동 #매질 #횡파 #종파

❷ 소리와 빛의 특징 이해하기

#파장 #진폭 #진동수

❓ 생각해 보기   물결이 출렁이는데도 왜 고무 오리는 물결을 따라 바깥쪽이나 안쪽으로 이동하지 않는 것일까?

1 공이 떠 있는 잔잔한 수면 위에 돌멩이 한 개를 던지면 그곳을 중심으로 물결이 일어 동심원˚ 모양으로 퍼져 나간다. 그런데 이때 물 자체는 이동하지 않은 채 위아래로 출렁일 뿐이어서 공도 제자리에서 위아래로만 움직인다. 마치 파도타기 응원에서 관중석 전체에 파도 같은 움직임이 생기지만 각각의 관중은 제자리에서만 움직이는 것과 같다. 이와 같은 출렁임을 진동˚이라고 하며, [A] 한 곳에서 발생한 진동이 퍼져 나가는 현상을 #**파동**이라고 한다. 그리고 파동이 주변으로 퍼져 나가는 것을 파동의 전파라고 하며, 파동을 전달하는 물질을 #**매질**이라고 한다. 예컨대 소리의 파동을 전달하는 공기는 물론 물이나 줄, 콘크리트 등도 소리의 매질이 될 수 있다.

1 문단
파동과 매질의 개념: 파동은 한 곳에서 발생한 □□□이 퍼져 나가는 현상이고, 매질은 □□을 전달하는 물질임.

‧ 동심원 같은 중심을 가지며 반지름이 다른 두 개 이상의 원.
‧ 진동 흔들려 움직임.

2 물결파 외에도 소리의 파동인 음파, 전자기˚ 에너지의 파동인 전자기파, 지진이나 폭발의 파동인 지진파 등 파동의 종류는 매우 다양하다. 이런 파동들은 크게 횡파와 종파로 나눌 수 있다. 우선, #**횡파**는 매질의 진동 방향과 파동의 진행 방향이 서로 수직인 파동으로, 빛을 포함한 전자기파와 물결파, 지진파의 S파는 대표적인 횡파이다. 다만 전자기파는 다른 파동과 달리 매질이 없어도 전파된다. 한편, #**종파**는 매질의 진동 방향과 파동의 진행 방향이 동일한 파동으로, 음파와 지진파의 P파가 대표적인 종파이다. 현대인의 필수품인 휴대 전화는 발신자˚의 목소리, 즉 음파를 전자기파로 바꾸어 수신자˚에게 보내 주고, 그것을 다시 음파로 바꾸어 줌으로써 수신자가 발신자의 목소리를 들을 수 있게 해 주는 장치이다.

2 문단
파동의 종류: 매질의 진동 방향과 파동의 진행 방향이 서로 수직이면 □□, 매질의 진동 방향과 파동의 진행 방향이 같으면 □□.

‧ 전자기 전기와 자기를 아울러 이르는 말.
‧ 발신자 소식이나 우편 또는 전신 따위를 보낸 사람.
‧ 수신자 우편이나 전보 따위의 통신이나 유선 또는 무선 통신에서 신호를 받는 사람.

3 파동 중 횡파의 진행은 〈그림〉과 같이 규칙적인 물결 모양으로 표현할 수 있다. 물결 모양에서 가장 높은 곳을 마루, 가장 낮은 곳을 골이라고 하는데,

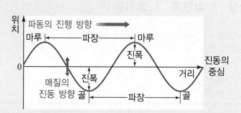

마루에서 마루, 혹은 골에서 골까지의 거리를 #**파장**이라고 한다. 또 진동의 중심에서 마루 또는 골까지의 거리를 #**진폭**이라고 하며, 파동의 전파 과정에서 마루였던 한 점이 골을 거쳐 다시 마루가 되는데 걸리는 시간을 주기라고 한다. 이는 매질이 한 번 진동하는 데 걸리는 시간이다. 그리고 매질의 한 점이 1초 동안 진동하는 횟수를 #**진동수**라고 하며, 단위로는 ㎐(헤르츠)를 사용한다. 진동수가 클수록 주기와 파장은 짧아지고, 진동수가 작을수록 주기와 파장은 길어진다.

3 문단
파동과 관련된 여러 개념: □□은 마루(골)에서 마루(골)까지의 거리, □□은 진동의 중심에서 마루(골)까지의 거리, □□□는 매질의 한 점이 1초 동안 진동하는 횟수를 가리킴.

4 파동의 모양을 보면 그 파동의 특성을 알 수 있다. 소리의 경우, 큰 소리가 작은 소리보다 진폭이 크고, 높은 소리가 낮은 소리보다 진동수가 크다. 그리고 파동의 모양, 즉 파형이 다르면 음색˚이 달라지는데 사람마다, 악기마다 파형이 달라 음색이 다르다.

4 문단
소리의 특징: □□, □□□, □□에 따라 각각 소리의 크기, 소리의 높낮이, 음색이 달라짐.

‧ 음색 소리의 감각적 특색.

전개 방식
파악하기

1 [A]에 사용된 설명 방식을 <보기>에서 모두 골라 묶은 것은?

┌─ 보기 ─
ㄱ. 중요한 용어에 대한 개념을 제시하여 내용 이해를 돕고 있다.
ㄴ. 대상과 관련된 문제점과 그에 대한 해결 방안을 제시하고 있다.
ㄷ. 질문의 방식을 통해 내용에 대한 독자의 흥미를 자극하고 있다.
ㄹ. 익숙한 상황을 활용하여 어려운 개념을 알기 쉽게 설명하고 있다.
└─

① ㄱ, ㄴ　　② ㄱ, ㄹ　　③ ㄴ, ㄷ　　④ ㄴ, ㄹ　　⑤ ㄷ, ㄹ

세부 내용
파악하기

2 윗글의 내용과 일치하지 않는 것은?

① 마루에서 마루까지의 거리를 파장이라 한다.
② 여러 가지 물질이 소리의 매질이 될 수 있다.
③ 전자기파는 매질의 유무와 상관없이 전파된다.
④ 지진으로 인해 발생하는 파동은 모두 횡파에 속한다.
⑤ 파동의 주기나 파장이 길어질수록 진동수는 적어진다.

세부 내용
추론하기

3 윗글에서 이끌어 낼 수 있는 내용으로 적절하지 않은 것은?

① 어떤 매질도 없는 진공 상태에서는 빛이 전파되지 않는다.
② 20Hz의 진동수를 지닌 파동의 매질은 1초 동안 20번 진동한다.
③ 수면에 파동이 일어나도 수면 위의 물체는 제자리에서 위아래로만 움직인다.
④ 휴대 전화는 발신자의 목소리를 횡파인 전자기파로 바꾸어 수신자에게 전파한다.
⑤ 소리의 진동수와 진폭이 비슷하지만 파동의 모양이 다른 두 악기는 음색이 다르다.

사례에
적용하기

4 <보기>의 ㉮, ㉯는 소리의 파동을 나타낸 것이다. 윗글을 바탕으로 ㉮와 ㉯를 이해한 내용으로 적절하지 않은 것은?

┌─ 보기 ─
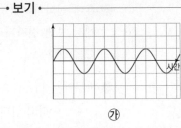　　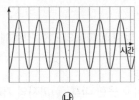
㉮　　　　　　㉯
※단, 그래프의 한 칸은 같은 단위를 의미한다.
└─

① ㉮에서 나타나는 파동의 진동수가 ㉯의 진동수보다 작다.
② ㉮처럼 형성되는 소리가 ㉯처럼 형성되는 소리보다 소리의 크기가 작다.
③ ㉯에서 나타나는 파동의 진폭이 ㉮에서 나타나는 파동의 진폭보다 크다.
④ ㉯처럼 형성되는 소리가 ㉮처럼 형성되는 소리보다 소리의 높낮이가 높다.
⑤ ㉮와 ㉯는 모두 파동의 진행 방향이 매질의 진동 방향과 수직을 이룬다.

🎒 개념 한눈에 보기

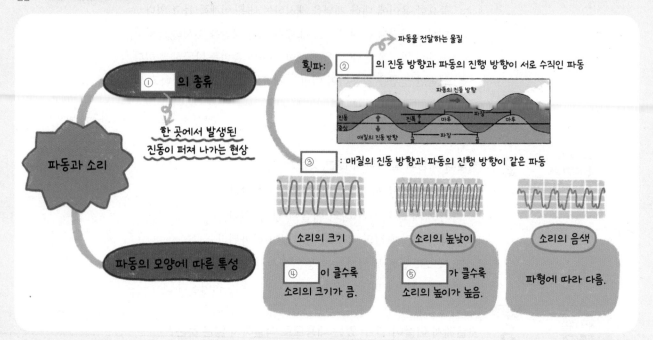

파동을 전달하는 물질

횡파 : ② [   ] 의 진동 방향과 파동의 진행 방향이 서로 수직인 파동

① [   ] 의 종류

한 곳에서 발생된
진동이 퍼져 나가는 현상

파동과 소리

③ [   ] : 매질의 진동 방향과 파동의 진행 방향이 같은 파동

파동의 모양에 따른 특성

소리의 크기
④ [   ] 이 클수록
소리의 크기가 큼.

소리의 높낮이
⑤ [   ] 가 클수록
소리의 높이가 높음.

소리의 음색
파형에 따라 다름.

📖 교과 개념 사전

#**파동** [파동]
한 곳에서 발생한 진동이 주위로 퍼져 나가는 현상.

#**매질** [매질]
어떤 파동 또는 물리적 작용을 한 곳에서 다른 곳으로 옮겨
주는 물질.

#**횡파** [횡파/휑파]
매질의 진동 방향과 파동의 진행 방향이 수직인 파동.

#**종파** [종파]
매질의 진동 방향이 파동의 진행 방향에 일치하는 파동.

#**파장** [파장]
마루(골)에서 이웃한 마루(골)까지의 거리.

#**진폭** [진:폭]
진동 중심에서 마루나 골까지의 수직 거리.

#**진동수** [진:동수]
매질의 한 점이 1초 동안 진동하는 횟수. 단위는 Hz(헤르츠)
이다.

교과 개념 확인 **Quiz** 🔍

다음 물음에 답하시오.

❶ 파동이 퍼져 나갈 때 매질은 파동을 따라 바깥
쪽이나 안쪽으로 이동한다.　　　○ⅠX

❷ 파동의 진행 방향과 매질의 진동 방향이 직각
으로 된 파동을 [ ][ ]라고 한다.

❸ 휴대 전화의 수신 장치는 발신자의 휴대 전화
에서 보낸 전자기파를 음파로 바꾸어 주는 역
할을 한다.　　　○ⅠX

❹ 마루에서 마루, 혹은 골에서 골까지의 거리를
[ ][ ]이라고 한다.

❺ 파동의 전파가 끝날 때까지 매질이 진동하는
횟수를 진동수라고 한다.　　　○ⅠX

1

≫ 화학

원소와 원자, 분자는 어떻게 다르지?

📅　　월　　일

📋 **무엇을 배울까?**

초등	중등	고등	수능기출
과학 5-1 교과서 4단원 용해와 용액	과학 ② 교과서 1단원 물질의 구성	화학 Ⅰ 교과서 2단원 원자의 세계	2016학년도 6월 평가원 A형 [19-21] 원자의 구조

❶ 모든 물질이 **원소**로 이루어져 있음을 알고, **원소의 종류**를 구별하기

#원소　#불꽃 반응　#스펙트럼

❷ **원자의 구조**를 이해하고, **원자와 분자**의 개념을 구별하기

#원자　#원자핵　#전자　#분자

❓ 생각해 보기　불꽃놀이의 불꽃색이 여러 가지 색깔을 낼 수 있는 까닭은 무엇일까?

1 오래전부터 사람들은 우리 주변의 물질이 무엇으로 이루어졌는지 궁금해했다. 고대 철학자인 아리스토텔레스는 물, 불, 흙, 공기가 모든 물질을 만드는 기본 성분이라고 주장했고, 이 주장은 오랫동안 이어졌다. 그러나 17세기 과학자인 라부아지에는 이 주장에 의심을 품고 실험을 통해 물이 산소와 수소로 분해되는˚ 것을 확인하고, 물이 원소가 아님을 증명해 냈다. 그리고 산소와 수소처럼 어떠한 방법으로도 더 이상 분해되지 않는, 물질을 이루는 기본 성분을 **#원소**라고 정의하였다. 지금까지 알려진 원소의 종류는 약 110여 가지로, 산소, 수소, 수은, 철 등이 있다.

■ 문단
◻◻의 개념: 더 이상 분해되지 않는, 물질을 이루는 기본 ◻◻

• 분해되다 여러 부분이 결합되어 이루어진 것이 그 낱낱으로 나뉘다.

2 원소 중에는 불에 탈 때 독특한 색깔을 나타내는 것들이 있는데, 이를 **#불꽃 반응**이라고 한다. 나트륨은 노란색, 리튬은 빨간색, 구리는 청록색을 띠는 등 대부분의 금속 원소는 종류에 따라 고유한 불꽃색을 나타내므로 불꽃 반응은 물질에 포함된 원소를 알아내는 방법으로 사용된다. 그런데 나트륨과 달리, 리튬과 스트론튬은 같은 색깔의 불꽃 반응을 나타내므로, 이러한 원소들을 구별하기 위한 방법으로 **#스펙트럼** 분석이 도입되었다. 스펙트럼 분석은 불꽃 반응에서 나오는 빛을 분광기˚로 나누고 그 빛들이 이루는 모양을 분석해 물질에 포함된 원소를 찾아내는 방법이다. 스펙트럼에 나타나는 선의 위치, 색깔, 굵기, 수 등이 원소마다 다르므로, 스펙트럼 분석을 통해 불꽃 반응보다 더 자세히 원소들을 구별해 낼 수 있다.

2 문단
원소의 종류를 구별하는 방법:
◻◻과 스펙트럼 분석

• 분광기 빛 따위 전자파나 입자선을 파장에 따라 스펙트럼 분석하여 그 세기와 파장을 검사하는 장치.

3 한편, 원소는 매우 작은 입자들이 모여서 이루어지는데, 이러한 입자들을 그 원소의 **#원자**라고 한다. 구리의 표면을 현미경으로 관찰해 보면 작은 입자들이 배열되어˚ 있는데, 이것이 구리 원자이다. ㉠원자의 크기는 아주 작아서 수소의 경우 1억 개의 수소 원자를 한 줄로 배열해야 1cm가 된다. 원자를 자세히 들여다보면 중심에는 (+)전하를 띠는 **#원자핵** 하나가 있고, 그 주위를 (−)전하를 띠는 **#전자**들이 돌고 있다. 원자는 종류에 따라 원자핵의 (+)전하량˚이 다르지만, 한 원자를 구성하는 원자핵의 (+)전하량과 전자의 총 (−)전하량이 같으므로 원자는 전기적으로 중성˚이다. 예를 들어, 탄소 원자는 원자핵 하나의 전하량이 +6이고, 원자핵 주위를 도는 전자 6개는 각각 −1의 전하량을 가지므로 전자들의 총 전하량이 −6이어서 중성이다.

3 문단
원자의 개념과 구조: 원자는 ◻◻을 이루는 입자로, (+)전하를 띠는 ◻◻과 (−)전하를 띠는 ◻◻로 이루어짐.

• 배열되다 일정한 차례나 간격에 따라 벌여져 놓이다.
• 전하량 어떤 물체 또는 입자가 띠고 있는 전기의 양.
• 중성 원자가 양전하나 음전하 가운데 어떤 성질도 가지고 있지 않은 상태.

4 이러한 원자가 보통 두 개 이상 결합하면 **#분자**가 된다. 가령 산소 원자 두 개가 결합하면 산소 분자라는 새로운 물질이 된다. 산소 분자는 다른 물질을 잘 타게 하는 기체로서의 성질을 갖지만, 이것을 다시 산소 원자로 분리하면 그 성질을 잃게 된다. 이처럼 분자는 독립된 입자로 존재하여 물질의 성질을 나타내는 가장 작은 입자이다. 한편, 같은 종류의 원자로 구성되더라도 분자를 이루는 원자의 개수나 배열이 다르면 서로 다른 분자이다. 산소 원자 2개가 결합된 산소 분자와 산소 원자 3개가 결합된 오존 분자는 같은 종류의 원자로 되어 있지만 서로 다른 분자인 것이다.

4 문단
분자의 개념과 특징: 분자는 ◻◻가 보통 두 개 이상 결합한 입자로, 물질의 ◻◻을 나타내는 가장 작은 입자임.

전개 방식
파악하기

1 윗글에 대한 설명으로 가장 적절한 것은?

① 원자의 종류를 몇 가지로 나누어 소개하고 있다.

② 원자의 구조와 관련된 상반된 주장을 비교하고 있다.

③ 원소의 특징을 설명하기 위해 다른 현상에 빗대고 있다.

④ 원자와 분자의 공통점과 차이점을 차례대로 제시하고 있다.

⑤ 원소, 원자, 분자의 의미를 밝히고 예를 들어 설명하고 있다.

세부 내용
파악하기

2 윗글의 내용과 일치하지 <u>않는</u> 것은?

① 불꽃 반응의 색이 비슷한 원소들은 스펙트럼 분석을 통해 구별할 수 있다.

② 산소 분자와 달리, 산소 원자는 산소 기체로서의 성질을 가지고 있지 않다.

③ 같은 종류의 원자로 구성되더라도 원자의 개수가 다르면 서로 다른 분자이다.

④ 원자는 그것을 구성하는 원자핵과 전자의 개수가 같아서 전기적으로 중성을 띤다.

⑤ 금속 원소가 포함된 물질에 불을 붙이면 원소의 종류에 따라 특유의 불꽃색이 나
타난다.

세부 내용
추론하기

고난도

3 ㉠에 대한 이해로 적절하지 <u>않은</u> 것은?

① 물질을 이루는 입자들이다.

② 종류에 따라 (+)전하량이 달라진다.

③ 다른 원자와의 결합을 통해 분자를 이룬다.

④ 물질의 성질을 나타내는 가장 작은 입자이다.

⑤ 원자핵과 전자는 전기적 성질이 서로 다르다.

사례에
적용하기

4 윗글을 바탕으로 <보기>를 이해한 내용으로 적절하지 <u>않은</u> 것은?

┌─ **보기** ─
어떤 물질 X에 포함된 원소를 알아내기 위해 물질 X에 불을 붙였더니 노란색과 빨
간색 불꽃이 모두 나타났다. 그래서 이번에는 물질 X의 불꽃을 분광기로 관찰하였다.
그랬더니 스펙트럼에 밝은 선들이 여러 개 나타났는데, 스펙트럼에 나타나는 선의 위
치, 색깔이 각각 원소 A와 원소 B의 스펙트럼에 나타난 선과 일치하였다. 원소 A와
원소 B의 스펙트럼에 나타난 선은 각각 1개와 4개였고, 그 위치가 모두 달랐다.
└─

① 물질 X에 구리 원소는 존재하지 않겠군.

② 원소 A와 원소 B는 물질 X에 포함된 원소이겠군.

③ 물질 X의 스펙트럼에 나타난 선의 개수는 총 5개이겠군.

④ 물질 X의 스펙트럼에는 나트륨의 스펙트럼에 나타나는 선들이 있겠군.

⑤ 물질 X의 스펙트럼 분석이 필요했던 이유는 노란색 불꽃이 나타났기 때문이겠군.

개념 한눈에 보기

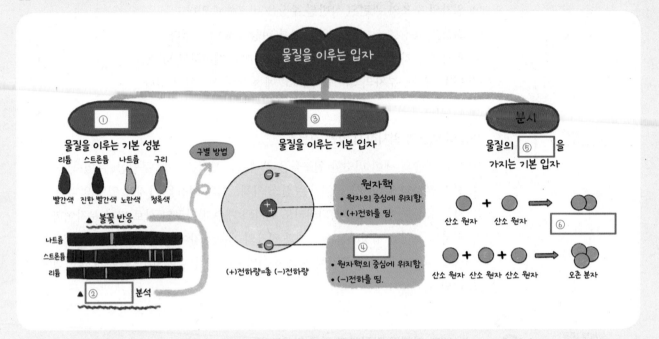

교과 개념 사전

#원소 [원소]
더 이상 분해되지 않으면서 물질을 이루는 기본 성분.

#불꽃 반응 [불꼳] [바:능]
물질이 무색의 불꽃에 닿으면 그 물질 고유의 빛깔을 나타내
는 반응을 이른다.

#스펙트럼
빛을 분광기에 통과시키면 나타나는 여러 가지 색의 띠.

#원자 [원자]
더이상 쪼갤 수 없는 가장 작은 단위 입자.

#원자핵 [원자핵]
원자의 중심부를 이루는 입자. 원자의 대부분을 차지하며 (+)
전하를 갖는다.

#전자 [전:자]
(-)전하를 가지고 원자핵의 주위를 도는 소립자의 하나.

#분자 [분자]
물질에서 화학적 형태와 성질을 잃지 않고 분리될 수 있는 최
소의 입자.

교과 개념 확인 Quiz

다음 물음에 답하시오.

❶ 물은 수소와 산소로 분해되기 때문에 원소라고
할 수 없다.　　　　　　　　　○ | ✕

❷ ☐☐ ☐☐을 통해 나타나는 색깔로 물질
에 어떤 원소가 포함되어 있는지 알 수 있다.

❸ 원자는 (+)전하를 띠는 ☐☐☐과 (-)전하
를 띠는 ☐☐로 이루어져 있다.

❹ 원자를 구성하는 원자핵의 전하량과 전자들의
총 전하량이 같으면 원자는 전기적으로 ☐☐
을 띠게 된다.

❺ 분자를 이루는 원자의 개수나 배열에 상관없이
같은 종류의 원자로 구성되었다면 같은 물질이
다.　　　　　　　　　　　　　○ | ✕

잃어버린 전자와 굴러 들어온 전자

STEP 1 교과 개념 톡 생각 열기

📋 **무엇을 배울까?**

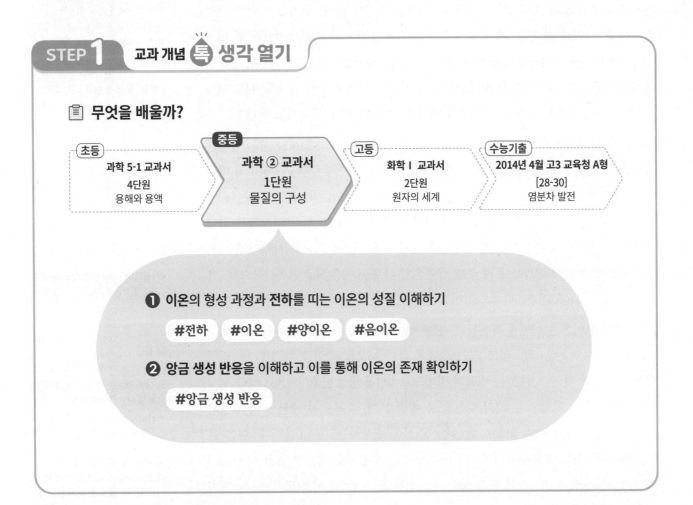

초등	중등	고등	수능기출
과학 5-1 교과서 4단원 용해와 용액	과학 ② 교과서 1단원 물질의 구성	화학 I 교과서 2단원 원자의 세계	2014년 4월 고3 교육청 A형 [28-30] 염분차 발전

❶ 이온의 형성 과정과 전하를 띠는 이온의 성질 이해하기

#전하   #이온   #양이온   #음이온

❷ 앙금 생성 반응을 이해하고 이를 통해 이온의 존재 확인하기

#앙금 생성 반응

렘브란트가 그린 <야경>은 어두운 그림이 아니었다?
렘브란트를 대표하는 <야경>은 렘브란트가 한낮에 순찰을 나가는 사람들의 모습을 그린 그림이다. 그런데 작가는 왜 깜깜한 밤이라고 생각될 만큼 그림의 배경을 어둡게 그린 것일까? 사실 이 그림의 어두운 배경은 렘브란트가 의도한 것이 아니었다. 렘브란트가 그림을 그릴 때 사용한 물감 속 납 성분이 공기 중에 있는 황 성분에 반응하여 검은색 물질이 만들어졌는데, 이것 때문에 그림이 어둡게 변한 것이다.

❓ 생각해 보기   물감 속 납 성분과 공기 중 황 성분이 반응하여 검은색 물질이 만들어지는 원리는 무엇일까?

1 원자핵과 전자로 이루어진 원자는 원자핵의 (+)전하량과 전자들의 (−)전하량이 같아 전하를 띠지 않고, 전기적으로 중성이다. 그런데 원자에 있는 전자 중 일부는 다른 원자로 이동할 수 있다. 전자의 이러한 성질 때문에 어떤 원자는 전자를 다른 원자에게 주기도 하고, 다른 원자로부터 전자를 받기도 한다. 그리고 이러한 전자의 이동으로 인해 전기적으로 중성인 원자는 전자를 잃거나 얻어서 **#전하**˚를 띠게 된다. 이때 전자의 이동으로 전하를 띠게 된 입자를 **#이온**이라고 부르는데, 전자를 잃어 (−)전하량보다 (+)전하량이 많아져 (+)전하를 띠게 된 이온을 **#양이온**, 전자를 얻어 (−)전하량이 많아져 (−)전하를 띠게 된 이온을 **#음이온**이라고 한다.

2 전하를 띠는 물질 사이에는 힘이 작용하는데˚, 같은 종류의 전하를 띠는 물질은 서로 밀어내며, 다른 종류의 전하를 띠는 물질은 서로 끌어당긴다. 이 원리에 따라 (+)전하를 띠는 양이온은 (−)극 쪽으로 이동하고 (−)전하를 띠는 음이온은 (+)극 쪽으로 이동한다. 이는 ㉠실험으로도 확인할 수 있다. 소금인 염화 나트륨은 물에 녹으면 양이온인 나트륨 이온(Na^+)과 음이온인 염화 이온(Cl^-)으로 나누어지는데, 여기에 전압을 걸어 전류를 흘려 주면 양이온인 나트륨 이온(Na^+)은 (−)극으로, 음이온인 염화 이온(Cl^-)은 (+)극으로 이동한다.

3 그렇다면 이온은 어떻게 확인할 수 있을까? 색깔을 띠는 몇몇 이온들을 제외하고, 대부분의 이온은 색이 없고 크기도 매우 작아 눈으로 확인할 수 없다. 이러한 이온의 존재를 확인할 수 있는 대표적 방법으로 **#앙금 생성 반응**이 있다. 앙금 생성 반응이란 이온이 포함된 두 가지 수용액˚을 섞었을 때, 수용액 속에서 특정한 양이온과 음이온이 반응하여 물에 녹지 않는 앙금˚을 생성하는˚ 것을 말한다. 예를 들어, 염화 나트륨($NaCl$) 수용액과 질산 은($AgNO_3$) 수용액을 섞으면 염화 이온(Cl^-)이 은 이온(Ag^+)과 반응하여 흰색 앙금이 생성된다. 또한 납 이온(Pb^{2+})은 황화 이온(S^{2-})과 반응하여 검은색 앙금을, 은 이온(Ag^+)은 아이오딘화 이온(I^-)과 반응하여 노란색 앙금을 생성하는 등 이온에 따라 여러 가지 앙금이 생성된다. 따라서 앙금 생성 반응이 나타났는지를 확인하면 이온의 존재 여부를 확인할 수 있다.

4 앙금 생성 반응은 우리 주변에서 쉽게 찾아볼 수 있으며, 생활의 편리를 위해 활용되기도 한다. 조개껍데기, 진주, 석회 동굴의 종유석의 주성분은 탄산 칼슘($CaCO_3$)인데, 탄산 칼슘은 탄산 이온(CO_3^{2-})과 칼슘 이온(Ca^{2+})이 반응하여 만들어진 흰색 앙금으로, 앙금 생성 반응의 결과를 보여 준다. 또한 공장 폐수에 들어 있는 중금속을 제거하기 위해 폐수에 황화 이온(S^{2-})이나 아이오딘화 이온(I^-)이 포함된 수용액 넣는 것이나, 소독된 수돗물에 염화 이온이 들어 있는지 확인하기 위해 수돗물에 은 이온(Ag^+)이 포함된 수용액을 넣는 것 등도 앙금을 생성 반응을 이용한 것이다.

1 문단
이온의 개념과 종류: 이온은 [   ]의 이동으로 전하를 띠게 된 입자로, (+)전하를 띠는 [   ], (−)전하를 띠는 [   ]으로 나뉨.

• 전하 물체가 띠고 있는 정전기의 양.

2 문단
양이온과 음이온의 이동: 양이온은 [   ] 쪽으로, 음이온은 [   ] 쪽으로 이동함.

• 작용하다 어떠한 현상을 일으키거나 영향을 미치다.

3 문단
[   ]의 개념과 예: 앙금 생성 반응은 수용액 속의 양이온과 음이온이 반응하여 [   ]이 생성되는 현상으로, [   ]의 존재 여부를 확인할 수 있음.

• 수용액 용매가 물인 용액.
• 앙금 용액 속에서 화학 변화가 일어날 때, 물에 잘 녹지 않고 생긴 물질.
• 생성하다 사물이 생겨나다. 또는 사물이 생겨 이루어지게 하다.

4 문단
실생활 속 앙금 생성 반응의 예 : 조개껍데기, 진주, 석회 동굴의 종유석, 공장 폐수의 중금속 제거, 수돗물에 포함된 염화 이온 확인

핵심 내용
파악하기

1 윗글에서 언급된 내용이 <u>아닌</u> 것은?

① 원자의 구성 요소

② 이온의 개념과 종류

③ 원자의 전기적 성질

④ 앙금 생성 반응의 예

⑤ 이온의 크기와 앙금 색깔의 관계

세부 내용
파악하기

2 윗글의 내용과 일치하지 <u>않는</u> 것은?

① 앙금은 물에 잘 녹지 않는 성질을 가지고 있다.

② (+)전하량과 (−)전하량이 같은 원자는 전하를 띠지 않는다.

③ 앙금 생성 반응은 이온의 존재를 확인할 때 사용되기도 한다.

④ 다른 원자로부터 전자를 얻은 원자는 (+)전하량보다 (−)전하량이 더 많다.

⑤ 전기적으로 중성인 원자가 다른 원자로부터 전자를 받으면 양이온이 된다.

고난도

세부 내용
추론하기

3 ㉠에 대해 이해한 내용으로 가장 적절한 것은?

① 나트륨 이온은 전자를 얻어서 (−)전하를 띰을 보여 준다.

② 나트륨 이온과 염화 이온이 전하를 띠고 있음을 보여 준다.

③ 염화 나트륨이 물에 녹으면 염화 이온은 (−)극으로 이동함을 보여 준다.

④ 나트륨 이온와 염화 이온이 전기적으로 중성의 성질을 가짐을 보여 준다.

⑤ 같은 종류의 전하를 띠는 물질 사이에 서로 끌어당기는 힘이 있음을 보여 준다.

사례에
적용하기

4 윗글을 바탕으로 할 때, <보기>의 ⓐ, ⓑ에 들어갈 말로 적절한 것끼리 묶은 것은?

┌─ 보기 ───┐
• 보일러에 사용하는 물에 칼슘 이온(Ca^{2+})이 포함되어 있으면 보일러 관 속에
  ⓐ 고체가 달라붙는데, 이것은 칼슘 이온(Ca^{2+})이 탄산 이온(CO_3^{2-})과 반응하
  여 만들어진 앙금이다.

• 은반지는 소금물에 닿지 않는 것이 좋은데, 그 이유는 소금물에 들어 있는 염화 이
  온(Cl^-)이 은 이온(Ag^+)을 만나면 ⓑ 의 앙금이 만들어지면서 은반지가 상하기
  때문이다.
└───┘

	ⓐ	ⓑ
①	흰색	흰색
②	흰색	노란색
③	흰색	검은색
④	노란색	흰색
⑤	노란색	검은색

🏺 개념 한눈에 보기

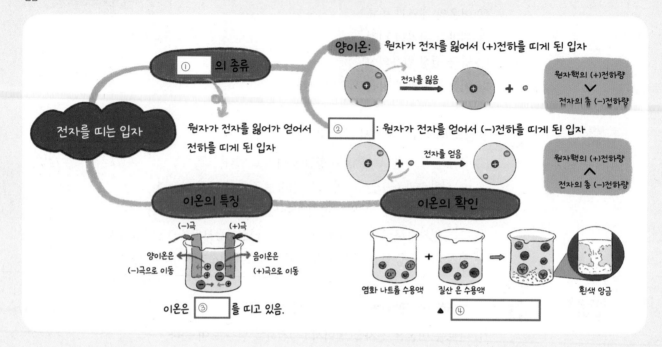

📖 교과 개념 사전

#전하 [전:하]
물체가 띠고 있는 정전기의 양. 같은 부호의 전하 사이에는 미는 힘이, 다른 부호의 전하 사이에는 끄는 힘이 작용한다.

#이온
원자가 전자의 이동으로 전자를 잃거나 얻어 전하를 띠는 입자.

#양이온
원자가 전자를 잃어 (+)전하를 띠는 입자.

#음이온
원자가 전자를 얻어 (-)전하를 띠는 입자.

#앙금 생성 반응 [앙금] [생성] [바:능]
이온이 포함된 두 가지 수용액을 섞었을 때, 물질 속의 특정 양이온과 음이온이 반응하여 물에 녹지 않는 물질이 만들어지는 현상.

교과 개념 확인 Quiz 🔍

다음 물음에 답하시오.

❶ 원자는 (+)전하량과 (-)전하량이 같아 전기적으로 중성이다. ○ | X

❷ ☐☐의 이동으로 인해 원자가 ☐☐를 띠게 되면 그것을 이온이라고 부른다.

❸ 이온이 들어 있는 수용액에 전류를 흘려 주면 양이온은 (+)극으로 이동한다. ○ | X

❹ 이온이 포함된 두 가지 수용액을 섞었을 때, 수용액 속의 ☐☐이 반응하여 앙금을 생성하는 반응을 앙금 생성 반응이라고 한다.

❺ 원자가 전자를 잃으면 양이온, 전자를 얻으면 음이온이 된다. ○ | X

≫ 물리학

찌릿찌릿, 정전기는 왜 생기는 걸까?

STEP 1 교과 개념 💧 생각 열기

📋 **무엇을 배울까?**

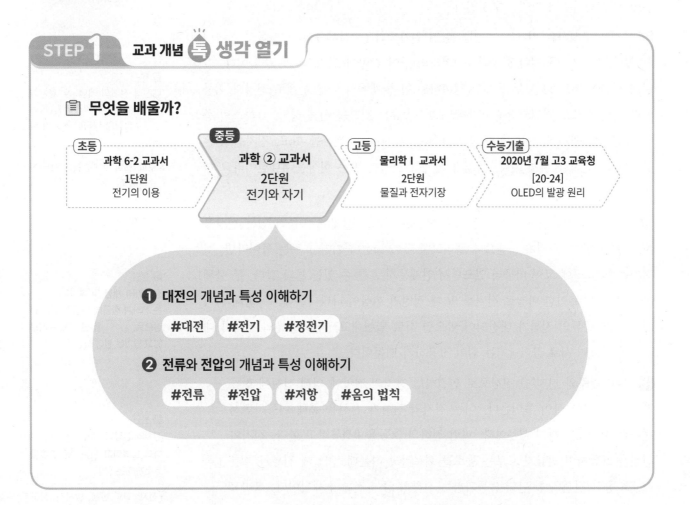

초등	중등	고등	수능기출
과학 6-2 교과서 1단원 전기의 이용	과학 ② 교과서 2단원 전기와 자기	물리학 I 교과서 2단원 물질과 전자기장	2020년 7월 고3 교육청 [20-24] OLED의 발광 원리

❶ **대전의 개념과 특성 이해하기**

#대전　#전기　#정전기

❷ **전류와 전압의 개념과 특성 이해하기**

#전류　#전압　#저항　#옴의 법칙

찌릿~!

❓ **생각해 보기**　겨울철이면 일상에서 흔하게 나타나는 정전기는 왜 생기는 것일까?

1 ⊙플라스틱 빗으로 머리를 빗을 때 머리카락이 빗에 달라붙으면서 올올이 곤두서는 경험을 해 보았을 것이다. 또 겨울에 스웨터를 벗으면 찌직 소리와 함께 머리가 폭탄을 맞은 것처럼 변하기도 한다. 이런 현상들은 모두 정전기 때문에 나타난 것이다. 그렇다면 정전기란 무엇일까?

2 물질을 구성하는 원자는 (+)전하를 띤 원자핵과 (−)전하를 띤 전자들로 이루어져 있다. 원자는 (+)전하의 양과 (−)전하의 양이 같아서 전기적으로 중성이다. 그런데 성질이 서로 다른 두 물체가 접촉하면 한 물체에서 다른 물체로 전자가 이동한다. 일반적으로 머리카락을 비롯한 모피° 종류는 전자를 쉽게 잃고, 플라스틱 종류는 전자를 쉽게 얻는다. 이때 전자를 잃은 물체는 (+)전하를 띠고, 전자를 얻은 물체는 (−)전하를 띠게 된다. 이처럼 물체가 전하를 띠는 현상을 **#대전**이라고 하며, 전하의 흐름으로 생기는 에너지를 **#전기**라고 한다.

3 대전된 물체의 전하가 다른 곳으로 이동하지 않고 한곳에 머물러 있는 현상을 **#정전기**라 한다. 우리가 콘센트에 플러그를 꽂아 쓰는 전기가 흐르는 물이라면, 정전기는 높은 곳에 고여 머물러 있으면서 언제든지 흐를 수 있는 물과 같다. 두 물체가 접촉 등으로 인한 마찰로 전기를 띨 때 정전기 현상이 나타나는데, 두 물체 사이에서 같은 종류의 전하가 대전되어 있으면 서로 밀어내고, 다른 종류의 전하가 대전되어 있으면 서로 끌어당기는 힘이 작용하기 때문이다.

4 한편, 전구와 전지°를 전선으로 연결하면 전지의 전압에 의해 전선에 전류가 흘러 전구에 불이 들어온다. 이는 전지의 전자가 전선을 통해 이동하면서 전하를 계속 운반하기 때문이다. 이런 전하의 흐름을 **#전류**라고 한다. 전지와 전선을 포함하여 전류가 흐르는 통로를 회로라고 하는데, 회로에 전류가 흐를 때 1초 동안 전선의 한 단면을 통과하는 전하의 양이 전류의 세기이다. 그리고 전하를 밀어 주는 힘, 즉 전류를 흐르게 하는 힘이 **#전압**이다. 전압이 클수록 전류의 세기가 커진다. [A]

5 그런데 전류의 흐름을 방해하는 요소도 있다. 유리나 고무와 같은 물질은 금속이나 물 같은 물질과 달리 전류가 거의 흐르지 못하며, 전선의 길이가 길거나 단면적이 가늘수록 전류의 흐름이 약해진다. 이처럼 전류의 흐름을 방해하는 정도를 **#저항**이라고 하며, 단위는 Ω(옴)이다. 전압이 일정할 때 저항이 클수록 전류의 세기는 작아지며, 회로의 길이가 일정할 때 전류의 세기는 전압이 클수록 커진다. 이를 다시 정리해 보면 전류의 세기(I)는 전압(V)에 비례하고° 저항(R)에 반비례하는데°, 이것이 **#옴의 법칙**이다.

1 문단
☐☐☐의 사례: 빗으로 머리를 빗거나 스웨터를 벗을 때 머리카락이 위로 치솟음.

2 문단
대전과 전기의 개념: 두 물체가 접촉하면 물체가 전하를 띠는 ☐☐ 현상이 나타나 전기가 발생함.
• 모피 털이 그대로 붙어 있는 짐승의 가죽.

3 문단
정전기의 개념 및 특징: ☐☐☐는 전하가 한곳에 머물러 있는 현상으로, ☐☐를 띤 물체는 서로 밀고 당기는 힘이 작용함.

4 문단
전류와 전압의 개념: ☐☐는 전하의 흐름이고, ☐☐은 전류를 흐르게 하는 힘임.
• 전지 화학 반응, 방사선, 온도 차, 빛 따위로 전극 사이에 전기 에너지를 발생시키는 장치.

5 문단
저항의 개념 및 옴의 법칙: 저항은 ☐☐의 흐름을 방해하는 정도이며, 옴의 법칙은 전류의 세기가 ☐☐에 비례하고 ☐☐에 반비례한다는 법칙임.
• 비례하다 한쪽의 양이 커질 때 다른 쪽 양이 그와 같은 비로 커지다.
• 반비례하다 한쪽의 양이 커질 때 다른 쪽 양이 그와 같은 비로 작아지다.

전개 방식
파악하기

1 윗글에 사용된 설명 방식으로 적절하지 <u>않은</u> 것은?

① 물음의 방식을 활용하여 독자의 관심을 유도하고 있다.

② 비유적 표현을 활용하여 대상의 특징을 제시하고 있다.

③ 핵심적 용어의 의미를 정의하여 내용 이해를 돕고 있다.

④ 구체적인 예를 드는 방법으로 내용을 쉽게 전달하고 있다.

⑤ 대상의 종류를 일정한 기준에 따라 나누어 각각 설명하고 있다.

세부 내용
파악하기

2 윗글의 내용과 일치하지 <u>않는</u> 것은?

① 전압이 같을 때 전선의 길이가 길수록 전류의 세기는 작아진다.

② 원자를 구성하는 원자핵의 전하량과 전자의 총 전하량의 크기는 같다.

③ 같은 종류의 전하를 띤 두 물체 사이에는 서로 밀어내는 힘이 작용한다.

④ 두 물체를 마찰하면 물체 사이에 정전기가 이동하여 각 물체가 대전된다.

⑤ 저항이 전류를 흐르지 못하게 하는 작용이라면, 전압은 전류를 흐르게 하는 힘이다.

세부 내용
추론하기

3 ㉠에 대한 이해로 적절하지 <u>않은</u> 것은?

① ㉠의 과정이 진행되면 빗은 머리카락과 달리 (+)전하를 띠게 된다.

② ㉠의 과정에서 빗과 머리카락에 모두 전하를 띠는 대전이 발생한다.

③ ㉠에서 일어나는 마찰 때문에 빗과 머리카락 사이에 전자가 이동한다.

④ ㉠의 접촉 결과로 빗과 머리카락 사이에 서로 끌어당기는 힘이 작용한다.

⑤ ㉠의 상황 이전에 빗과 머리카락은 각각 전기적으로 중성인 상태로 있다.

사례에
적용하기

4 [A]의 상황을 <보기>에 빗대어 설명한다고 할 때, ⓐ~ⓔ에 대한 설명으로 적절하지 <u>않은</u> 것은?

┌─ 보기 ─
│　　외진 시골에 사는 준성이는 자신의 집 마당에 계곡물을 끌어오는 ⓐ수도 시설을 만
│　들었다. 우선 계곡물과 연결된 ⓑ수도관을 설치한 뒤에, 수도관의 끝에는 수돗물의
│　양을 조절할 수 있는 ⓒ수도꼭지를 달았다. 그런데 수도꼭지를 모두 열어도 ⓓ수도관
│　으로 흐르는 물이 잘 나오지 않자 기술자를 불러서 수도 시설에 펌프를 추가로 달았
│　다. 펌프가 물을 끌어 올리자 ⓔ물의 높이 차, 즉 수압에 의해 수도관에 물이 흐르면
│　서 물이 시원하게 잘 나왔다.
└────

① ⓐ는 회로에 해당한다.　　　　　② ⓑ는 전선에 해당한다.

③ ⓒ는 전지에 해당한다.　　　　　④ ⓓ는 전류에 해당한다.

⑤ ⓔ는 전압에 해당한다.

🥜 개념 한눈에 보기

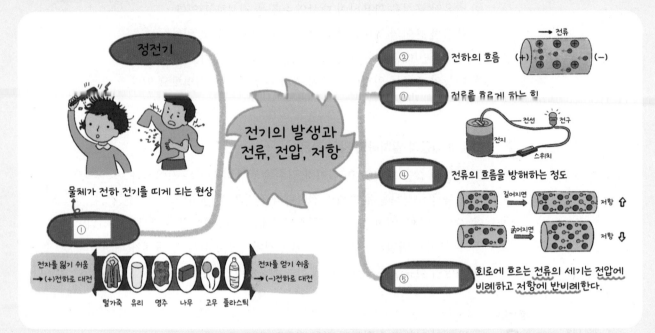

📖 교과 개념 사전

#대전 [대전]
어떤 물체가 전기(전하)를 띠는 현상.

#전기 [전:기]
물질 안에 있는 전자 또는 공간에 있는 전자나 이온들의 움직임 때문에 생기는 에너지.

#정전기 [정:전기]
전하를 띤 상태로 한곳에 머물러 있는 전기.

#전류 [절:류]
전하의 흐름.

#전압 [저:납]
전류를 흐르게 하는 능력. 단위는 볼트(V).

#저항 [저:항]
전류가 흐르는 것을 방해하는 작용. 단위는 옴(Ω).

#옴의 법칙 [법칙]
어떤 전기 회로에 흐르는 전류는 그 회로에 가하여진 전압에 정비례하고, 저항에 반비례한다는 법칙.

교과 개념 확인 Quiz 🔍

다음 물음에 답하시오.

❶ 정전기는 성질이 다른 두 물체의 마찰에 의해 발생한다. ⟨ O I X ⟩

❷ 두 물체를 마찰하면 한 물체에서 다른 물체로 ☐☐ 가 이동한다.

❸ 원자를 구성하는 원자핵은 전자와 달리 (−)전하를 띠고 있다. ⟨ O I X ⟩

❹ 전자가 전선을 통해 이동하면서 전하를 계속 운반하는데, 이때의 전하의 흐름을 ☐☐ 라고 한다.

❺ 전압이 일정할 때, 전류의 세기는 저항에 반비례한다. ⟨ O I X ⟩

» 물리학

전류가 자석처럼 자기장을 만들어 낸다고?

STEP 1　교과 개념 💡 생각 열기

📋 **무엇을 배울까?**

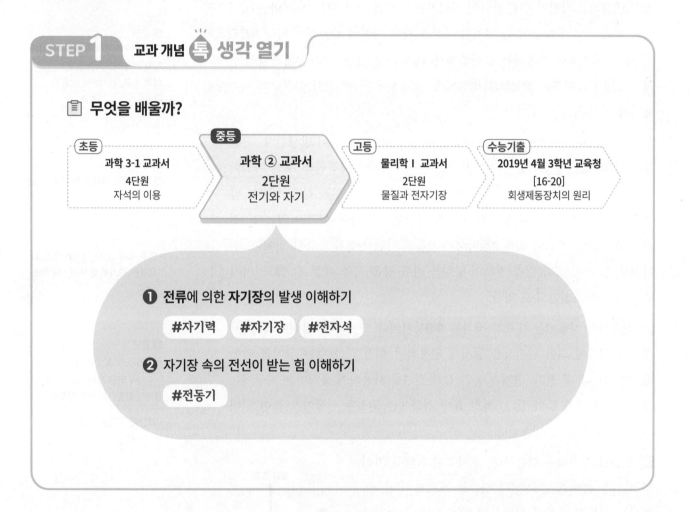

초등	중등	고등	수능기출
과학 3-1 교과서 4단원 자석의 이용	**과학 ② 교과서 2단원 전기와 자기**	물리학 Ⅰ 교과서 2단원 물질과 전자기장	2019년 4월 3학년 교육청 [16-20] 회생제동장치의 원리

❶ 전류에 의한 **자기장**의 발생 이해하기

#자기력　#자기장　#전자석

❷ 자기장 속의 전선이 받는 힘 이해하기

#전동기

❓ 생각해 보기　매우 무거운 쇳덩어리를 가볍게 옮기는 자석 기중기에는 어떤 원리가 숨어 있을까?

독해 TIP!
이 글은 자기와 관련된 용어들을 제시하며 전류와 자기장에 대해 설명하고 있어. 이 글처럼 그림이 함께 제시된 경우에는 **관련 내용과 그림을 비교하면서 읽는 것이 효율적이야.**

1 자석의 양쪽 극인 N극과 S극은 서로 끌어당기고, 같은 극끼리는 서로 밀어낸다. 나침반 바늘은 작은 자석이고, 지구도 북쪽과 남쪽을 각각 N극, S극으로 하는 큰 자석과 같으므로 나침반 바늘의 N극은 평소에 북쪽을 가리킨다. 그런데 나침반에 막대자석을 가까이 대면 바늘이 가리키는 방향이 달라진다. 이는 바늘이 막대자석의 힘을 받기 때문이다. 이처럼 자석과 자석 사이에 작용하는 힘을 #**자기력**이라 하고, 자기력이 작용하는 공간을 #**자기장**이라고 한다. 자기장은 N극에서 나와서 S극으로 들어가는 방향으로 형성되며, N극이나 S극에 가까이 갈수록 자기장의 세기가 커진다.

2 한편, 전류가 흐르는 전선 주위에도 자석과 같은 자기장이 발생한다. 콘센트에 꽂혀 있는 충전기같이 전류가 흐르는 곳 근처에 나침반을 두면 바늘이 평소와 다르게 움직인다. 이는 전선에 전류가 흐르면 자석과 같은 성질이 발생함을 의미한다. 그러나 전류가 흐르지 않으면 자기장이 생기지 않는다. 전류가 흐를 때만 자석이 되는 #**전자석**은 전류의 이런 성질을 이용한 것이다. 전자석은 영구 자석˚과 달리 전류의 방향을 바꿔 양쪽 극을 바꿀 수 있고, 자기력의 세기를 조절할 수도 있다.　[A]

3 전자석이 사용되는 대표적 장치는 #**전동기**이다. 전동기는 자석에 의한 자기장과 전류에 의한 자기장을 동시에 활용하여 회전력˚을 얻는 장치를 말한다. 세탁기, 휴대 전화, 전기차 등과 같이 전기를 사용하여 움직이는 기구에는 대부분 전동기가 들어 있다. 특히 휴대 전화에는 최소형 전동기가 들어 있어 휴대 전화의 진동을 일으킨다.

4 전동기의 원리는 간단하다. 전자석이나 영구 자석의 자기장 속에 있는 전선에 전류를 흐르게 하면, 이 전선은 전류의 방향과 자기장의 방향에 각각 수직인 방향으로 힘을 받는다. 이때 전선이 받는 힘의 방향은 〈그림〉처럼 오른손을 이용해 알 수 있다. 오른손을 펴서 엄지손가락을 전류의 방향과 일치시키고, 나머지 네 손가락을 자석의 자기장 방향과 일치시켰을 때, 손바닥이 향하는 방향이 전선이 받는 힘의 방향이다. 다만 전류의 방향과 자기장의 방향이 평행할˚ 때는 전선은 힘을 받지 않는다.

<그림>

5 전동기는 자석과 코일로 이루어져 있다. 코일은 나사 모양이나 원기둥 모양으로 여러 번 감은 전선을 말한다. 이 코일에 전류가 흐르면 코일의 왼쪽과 오른쪽 부분에 흐르는 전류의 방향이 서로 반대가 된다. 이 때문에 코일의 왼쪽과 오른쪽 부분이 받는 힘의 방향도 서로 반대가 되면서 코일이 회전하게 되는 것이다.

1 문단
자기력과 자기장의 개념. 자석과 자석 간에 작용하는 힘을 □□□이라 하고, 자기력이 작용하는 공간을 □□□이라 함.

2 문단
전류에 의한 자기장 형성: □□가 흐르는 전선 주위에도 자기장이 형성되며, 전류의 이런 성질을 이용한 것이 □□□임.

• 영구 자석 일단 자기화가 된 다음에는 자기를 영구히 보존하는 자석.

3 문단
전동기의 개념: 전동기는 □□과 □□에 의한 자기장을 동시에 활용하여 회전력을 얻는 장치임.

• 회전력 물체를 회전시키는 힘.

4 문단
전동기의 원리: 자석 속에 있는 전선에 전류를 흐르게 하면 전선은 전류와 자기장의 방향에 각각 □□인 방향으로 힘을 받음.

• 평행하다 나란히 가다.

5 문단
전동기의 회전 원리: 전동기의 코일에 □□가 흐르면 코일의 왼쪽과 오른쪽 부분이 받는 힘의 방향이 서로 □□가 되어 코일이 회전함.

<(핵심 내용 파악하기)>

1 윗글의 제목으로 가장 적절한 것은?

① 나침반 바늘이 북쪽을 가리키는 원리

② 자기장의 세기에 영향을 미치는 요소

③ 지구의 자기장이 인류에게 미치는 영향

④ 전자석과 영구 자석의 장점 및 단점 비교

⑤ 전류에 의한 자기장과 이를 활용한 전동기의 원리

<(세부 내용 파악하기)>

2 윗글에서 설명하고 있는 내용이 <u>아닌</u> 것은?

① 전자석의 N극과 S극을 바꾸는 방법

② 전동기가 들어 있는 전기 기구의 예

③ 일반적인 자석에서 자기장이 형성되는 방향

④ 전류가 흐르는 전선 주위에 자기장이 생기는 원인

⑤ 전동기에서 전류가 흐르는 전선이 힘을 받는 방향

<(세부 내용 추론하기)>

고난도

3 [A]에서 이끌어 낸 내용으로 적절하지 <u>않은</u> 것은?

① 일상에서 사용하는 전자 제품 속 전동기는 크기가 다양하겠군.

② 여름철에 사람들이 들고 다니는 휴대용 선풍기에도 전동기가 들어 있겠군.

③ 전자석은 전류를 끊으면 자석의 성질이 사라지고 원래 상태로 돌아가겠군.

④ 전류가 흐르는 전선에 자기장이 발생하지 않으면 전동기를 만들기 어렵겠군.

⑤ 전류에 의한 자기장보다 자석에 의한 자기장을 사용한 전동기가 더 큰 힘을 내겠군.

<(사례에 적용하기)>

수능찍먹

4 <보기>는 전동기의 구조를 나타낸 것이다. 윗글을 고려할 때, <보기>의 전선 ⓐ~ⓒ가 각각 받는 힘의 방향을 바르게 짝지은 것은?

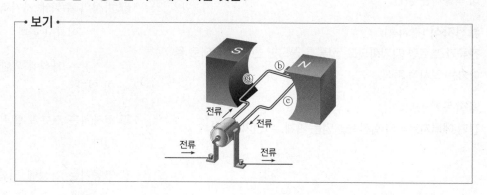

	ⓐ	ⓑ	ⓒ
①	위쪽	없음	아래쪽
②	위쪽	위쪽	아래쪽
③	아래쪽	아래쪽	없음
④	아래쪽	없음	위쪽
⑤	없음	아래쪽	위쪽

개념 한눈에 보기

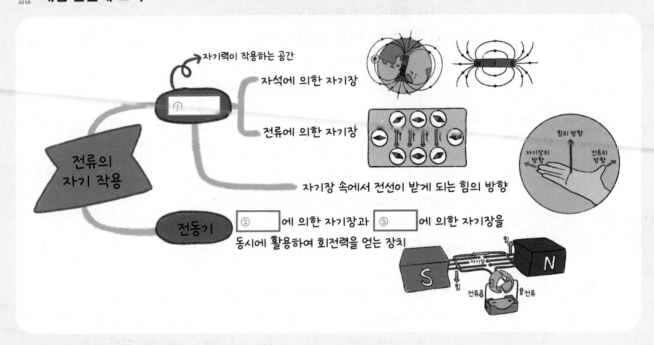

교과 개념 사전

#자기력 [자:기력]
자석끼리 서로 밀어내거나 끌어당기는 힘.

#자기장 [자:기장]
자석의 주위, 전류의 주위, 지구의 표면 따위와 같이 자기력이 작용하는 공간.

#전자석 [전:자석]
전류가 흐르면 자기화되고, 전류를 끊으면 원래의 상태로 돌아가는 일시적 자석.

#전동기 [전:동기]
전기 에너지로부터 회전력을 얻는 기계. = (전기) 모터

교과 개념 확인 Quiz

다음 물음에 답하시오.

❶ 자기력은 자석에 전류를 흐르게 할 때에만 발생한다.　　　　○ l X

❷ 자석의 주위에 자기력이 작용하는 공간을 □□□이라고 한다.

❸ 자기장은 자석에 의한 것과 □□에 의한 것이 있다.

❹ 전자석은 전류가 흘러야 자석의 성질을 띨 수 있다.　　　　○ l X

❺ 전동기는 자석에 의한 자기장과 전류에 의한 자기장을 모두 이용하여 □□□을 얻는 장치이다.

지구야, 네가 움직여서 그런 거야

교과 개념 톡 생각 열기

📋 **무엇을 배울까?**

초등	중등	고등	수능기출
과학 6-1 교과서 2단원 지구와 달의 운동	과학 ② 교과서 3단원 태양계	지구과학 II 교과서 6단원 행성의 운동	2015학년도 수능 B형 [25-26] 슈퍼문 현상의 원리

❶ **지구의 자전**에 의한 **천체의 일주 운동** 이해하기

#지구의 자전 #일주 운동

❷ **지구의 공전**에 의한 **별자리**의 변화를 이해하기

#별자리 #연주 운동 #황도 #지구의 공전

7월 15일 PM 9시
별자리 관측

1월 15일 PM 9시
별자리 관측

❓ **생각해 보기** 같은 시각, 같은 장소에서 밤하늘을 보아도 여름 하늘과 겨울 하늘에 보이는 별자리가 다른 까닭은 무엇일까?

독해 TIP!
이 글은 지구의 운동과 천체의 운동이 인과의 방식으로 제시되고 있어. 따라서 '때문이다', '이유는' 같은 표지에 주목해 현상의 원인과 결과를 정리하면서 글을 읽어야 해.

1 하늘에 떠 있는 태양이 동쪽에서 떠서 서쪽으로 지고, 낮과 밤이 번갈아 나타나는 이유는 무엇일까? 또 우리가 볼 수 있는 별자리가 계절마다 달라지는 까닭은 무엇일까? 그 이유는 바로 우리는 느낄 수 없지만, 지구가 끊임없이 움직이고 있기 때문이다. 우리가 사는 지구는 남극과 북극을 이은 가상의 자전축을 중심으로 스스로 하루에 한 바퀴씩 돌고, 동시에 태양을 중심으로 하여 태양의 둘레를 1년에 한 바퀴씩 도는데, 전자를 지구의 자전, 후자를 지구의 공전이라고 한다. 이러한 지구의 운동으로 하늘의 태양과 별들이 자리를 옮기는 것이다.

1 문단
지구의 자전과 공전: 자전은 지구가 자전축을 중심으로 [   ]에 한 바퀴씩 도는 운동이고, 공전은 지구가 [   ]의 둘레를 [   ]에 한 바퀴씩 도는 운동임.

2 그렇다면 지구의 운동으로 하늘의 별과 달, 태양의 위치가 어떻게 바뀌는 것일까? 지구에서 하늘을 바라보면 태양과 달, 별 등의 천체˚가 붙어 있는 것을 볼 수 있는데, 이렇게 천체가 붙어 있는 가상의 둥근 하늘을 천구라고 한다. 지구 위에 있는 우리에게는 천구에 있는 천체들이 매일 동쪽에서 서쪽으로 움직이는 것처럼 보인다. 그런데 이것은 실제로 천체가 움직이는 것이 아니라, **#지구의 자전** 때문에 나타나는 현상이다. 달리는 차 안에서 창밖을 보면 멈춰 있는 산이 차가 달리는 반대 방향으로 움직이는 것처럼 보이는데, 이와 같은 원리로 지구가 매일 서쪽에서 동쪽 방향, 즉 시계 반대 방향으로 자전하기 때문에 천체들이 지구가 자전하는 방향의 반대인 동쪽에서 서쪽 방향, 즉 시계 방향으로 움직이는 것처럼 보이는 것이다. 이러한 천체의 겉보기 운동˚을 **#일주 운동**이라 하며, 자전에 의한 천체의 일주 운동으로 태양과 달, 별이 매일 동쪽에서 떠서 서쪽으로 지는 것을 보게 되는 것이다.

2 문단
지구의 [   ]으로 나타나는 현상: 태양과 달, 별 등의 천체가 동쪽에서 서쪽으로 움직이는 것처럼 보임. → 천체의 [   ] 운동

• 천체 행성, 위성 등과 같이 우주를 형성하고 있는 물질을 통틀어 이르는 말.
• 겉보기 운동 지구에서 관측한 태양계 내의 천체 운동.

3 천체가 일주 운동만 한다면 우리는 매일 같은 장소와 시간에 매번 같은 별자리만 관측할 수 있을 것이다. 그러나 우리가 관측할 수 있는 **#별자리**는 계절마다 다르다. 예를 들어 3월 자정에 남쪽 하늘에서 볼 수 있는 별자리는 사자자리이지만, 8월 자정에 볼 수 있는 별자리는 염소자리이다. 이러한 현상이 나타나는 까닭은 무엇일까? 태양이 진 다음 서쪽 하늘의 지평선˚ 부근을 보고 있으면 별자리를 기준으로 태양의 위치가 조금씩 바뀌는 것을 관찰할 수 있다. 이는 태양이 실제로 움직이는 것이 아니라, 지구가 태양 주위를 돌기 때문에 나타나는 현상이다. 지구는 1년에 한 번씩 태양의 주위를 서쪽에서 동쪽으로 공전하는데, 이 때문에 태양이 서쪽에서 동쪽으로 하루에 약 1°씩 별자리 사이를 이동하여 1년 후에 처음의 자리로 되돌아오는 것처럼 보인다. 이러한 태양의 겉보기 운동을 태양의 **#연주 운동**이라 하고, 천구상에서 태양이 별자리 사이를 지나는 길을 **#황도**라고 한다. 태양이 황도를 따라 연주 운동을 할 때 태양과 같은 방향에 있는 별자리는 태양과 함께 뜨고 지기 때문에 관측하기가 어렵고, 태양의 반대쪽에 있는 별자리는 한밤중에 남쪽 하늘에서 관측할 수 있다. 즉, **#지구의 공전**에 의해 태양이 보이는 위치가 달라지기 때문에 우리가 계절마다 다른 별자리를 볼 수 있는 것이다.

3 문단
지구의 [   ]으로 나타나는 현상: 별자리를 기준으로 [   ]의 위치가 조금씩 바뀌기 때문에 우리가 계절마다 다른 [   ]를 볼 수 있음. → 태양과 별의 [   ] 운동

• 지평선 편평한 대지의 끝과 하늘이 맞닿아 경계를 이루는 선.

핵심 내용
파악하기

1 윗글에서 다루고 있는 내용으로 적절하지 <u>않은</u> 것은?

① 지구의 자전과 공전의 개념

② 태양의 연주 운동 속도와 방향

③ 지구가 태양 주위를 공전하는 이유

④ 지구의 자전으로 인해 나타나는 현상

⑤ 계절별로 관측할 수 있는 별자리가 다른 까닭

세부 내용
파악하기

고난도

2 윗글에 대해 이해한 내용으로 적절한 것은?

① 지구는 자전축을 중심으로 1년에 한 바퀴씩 회전한다.

② 천체의 일주 운동은 천체가 실제로 움직이기 때문에 나타난다.

③ 달은 하루를 주기로 하여 서쪽에서 동쪽으로 일주 운동을 한다.

④ 태양의 연주 운동은 지구의 공전으로 나타나는 겉보기 운동이다.

⑤ 여름날 밤 열두 시에 남쪽 하늘에서는 사자자리를 관측할 수 있다.

사례에
적용하기

수능찍먹

3 윗글을 참고할 때, <보기>의 ㄱ과 ㄴ에 들어갈 말을 바르게 짝지은 것은?

┌─ 보기 ┐

　　그림은 지구의 공전과 황도 12궁을 나타낸 것이다. 황도 12궁은 황도상에 위치하는 대표적인 12개의 별자리를 말하는데, 태양은 황도를 따라 대체로 한 달에 하나의 궁을 지나간다. 이 중 6월에는 천구상에서 　ㄱ　 가 태양과 함께 뜨고 지며, 한밤중에 남쪽 하늘에서 　ㄴ　 를 관찰할 수 있다.

	ㄱ	ㄴ
①	황소자리	전갈자리
②	전갈자리	황소자리
③	사자자리	물병자리
④	물병자리	사자자리
⑤	쌍둥이자리	염소자리

🏺 개념 한눈에 보기

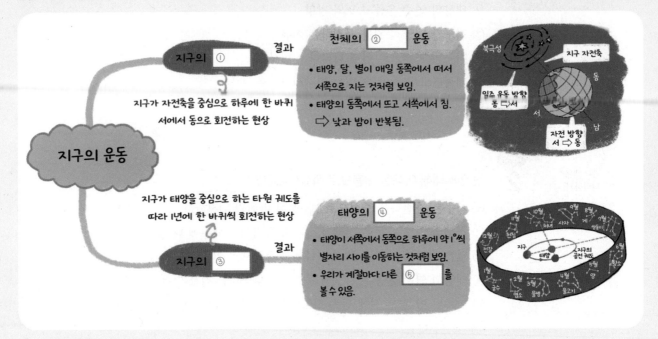

📖 교과 개념 **사전**

#지구의 자전 [지구] [자전]
지구가 자전축을 중심으로 하루에 한 바퀴씩 서에서 동으로 회전하는 운동.

#일주 운동 [일쭈] [운:동]
지구의 자전 운동으로 인하여 모든 천체가 천구와 함께 지구의 자전 방향과 반대 방향으로 도는 것처럼 보이는 운동.

#별자리 [별:자리]
별의 위치를 정하기 위하여 밝은 별을 중심으로 천구를 몇 부분으로 나눈 것. 동물, 물건, 신화에 나오는 인물의 이름이 붙여져 있다.

#지구의 공전 [지구] [공전]
지구가 태양을 한 초점으로 하는 타원 궤도를 따라 1년에 한 바퀴씩 회전하는 운동.

#연주 운동 [연주] [운:동]
지구의 공전 운동 때문에 천체가 1년을 주기로 지구의 둘레를 한 바퀴 도는 것처럼 보이는 현상.

#황도 [황도]
태양이 천구상에서 별자리 사이를 이동해 가는 길.

교과 개념 확인 Quiz 🔍

다음 물음에 답하시오.

❶ 지구는 ☐☐☐을 중심으로 하루에 한 바퀴씩 서쪽에서 동쪽으로 자전한다.

❷ 태양은 ☐쪽에서 ☐쪽 방향으로 일주 운동을 한다.

❸ 태양의 연주 운동은 지구의 자전에 의해 나타나는 현상이다. ○ | ✕

❹ 지구는 ☐☐의 둘레를 서쪽에서 동쪽으로 1년에 한 바퀴씩 회전한다.

❺ 계절에 따라 관측 가능한 별자리가 달라지는 것은 지구의 공전으로 인해 나타나는 현상이다. ○ | ✕

❻ 천구상에서 태양이 별자리 사이를 지나가는 길을 ☐☐라고 한다.

>> 지구과학

기운 센 태양은 지구를 힘들게 해

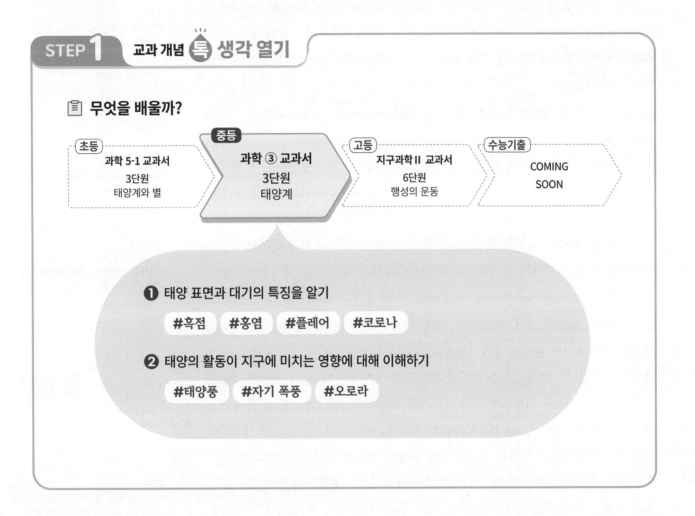

STEP 1 교과 개념 톡 생각 열기

📋 **무엇을 배울까?**

초등	중등	고등	수능기출
과학 5-1 교과서 3단원 태양계와 별	과학 ③ 교과서 3단원 태양계	지구과학Ⅱ 교과서 6단원 행성의 운동	COMING SOON

❶ 태양 표면과 대기의 특징을 알기

#흑점　#홍염　#플레어　#코로나

❷ 태양의 활동이 지구에 미치는 영향에 대해 이해하기

#태양풍　#자기 폭풍　#오로라

❓ 생각해 보기　태양 활동이 활발해지면 지구에서는 어떤 일들이 생길까?

독해 TIP!
이 글은 제목에서 알 수 있듯이 태양 활동이 활발할 때 지구에 나타나는 현상을 소개하고 있어. **글의 제목을 보고 글의 내용을 예측해 보면 글을 더 깊이 있게 이해할 수 있어.**

1 태양은 태양계에서 스스로 빛을 내는 유일한 천체로, 내부에서 만들어 낸 많은 양의 빛과 에너지를 우주 공간으로 내보내 태양계에 있는 모든 행성에 공급해 준다. 태양은 지구의 생명체가 살아가기에 알맞은 온도를 유지할 수 있게 해 주며, 식물의 광합성에 필수적으로 작용하여 생명체들이 산소와 양분을 얻을 수 있게 해 준다. 그렇다면 태양이 내보내는 에너지의 양은 언제나 같을까? 그렇지 않다. 실제 태양은 활발하게 활동할 때도 있고 조용하게 활동할 때도 있는데, 그 주기는 평균 11년 정도이다.

2 태양의 활동은 **#흑점**의 활동, **#홍염**과 **#플레어**의 발생, **#코로나**의 크기 변화 등으로 확인할 수 있다. 흑점은 태양의 표면인 광구에 나타나는 반점으로 주변보다 온도가 낮아 검게 보이는데, 태양의 활동이 활발할수록 그 개수가 증가한다. 홍염은 광구와 코로나 사이의 대기층°인 채층의 물질이 코로나까지 솟아오르는 불꽃 기둥을 가리키며, 플레어는 흑점 부근의 채층에서 짧은 시간 동안 나타나는 강력한 폭발을 말하는데, 태양의 활동이 활발해지면 태양의 대기층에서 홍염과 플레어가 자주 발생한다. 또한 코로나는 청백색으로 보이는 태양의 가장 바깥쪽 대기층으로 온도가 100만℃ 이상으로 매우 높은데, 태양이 활발하게 활동할수록 그 크기가 커진다.

3 그렇다면 태양 활동이 활발할 때, 지구에는 어떠한 현상이 나타날까? 플레어가 나타나 코로나의 온도가 급격히 높아지면, 코로나의 물질들이 계속해서 우주 공간으로 방출된다°. 이 물질들은 전기 입자로 이루어져 있는데, 이 물질들의 흐름을 **#태양풍**이라고 한다. 태양풍은 강한 에너지를 포함하고 있으므로, 이 물질이 지구의 생명체에 직접 닿으면 심각한 문제가 발생한다. 지구 자기장은 이러한 태양풍을 막아 지구를 보호하는 역할을 하지만 태양 활동이 활발해져 태양이 평소보다 강한 태양풍을 내보내면 지구 자기장이 갑자기 불규칙해지는 **#자기 폭풍**이 발생한다. 자기 폭풍이 발생하면 전기·통신과 관련된 제품이나 시스템에 장애가 생기는데, 그 이유는 전기로 작동되는 기기들은 모두 자기장을 만들고, 통신을 담당하는 인공위성들은 모두 지구 자기장의 보호를 받고 있기 때문이다. 일례로 지난 1989년 캐나다의 퀘벡에서는 태양풍으로 인해 발전소의 송전° 시설이 파괴되어 6백여만 명의 주민들이 정전 피해를 입었다. 한편 태양풍이 세지면 지구 자기장에 이끌리는 태양풍의 입자가 많아지기 때문에, 이 전기 입자가 대기 중의 공기 분자와 충돌하며 빛을 내는 **#오로라**도 평소보다 더 넓은 지역에서, 더 자주 일어나게 된다.

4 태양의 활동으로 발생하는 인한 피해를 예방하기 위해 과학자들은 태양 관측 위성을 개발하여 태양에 나타나는 변화를 실시간으로 관측하고 있다. 또 이를 바탕으로 하여 우주 환경의 변화를 예보하는° 우주 날씨 예측 센터를 구축하여 우주 기상에 대한 정보를 세계 곳곳에 전달하고 있다.

1 문단
태양의 활동: 태양은 많은 양의 [ ]과 [ ]를 태양계 있는 모든 행성에 공급해 줌.

2 문단
태양의 활동과 태양의 대기: 태양의 활동이 활발할수록 [ ]의 개수가 증가하고, 홍염이나 [ ]가 자주 발생하며, [ ]의 크기가 커짐.
• 대기층 천체의 표면을 둘러싸고 있는 기체의 층.

3 문단
태양의 활동이 지구에 미치는 영향: 태양의 활동이 활발해지면 강한 [ ]으로 인해 [ ]이 발생하여 전기·통신과 관련된 제품이나 시스템에 장애가 생기고, [ ]가 발생함.
• 방출되다 입자나 전자기파의 형태로 에너지가 내보내지다.
• 송전 발전소에서 생산된 전력을 변전소로 보내는 일.

4 문단
태양 활동의 피해 예방 방안: 태양의 변화를 실시간으로 관측하고 우주 환경의 변화를 예보함.
• 예보하다 앞으로 일어날 일을 미리 알리다.

전개 방식
파악하기

1 윗글의 설명 방식으로 가장 적절한 것은?

① 스스로 묻고 답하는 방법으로 글의 내용을 전개하고 있다.

② 설명 대상이 형성되어 온 과정을 시대순으로 정리하고 있다.

③ 설명 대상에 대한 상반된 관점과 절충 방안을 소개하고 있다.

④ 전문가의 의견을 인용하여 설명 대상의 한계를 제시하고 있다.

⑤ 두 대상을 견주어 비슷한 부분에 초점을 맞추어 설명하고 있다.

핵심 내용
파악하기

2 윗글에서 언급한 내용이 <u>아닌</u> 것은?

① 태양풍이 발생하는 이유

② 태양계에서의 태양의 역할

③ 태양이 스스로 빛을 내는 원리

④ 태양의 대기층에서 나타나는 현상

⑤ 태양 활동으로 발생하는 피해의 예방 방안

고난도

세부 내용
추론하기

3 윗글을 이해한 내용으로 적절하지 <u>않은</u> 것은?

① 플레어는 태양의 내부에서 일어나는 강력한 폭발 현상이다.

② 식물은 태양의 빛과 에너지를 이용하여 산소와 양분을 만든다.

③ 태양에서 방출된 전기 입자들은 통신 장애를 일으키기도 한다.

④ 광구에 나타나는 반점은 태양의 활동이 활발할수록 개수가 증가한다.

⑤ 태양풍으로 지구 자기장의 보호 기능이 약화되면 자기 폭풍이 발생한다.

사례에
적용하기

수능찍먹
4 윗글을 읽고 <보기>를 이해한 내용으로 적절하지 <u>않은</u> 것은?

┌─ 보기 ─

　광구의 온도는 약 6,000℃로, 태양의 대기보다 온도가 낮다. 그러나 광구는 태양의 대기보다 밝기 때문에 광구 위에 있는 태양의 대기층은 평소에는 관측하기가 어렵다. 따라서 태양의 대기층은 특별한 관측 장비를 이용하거나 달이 태양을 완전히 가리는 현상인 개기 일식이 일어날 때 볼 수 있다.

 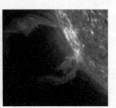

(가) 코로나　　　(나) 홍염

① (가)의 밝은 부분은 광구보다 온도는 높지만 밝기는 약하겠군.

② (가)의 밝은 부분은 태양의 활동에 따라 그 크기가 주기적으로 변화하겠군.

③ 태양의 활동이 활발할수록 (나)의 불꽃 기둥이 나타나는 빈도가 높아지겠군.

④ (나)의 불꽃 기둥이 자주 발생할 때 지구에서는 오로라의 관측 범위가 줄어들겠군.

⑤ (가)의 밝은 부분과 (나)의 불꽃 기둥은 평소에 일반 장비로 관측하기는 어렵겠군.

개념 한눈에 보기

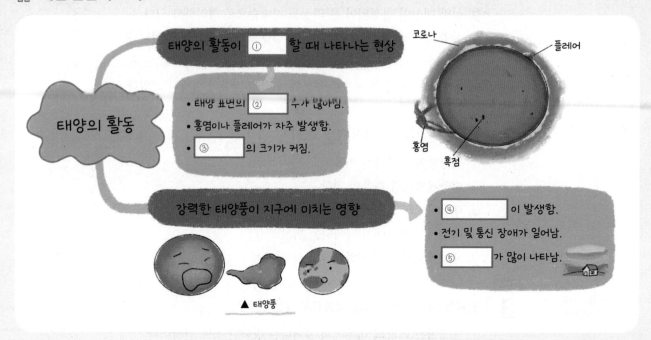

태양의 활동이 ① 할 때 나타나는 현상

태양의 활동

• 태양 표면의 ② 수가 많아짐.
• 홍염이나 플레어가 자주 발생함.
• ③ 의 크기가 커짐.

코로나
플레어
홍염
흑점

강력한 태양풍이 지구에 미치는 영향

• ④ 이 발생함.
• 전기 및 통신 장애가 일어남.
• ⑤ 가 많이 나타남.

▲ 태양풍

교과 개념 사전

#흑점 [흑쩜]
태양 표면에 보이는 검은 반점. 광구에 나타나는 현상으로, 광구의 온도보다 2,000°C 정도 더 낮기 때문에 검게 보인다.

#홍염 [홍염]
태양의 대기층인 채층에서 솟아오르는 불꽃 모양의 가스 기둥.

#플레어
흑점 부근에서 강한 폭발이 일어나 대기층이 밝아지며 엄청난 양의 물질과 에너지를 방출하는 현상.

#코로나
태양 대기의 가장 바깥층에 있는 청백색의 희미한 가스층.

#태양풍 [태양풍]
태양에서 방출되는 전기를 띤 입자의 흐름.

#자기 폭풍 [자:기] [폭풍]
지구 표면의 자기장이 갑자기 크게 바뀌는 현상.

#오로라
태양풍에 포함된 전기를 띤 입자가 대기 중의 공기 분자와 충돌하면서 빛을 내는 현상. 주로 극지방에서 나타난다.

교과 개념 확인 Quiz

다음 물음에 답하시오.

❶ 태양 표면의 흑점이 검게 보이는 것은 주변의 온도보다 낮기 때문이다. ○ | X

❷ ☐☐은 태양의 채층에서 솟아 올라오는 고온의 가스 기둥이다.

❸ 코로나는 태양의 가장 바깥쪽 대기층으로, 태양의 활동이 활발할수록 크기가 작아진다. ○ | X

❹ ☐☐☐은 태양에서 방출되는 전기를 띤 입자의 흐름이다.

❺ ☐☐☐는 태양풍에 포함된 전기 입자가 대기 중의 공기 분자와 충돌하면서 빛을 내는 현상이다.

❻ 태양의 활동이 활발할 때 지구에서 자기 폭풍이 일어난다. ○ | X

1

≫ 생명과학

식물이 만드는 영양분 레시피

STEP 1 교과 개념 🍯 생각 열기

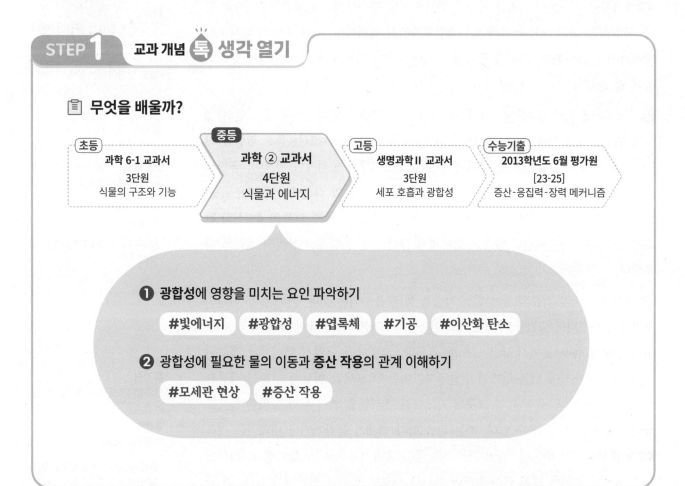

📋 **무엇을 배울까?**

초등	중등	고등	수능기출
과학 6-1 교과서 3단원 식물의 구조와 기능	과학 ② 교과서 4단원 식물과 에너지	생명과학 II 교과서 3단원 세포 호흡과 광합성	2013학년도 6월 평가원 [23-25] 증산-응집력-장력 메커니즘

❶ 광합성에 영향을 미치는 요인 파악하기

　#빛에너지　#광합성　#엽록체　#기공　#이산화 탄소

❷ 광합성에 필요한 물의 이동과 **증산 작용**의 관계 이해하기

　#모세관 현상　#증산 작용

이 화분들을 어디에 두면 좋을까?

어? 물도 잘 줬는데, 왜 방 안에 둔 식물은 시들시들하지?

❓ **생각해 보기**　방 안의 화분보다 마당의 화분에서 식물이 더 잘 자란 까닭은 무엇일까?

1 우리는 뛰어놀 때뿐만 아니라 책을 읽거나 잠을 잘 때도 에너지를 필요로 한다. 그래서 사람들은 에너지를 얻기 위해 음식을 먹는다. 그렇다면 음식을 먹지 않는 식물은 에너지를 만드는 데 필요한 양분*을 어떻게 얻을까? 식물은 햇빛과 같은 **#빛에너지**를 이용하여 스스로 양분을 만들어 내는데, 이 과정을 **#광합성**이라고 한다. 광합성은 잎의 식물 세포에 있는 **#엽록체**에서 일어나며, 엽록체 안의 엽록소가 빛에너지를 흡수한다. 그런데 광합성이 일어나려면 햇빛 이외에도 이산화 탄소와 물이 필요하다.

2 식물의 잎 뒷면 표피*에는 **#기공**이라는 작은 구멍이 있다. 이 구멍은 잎의 내부와 외부를 연결하며, 산소나 이산화 탄소, 수증기 등이 드나드는 통로 역할을 한다. 기공은 사람의 입술 모양 같이 생긴 공변세포 2개로 둘러싸여 있으며, 공변세포의 수축과 팽창에 따라 기공이 열리고 닫힌다. 대부분의 식물에서 기공은 주로 낮에 열리고 밤에 닫히므로, 식물은 빛이 있을 때 기공을 통해 외부의 **#이산화 탄소**를 흡수하며*, 이 이산화 탄소는 엽록체에 들어가 물과 함께 광합성의 재료로 사용된다.

3 이산화 탄소가 식물의 잎에 있는 기공을 통해 흡수되는 것과 달리, 물은 식물의 뿌리에서 흡수되어 줄기를 지나 잎으로 이동한다. 그런데 일상에서 물은 지구 중력*의 영향으로 높은 곳에서 낮은 곳으로 흐른다. 그렇다면 어떻게 뿌리에서 흡수된 물이 나무 꼭대기에 있는 잎까지 전달될까? 이는 ㉠모세관 현상과 ㉡증산 작용으로 설명할 수 있다. 물이 담긴 그릇에 가느다란 유리관을 넣어 두면 유리관 안으로 물이 올라가는 것을 볼 수 있다. 가는 관을 따라 액체가 올라가거나 내려가는 것을 **#모세관 현상**이라 하는데, 관이 가늘수록 물이 올라가는 높이가 높아진다. 식물에는 뿌리부터 줄기를 거쳐 잎까지 물이 지나는 통로인 물관이 연결되어 있다. 이 물관이 매우 가늘기 때문에 모세관 현상으로 물을 밀어 올리는 힘이 생기는 것이다.

4 물관을 통해 잎으로 운반된 물은 광합성에 쓰이고, 남은 물은 수증기 상태로 기공 밖으로 빠져나간다. 이렇게 식물 안의 수분이 잎의 기공을 통해 공기 중으로 내보내지는 현상을 **#증산 작용**이라 한다. 잎의 세포에서 증산 작용이 일어나면 잎의 내부에 있는 물은 줄어들고, 그 양만큼 물관에서 아래쪽의 물 분자를 끌어 올리는 현상이 일어난다. 물관의 물 분자들은 사슬*처럼 강하게 연결되어 있어서 잎에서 물 분자가 줄어들면 아래쪽 물 분자가 끌어 올려지는 것이다. 기공이 많이 열릴수록 빠져나가는 물이 많아지므로 증산 작용이 활발히 일어나 뿌리에서 흡수된 물이 잎까지 계속 올라오게 된다. 또한 열린 기공을 통해 이산화 탄소가 많이 들어오므로, 기공이 많이 열리는 낮에 광합성이 활발해진다. 광합성이 활발해질수록 식물은 더 잘 자라게 된다.

1 문단
☐☐☐☐에 필요한 물질: 빛에너지, ☐☐☐, 물

• 양분 영양이 되는 성분.

2 문단
☐☐☐☐의 흡수 과정: 빛이 있을 때 ☐☐을 통해 공기 중의 이산화 탄소를 흡수함.

• 표피 식물체의 표면을 덮고 있는 조직.
• 흡수하다 기체나 액체를 빨아들이다.

3 문단
광합성에 이용되는 물의 이동 원리 ① - ☐☐☐ 현상: 매우 가는 물관의 밀어 올리는 힘에 의해 물이 잎으로 이동함.

• 중력 지구 위의 물체가 지구로부터 받는 힘으로, 위에서 아래로 작용함.

4 문단
광합성에 이용되는 물의 이동 원리 ② - ☐☐ 작용: 기공을 통해 잎의 물이 공기 중으로 나가면 물관에서 아래쪽의 ☐☐☐를 끌어 올리는 현상이 일어남.

• 사슬 쇠로 만든 고리를 여러 개 죽 이어서 만든 줄.

핵심 내용 파악하기

1 윗글에서 다루고 있는 내용이 <u>아닌</u> 것은?

① 잎의 기공이 하는 역할　　　　　② 광합성에 필요한 재료들

③ 광합성이 일어나는 장소　　　　④ 광합성으로 만들어진 양분의 종류

⑤ 식물의 내부에서 물이 이동하는 원리

세부 내용 추론하기

고난도

2 윗글을 통해 알 수 있는 내용으로 적절한 것은?

① 식물은 기공을 통해 물과 이산화 탄소를 흡수한다.

② 식물의 잎과 줄기에서 광합성에 필요한 빛을 흡수한다.

③ 식물의 광합성에는 햇빛보다 물의 역할이 더 중요하다.

④ 식물의 기공이 열렸을 때와 닫혔을 때 공변세포의 모양은 같다.

⑤ 식물은 밤보다 낮에 공기 중의 이산화 탄소를 더 많이 흡수한다.

세부 내용 파악하기

3 ㉠과 ㉡에 대한 설명으로 적절하지 <u>않은</u> 것은?

① ㉠이 일어나면 물이 수증기 상태로 바뀌어 배출된다.

② ㉠으로 물이 올라가는 높이는 관의 굵기에 따라 달라진다.

③ ㉡은 기공이 얼마나 많이 열리는가에 영향을 받는다.

④ ㉡이 일어나면 물관의 물 분자들이 잎 쪽으로 이동한다.

⑤ ㉠과 ㉡으로 인해 물이 중력의 반대 방향으로 이동하는 힘이 생긴다.

사례에 적용하기

수능찍먹 4

학생이 <보기>와 같은 관찰을 하였다. 윗글과 <보기>의 (나)를 바탕으로 (가)에 대해 보인 반응으로 적절하지 <u>않은</u> 것은?

> **⌐ 보기 ┐**
>
> 　(가)는 뿌리, 줄기, 잎이 있는 식물을 물에 담아 햇빛이 드는 곳에 둔 것이고, (나)는 아침부터 저녁까지 (가)의 식물이 뿜어내는 물의 양을 측정한 결과이다.
>
>
>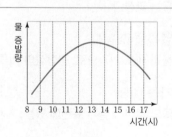
>
> 　(가)　　　　　　　(나)

① (가)에서 잎의 기공은 10시보다 12시에 더 많이 열렸겠군.

② (가)의 잎에서는 10시보다 14시에 광합성이 더 활발하게 이루어졌겠군.

③ (가)의 잎에서 증산 작용은 12시에서 14시 사이에 가장 활발히 일어났겠군.

④ (가)의 잎에서 뿜어내는 물의 양이 많아질수록 흡수되는 이산화 탄소의 양은 줄어들었겠군.

⑤ (가)의 식물 속 물관에서 낮 동안 물 분자의 이동이 계속되면서 시험관의 물도 줄어들었겠군.

개념 한눈에 보기

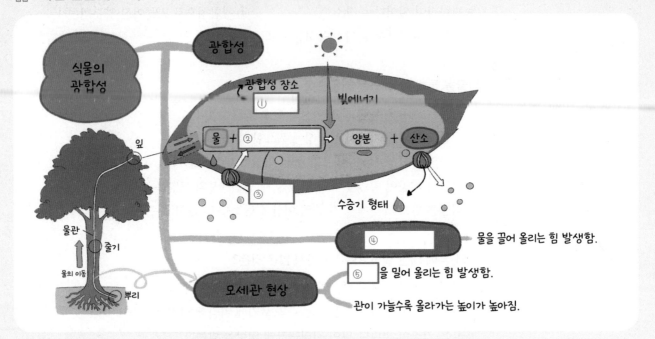

광합성

식물의
광합성

광합성 장소
①

빛에너지

물 + ② → 양분 + 산소

③

수증기 형태

잎

물관

줄기

물의 이동

뿌리

④ 물을 끌어 올리는 힘 발생함.

⑤ 을 밀어 올리는 힘 발생함.

모세관 현상

관이 가늘수록 올라가는 높이가 높아짐.

교과 개념 사전

#빛에너지
빛이 가지고 있는 전자기 에너지.

#광합성 [광합썽]
식물이 빛에너지를 이용하여 이산화 탄소와 수분으로 양분을
만드는 과정.

#엽록체 [염녹체]
식물의 세포 기관으로, 광합성이 이루어지는 장소이다.

#기공 [기공]
식물의 잎이나 줄기 표면에 있는, 기체가 드나드는 구멍.

#이산화 탄소 [이산화탄소]
탄소의 산화물. 식물의 광합성을 돕는다.

#모세관 현상 [모세관] [현:상]
가는 대롱(관)을 액체 속에 넣어 세웠을 때, 대롱 안의 액체
표면이 대롱 밖의 액체 표면보다 높아지거나 낮아지는 현상.

#증산 작용 [증산] [자공]
식물체 안의 수분이 수증기가 되어 공기 중으로 나오는 현상.

교과 개념 확인 Quiz

다음 물음에 답하시오.

❶ 동물과 달리 식물들은 □□□을 하여 스스
로 양분을 만들어 낸다.

❷ 광합성에 필요한 빛에너지는 □□□ 안의
엽록소에서 흡수한다.

❸ 광합성이 일어날 때 잎의 기공을 통해 이산화
탄소가 나가고 수증기가 들어온다. ○ I X

❹ 기공이 많이 열릴수록 증산 작용이 활발해지고
그 영향으로 광합성도 활발하게 이루어진다.
○ I X

❺ 관이 가늘수록 물이 올라가는 높이가 높아지는
현상을 모세관 현상이라고 한다. ○ I X

❻ 식물은 모세관 현상과 □□ □□을 통해
서 뿌리에서 잎까지 물을 끌어 올릴 수 있다.

2 ≫ 생명과학

식물은 어떻게 숨을 쉬고 밥을 먹지?

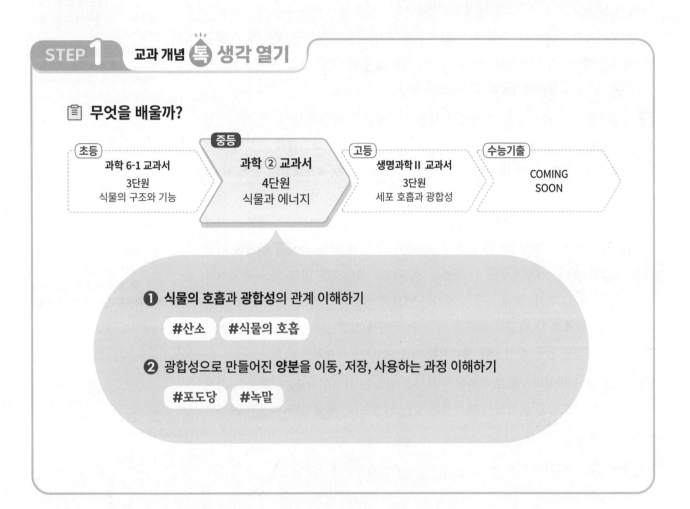

STEP 1 교과 개념 톡 생각 열기

📋 무엇을 배울까?

초등		중등		고등		수능기출
과학 6-1 교과서 3단원 식물의 구조와 기능	→	과학 ② 교과서 4단원 식물과 에너지	→	생명과학 II 교과서 3단원 세포 호흡과 광합성	→	COMING SOON

❶ 식물의 **호흡**과 **광합성**의 관계 이해하기

　#산소　　#식물의 호흡

❷ 광합성으로 만들어진 **양분**을 이동, 저장, 사용하는 과정 이해하기

　#포도당　　#녹말

❓ 생각해 보기　밤보다 낮에 숲 기운을 쐬는 것이 좋은 이유는 뭘까?

1 어항에 물풀을 담아서 햇빛이 잘 비치는 창가에 놓아두면 물풀 잎의 가장자리에 작은 공기 방울이 맺히는 것을 볼 수 있다. 이는 물풀이 광합성을 할 때 발생한 **#산소**가 밖으로 나오면서 공기 방울이 만들어진 것이다. 그렇다면 광합성으로 발생한 산소는 모두 공기 중으로 방출되는* 것일까? 이를 알기 위해서는 식물의 호흡에 대한 이해가 필요하다. 식물이 싹을 틔우고 꽃을 피우고 열매를 맺는 생명 활동을 하려면 에너지가 필요한데, 이때 식물이 양분을 분해하여* 생명 활동에 필요한 에너지를 얻는 과정을 **#식물의 호흡**이라고 한다.

2 그렇다면 ㉮식물의 호흡 과정에서 사용되는 양분은 어떻게 만들어질까? 식물은 이산화 탄소와 물을 원료로 빛을 이용하여 산소와 양분인 포도당을 만들어 내는데, 이를 광합성이라고 한다. 식물이 광합성으로 만들어 낸 **#포도당**은 물에 잘 녹지 않는 **#녹말**로 바뀌어 엽록체에 잠시 저장되었다가, 주로 밤이 되면 다시 물에 잘 녹는 설탕으로 바뀌어 체관을 통해 식물의 여러 곳으로 운반된다*. 체관은 식물의 양분이 이동하는 통로로, 물이 지나가는 물관과 함께 식물 안에서 물질의 이동 통로 역할을 한다. 이렇게 운반된 양분은 호흡으로 에너지를 얻는 데 사용되거나 식물의 잎, 줄기, 뿌리, 열매 등을 구성하는 재료로 이용되고, 남은 양분은 포도당, 녹말, 지방, 단백질 등 다양한 형태로 식물 속 곳곳에 저장된다. 저장된 양분 중 일부는 식물의 생명 활동에 필요한 에너지를 얻는 데 다시 사용되기도 한다.

3 ㉠광합성이 빛에너지를 흡수하여 포도당을 만드는 과정이라면, ㉡호흡은 산소를 이용하여 포도당을 분해하여 에너지를 얻는 과정이다. 광합성의 과정과 호흡의 과정을 정리하면 다음과 같다.

- 광합성 과정: 이산화 탄소 + 물 $\xrightarrow{\text{빛에너지 흡수}}$ 포도당 + 산소
- 호흡 과정: 포도당 + 산소 $\xrightarrow{\text{생명 활동 에너지 획득}}$ 이산화 탄소 + 물

광합성은 빛에너지를 이용하므로 주로 낮에, 잎의 엽록체에서 일어난다. 이와 달리 호흡은 생명 활동과 관련되므로 낮과 밤을 구분하지 않고 항상 이루어지며, 뿌리, 줄기, 잎 등 식물의 모든 세포에서 일어난다.

4 따라서 낮에는 식물이 광합성도 하고 호흡도 한다. 이때 빛의 세기가 강해서 광합성량이 호흡량보다 많으면, 광합성으로 발생한 산소 중 일부는 호흡에 이용되고 나머지는 공기 중으로 방출되나, 호흡으로 발생한 이산화 탄소는 모두 광합성에 이용된다. 반면 밤에는 식물이 호흡만 하므로, 공기 중의 산소를 흡수하고 이산화 탄소를 배출한다*. 낮에는 식물에서 산소가, 밤에는 식물에서 이산화 탄소가 나오는 것으로 관찰되는 것은 이 때문이다. 한편 아침과 저녁에는 광합성량과 호흡량이 비슷하기 때문에 겉으로 보기에는 기체의 출입이 없는 것처럼 보인다.

---

1 문단
광합성과 산소의 관계 및 식물의 호흡의 개념: 식물의 ☐☐으로 산소가 발생함. 식물의 호흡은 식물이 ☐☐를 이용해 양분을 분해하여 ☐☐를 얻는 과정임.

- 방출되다 비축되어 있는 것이 내놓아지다.
- 분해하다 한 종류의 화합물이 두 가지 이상의 간단한 화합물로 변화하다.

2 문단
광합성으로 만들어진 양분이 사용·저장되는 과정: 광합성은 빛을 이용해 양분을 만드는 과정으로, 광합성으로 만들어진 양분이 ☐☐을 통해 식물 전체로 이동하여 사용되고, 남은 것은 저장됨.

- 운반되다 물건 따위가 옮겨지다.

3 문단
광합성과 호흡의 차이점: 광합성은 낮에 ☐☐에서, 호흡은 밤낮으로 식물의 ☐☐에서 이루어짐.

4 문단
광합성과 호흡 과정의 기체 교환: 낮에는 광합성으로 나온 ☐☐의 일부는 호흡에 사용되고, 호흡으로 발생한 이산화 탄소는 모두 광합성에 이용됨. 밤에는 호흡만 일어나 산소를 흡수하고 이산화 탄소를 배출함.

- 배출하다 안에서 밖으로 밀어 내보내다.

핵심 내용
파악하기

1 윗글에서 확인할 수 있는 내용이 <u>아닌</u> 것은?

① 광합성으로 발생한 산소의 쓰임

② 식물이 광합성과 호흡을 하는 이유

③ 생명 활동에 필요한 에너지의 형태

④ 식물의 호흡과 광합성이 이루어지는 때

⑤ 식물이 만들어 낸 양분이 이동하는 통로

핵심 내용
파악하기

2 윗글을 통해 해결할 수 있는 질문으로 가장 적절한 것은?

① 식물은 하루 동안에 이산화 탄소를 얼마나 내뿜을까?

② 햇빛이 없는 흐린 날에 식물은 어떻게 양분을 만들까?

③ 엽록체에 저장된 녹말이 설탕으로 바뀌는 원리는 무엇일까?

④ 광합성과 달리 호흡이 낮과 밤에 모두 일어나는 이유는 무엇일까?

⑤ 광합성으로 얻은 양분이 뿌리에 저장되는 식물에는 어떤 것이 있을까?

세부 내용
파악하기

고난도

3 ㉠과 ㉡을 비교한 내용으로 적절하지 <u>않은</u> 것은?

	㉠	㉡
①	빛이 있을 때 이루어짐.	빛과 상관없이 이루어짐.
②	식물의 모든 세포에서 일어남.	잎의 엽록체에서 일어남.
③	결과물로 산소가 발생함.	결과물로 이산화 탄소가 발생함.
④	빛에너지를 이용하여 양분을 만듦.	양분을 분해하여 에너지를 얻음.
⑤	물과 이산화 탄소를 재료로 삼음.	포도당과 산소를 재료로 삼음.

사례에
적용하기

수능찍먹

4 <보기>는 ㉮의 질문에 대한 답을 그림으로 표현한 것이다. 윗글을 바탕으로 <보기> ⓐ~ⓔ를 이해한 내용으로 적절하지 <u>않은</u> 것은?

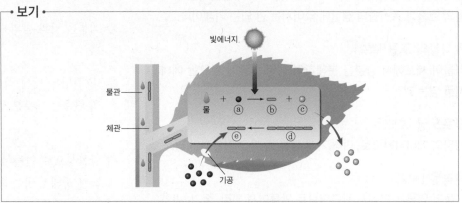

① ⓐ는 식물의 호흡으로 발생한 것이 이용되기도 한다.

② ⓑ는 ⓓ의 형태로 바뀌어 일단 엽록체에 저장된다.

③ ⓒ와 ⓔ는 호흡으로 에너지를 얻을 때 이용되기도 한다.

④ ⓓ는 ⓔ와는 달리 물에 잘 녹지 않는 성질을 가지고 있다.

⑤ ⓔ는 주로 낮에 체관을 통해 식물 곳곳으로 운반되어 다양한 형태로 저장된다.

개념 한눈에 보기

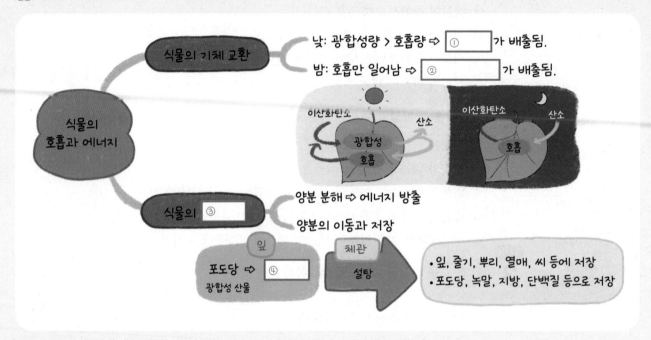

교과 개념 사전

#광합성 [광합썽]
식물이 빛에너지를 이용하여 이산화 탄소와 수분으로 양분을 만드는 과정.

#산소 [산소]
산소 원소로 만들어진 이원자 분자. 공기의 주성분이면서 사람의 호흡과 동식물의 생활에 없어서는 안 되는 기체이다.

#식물의 호흡 [호흡]
식물이 세포에서 양분을 분해하여 생명 활동에 필요한 에너지를 얻는 과정.

#포도당 [포도당]
생물의 에너지원으로, 여러 가지 당류 중 가장 기본적인 당.

#녹말 [농말]
식물의 엽록체 안에서 광합성으로 만들어져 뿌리, 줄기, 씨앗 따위에 저장되는 탄수화물. 여러 개의 포도당이 결합된 것으로, 물에 잘 녹지 않는다.

교과 개념 확인 Quiz

다음 물음에 답하시오.

❶ 호흡은 식물이 □□를 이용해 양분을 분해하여 생명 활동에 필요한 에너지를 얻는 과정이다.

❷ 식물은 낮과 밤의 구분 없이 항상 광합성을 한다. ○ | X

❸ 빛이 있는 낮에 식물의 호흡으로 발생한 이산화 탄소는 대부분 광합성에 사용된다.
○ | X

❹ 광합성으로 만들어진 포도당은 물에 잘 녹는 녹말 상태로 바꾼 후 저장된다. ○ | X

❺ 식물은 □□을 통해서 산소를 흡수하고 이산화 탄소를 내보내고, 광합성을 통해 이산화 탄소를 흡수하고 산소를 내보낸다.

이번 주에 배운 핵심 교과 개념을 확인해 볼까요?
본문에 수록된 교과 개념에 대한 자세한 풀이를
일차별로 묶어 부록에 담았어요.
부록 페이지를 찾아가서 이번 주에 배운
핵심 교과 개념을 다시 한번 복습해 보세요!

시작!

>> 생명과학

사람은 어떻게 에너지를 얻을까?

STEP 1 교과 개념 톡 생각 열기

📄 무엇을 배울까?

초등	중등	고등	수능기출
과학 6-2 교과서 4단원 우리 몸의 구조와 기능	과학 ② 교과서 5단원 동물과 에너지	생명과학 Ⅰ 교과서 2단원 사람의 물질대사	2008학년도 수능 [34-36] 피의 순환 이론

❶ 음식물이 소화되어 **영양소**가 흡수되는 과정 이해하기

#기관계   #영양소   #소화계   #소화 효소

❷ 순환계의 구조와 기능 이해하기

#순환계   #심장   #혈관

밥이 보약이야.
잘 먹어야 힘이 생기지.

숙제는
언제 하려고?

밥을 먹으니까 정말 힘이
생겨요. 이제 친구들이랑
놀다 올게요.

❓ 생각해 보기   음식을 먹으면 힘이 생기는 이유는 무엇일까?

독해 TIP!
이 글에는 우리 몸의 소화와 순환이 일어나는 과정이 잘 드러나 있어. 따라서 **단계에 따른 변화에 초점을 두고 읽어야 해.**

1 자동차가 엔진, 핸들, 바퀴 등 각기 다른 기능을 하는 장치들로 구성되어 있듯이 우리 몸도 서로 다른 기능을 하는 기관들로 구성되어 있다. 우리 몸을 구성하는 기본 단위는 세포로, 우리 몸은 수많은 세포가 모여 여러 단계를 거치면서 점점 복잡해지는 구조로 되어 있다. 모양과 기능이 비슷한 세포가 모여 조직을 이루고, 여러 조직이 모여 기관을 이룬다. 기관에는 심장, 폐, 위, 간 등이 있는데, 이들 중에서 소화, 순환, 호흡, 배설 등 서로 연관된 기능을 하는 것끼리 모여 **#기관계**를 이룬다. 각 기관계는 서로 연결되어 있어 함께 있어야 생명 활동을 할 수 있다.

2 그런데 자동차가 움직이려면 연료가 필요하다. 그렇다면 사람이 살아가기 위해서는 무엇이 필요할까? 사람이 생명 활동을 유지하려면 **#영양소**와 산소가 필요하다. **#소화계**는 입, 식도, 위, 소장, 대장, 항문으로 연결된 소화관과 간, 쓸개, 이자 등으로 구성되는데, 이 소화계에서 영양소를 받아들이는 역할을 한다. 그리고 심장, 혈관, 혈액으로 구성된 순환계에서 영양소와 산소를 운반하는 역할을 한다. 그럼 소화계와 순환계는 어떤 과정에 따라 영양소와 산소를 받아들이고 운반할까?

3 사람은 음식을 통해 영양소를 얻는다. 그런데 3대 영양소인 탄수화물, 단백질, 지방은 분자의 크기가 커서 몸속에 흡수되려면 작게 분해되어야 하는데, 이를 소화 라고 한다. 음식을 먹으면 먼저 입에서 음식물이 침과 섞이는데, 침 속의 아밀레이스라는 **#소화 효소**에 의해 탄수화물인 녹말이 엿당으로 분해된다. 그 다음 식도를 거쳐 위로 운반된 음식물은 위액에 있는 염산과 소화 효소인 펩신의 작용으로 단백질이 분해된 후 소장으로 내려간다. 소장의 시작 부분인 십이지장에서 음식물은 이자액, 쓸개즙과 섞인다. 이자액에는 아밀레이스를 비롯하여 여러 소화 효소가 들어 있는데, 이 중 트립신은 단백질을, 라이페이스는 지방을 분해한다. 이렇게 분해된 영양소는 소장 안쪽 벽에 있는 융털˚을 통해 흡수된다.

4 한편, 우리의 몸에서 호흡을 통해 흡수한 산소와 소장에서 흡수한 영양소를 온몸의 세포로 운반하는 것이 바로 **#순환계**이다. 순환계에 속하는 **#심장**은 끊임없이 수축하고˚ 이완하면서˚ 혈액을 순환시킨다. 심장은 좌우 2개의 심방과 2개의 심실로 이루어지는데, 정맥과 연결되어 있는 심방은 심장으로 들어오는 혈액을 받아들이고, 동맥과 연결되어 있는 심실은 심장에서 혈액을 내보낸다. 혈액이 흐르는 길인 **#혈관**은 심장에서 나온 혈액이 지나가는 혈관인 동맥, 심장으로 들어가는 혈액이 지나가는 혈관인 정맥, 동맥과 정맥을 연결하며 몸 전체에 퍼져 있는 혈관인 모세 혈관으로 구분된다. 심장에서 나온 혈액은 동맥, 모세 혈관, 정맥을 거쳐 다시 심장으로 되돌아오면서 조직 세포에 영양소와 산소를 공급하고, 조직 세포에서 생긴 노폐물과 이산화 탄소를 받아 운반한다. 이처럼 우리 몸은 소화계, 순환계가 통합적으로 작용하여 에너지를 얻어 생명 활동을 유지한다.

---

1 문단
우리 몸의 구성 단계와 특성: 우리 몸을 구성하는 기본 단위는 ☐☐이며, 우리 몸의 기관계는 서로 연결되어 있음.

2 문단
소화계와 순환계의 기능
• 소화계의 기능: 우리 몸의 에너지원이 되는 ☐☐☐를 받아들임.
• 순환계의 기능: 영양소와 ☐☐를 운반함.

3 문단
☐☐☐의 작용 과정: 음식이 입 → 위 → 소장을 거치면서 ☐☐☐☐에 의해 분해되고, 분해된 영양소는 ☐☐에서 흡수됨.
• 융털 소장의 안쪽 벽에 있는 돌기. 내부에 모세 혈관망과 림프관이 있으며, 소장의 면적을 넓혀 양분의 흡수를 돕는다.

4 문단
☐☐☐의 작용 과정: 심장이 수축과 이완을 반복하여 혈액을 ☐☐ → ☐☐☐☐ → ☐☐으로 이동시키면서 산소와 영양소를 운반함.
• 수축하다 근육 따위가 오그라들다.
• 이완하다 굳어서 뻣뻣하게 된 근육 따위가 원래의 상태로 풀어지다.

<전개 방식
 파악하기>

1 윗글에 사용된 설명 방식이 <u>아닌</u> 것은?

① 글에 제시된 용어의 의미를 밝히고 있다.

② 스스로 묻고 대답하는 방식을 사용하고 있다.

③ 대상의 기능에 대한 상반된 관점을 소개하고 있다.

④ 특정 개념을 이와 유사한 대상에 빗대어 설명하고 있다.

⑤ 특정 작용의 과정을 진행되는 순서에 따라 서술하고 있다.

<세부 내용
 파악하기>

2 윗글에 대한 이해로 적절하지 <u>않은</u> 것은?

① 영양소는 사람의 생명 활동에 필수적인 물질이다.

② 기관계에는 소화계, 순환계, 호흡계, 배설계 등이 있다.

③ 모양과 기능이 유사한 세포들이 모여 하나의 조직을 이룬다.

④ 우리 몸을 구성하는 여러 기관의 공통된 기본 구조는 세포이다.

⑤ 각 기관계는 고유한 기능이 있어 서로의 활동에 영향을 주지 않는다.

<세부 내용
 추론하기>

고난도
3 소화 에 대한 설명으로 적절하지 <u>않은</u> 것은?

① 하나의 소화 효소는 여러 종류의 영양소를 분해할 수 있다.

② 입에서는 음식물의 탄수화물이, 위에서는 단백질이 분해된다.

③ 소장에서는 음식물이 분해되기도 하고, 영양소가 흡수되기도 한다.

④ 이자액에는 탄수화물, 지방, 단백질을 분해할 수 있는 효소들이 들어 있다.

⑤ 음식물이 입에서 위를 거쳐 소장으로 이동하면서 분자의 크기는 점점 작아진다.

<사례에
 적용하기>

4 윗글을 바탕으로 <보기>에 대해 이해한 내용으로 가장 적절한 것은?

┌─ 보기 ─────────────────────────────────┐

　혈액이 순환하는 경로에는 두 가지가 있다. 심장이 수축하면 우심방의 혈액은 우심실로 내려간 후 폐동맥을 거쳐 폐의 모세 혈관으로 이동한다. 여기서 혈액은 이산화 탄소를 내보내고 산소를 얻은 다음, 폐정맥을 거쳐 좌심방으로 들어오는데 이를 폐순환이라고 한다. 한편 심장이 수축하면 좌심방의 혈액은 좌심실로 내려간 후 대동맥을 거쳐 온몸의 모세 혈관으로 이동한다. 여기서 혈액은 조직 세포에 산소와 영양소를 공급하고 이산화 탄소와 노폐물을 받아, 대정맥을 거쳐 우심방으로 들어오는데 이를 온몸 순환이라고 한다.

└──┘

① 폐순환은 온몸 순환과 달리 우리 몸에 영양소를 나른다.

② 폐순환은 온몸 순환과 달리 심장의 수축에 의해 이루어진다.

③ 폐순환은 온몸 순환과 달리 혈액이 산소를 받아 심장으로 들어온다.

④ 온몸 순환은 폐순환과 달리 모세 혈관에서 기체의 교환이 일어난다.

⑤ 온몸 순환은 폐순환과 달리 심방은 정맥과, 심실은 동맥과 연결되어 있다.

📚 개념 한눈에 보기

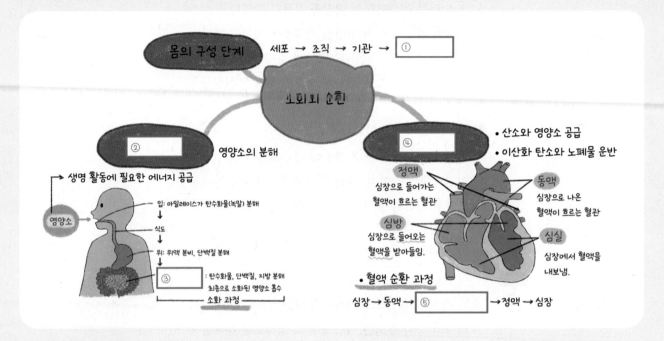

몸의 구성 단계 세포 → 조직 → 기관 → ①

소화와 순환

② 영양소의 분해

→ 생명 활동에 필요한 에너지 공급

영양소

입: 아밀레이스가 탄수화물(녹말) 분해
↓
식도
↓
위: 위액 분비, 단백질 분해
↓
③ : 탄수화물, 단백질, 지방 분해
최종으로 소화된 영양소 흡수

— 소화 과정 —

④

• 산소와 영양소 공급
• 이산화 탄소와 노폐물 운반

정맥
심장으로 들어가는 혈액이 흐르는 혈관

동맥
심장으로 나온 혈액이 흐르는 혈관

심방
심장으로 들어오는 혈액을 받아들임.

심실
심장에서 혈액을 내보냄.

• 혈액 순환 과정

심장 → 동맥 → ⑤ → 정맥 → 심장

📖 교과 개념 사전

#기관계 [기관계/기관게]
기관들이 모인 것으로, 소화계, 순환계, 호흡계, 배설계가 있다.

#영양소 [영양소]
생물의 생명 활동에 필요한 물질로, 몸을 구성하기도 하고 에너지원으로 이용되는 물질.

#소화계 [소화계/소화게]
음식물을 섭취·분해·흡수하여 영양분을 혈액 속에 보내는 기관을 통틀어 이르는 말.

#소화 효소 [소화] [효:소]
크기가 큰 영양소를 크기가 작은 영양소로 분해하는 물질.

#순환계 [순환계/순환게]
영양소와 산소 및 노폐물을 운반하는 기관을 통틀어 이르는 말.

#심장 [심장]
주먹 크기의 근육질 주머니로 혈액 순환의 중심이 되는 기관.

#혈관 [혈관]
혈액이 흐르는 관으로, 동맥과 정맥, 모세 혈관으로 구분된다.

교과 개념 확인 Quiz 🔍

다음 물음에 답하시오.

❶ 모양과 기능이 비슷한 세포끼리 모여 조직을 이루고, 여러 조직이 모여 □□을 이룬다.

❷ 음식물에 들어 있는 영양소를 작게 분해하는 과정을 담당하는 기관계를 □□□라고 한다.

❸ 소화 효소는 위, 소장, 이자에서 분비되어 음식물의 소화를 돕는 물질이다 ○ ╎ ✕

❹ 순환계에서 혈액 순환의 중심이 되는 기관은 심장이다. ○ ╎ ✕

❺ 혈액은 노폐물과 이산화 탄소를 조직 세포에 운반하는 역할을 한다. ○ ╎ ✕

사람은 어떻게 숨을 쉬고 노폐물을 내보낼까?

STEP 1 교과 개념 톡 생각 열기

📋 무엇을 배울까?

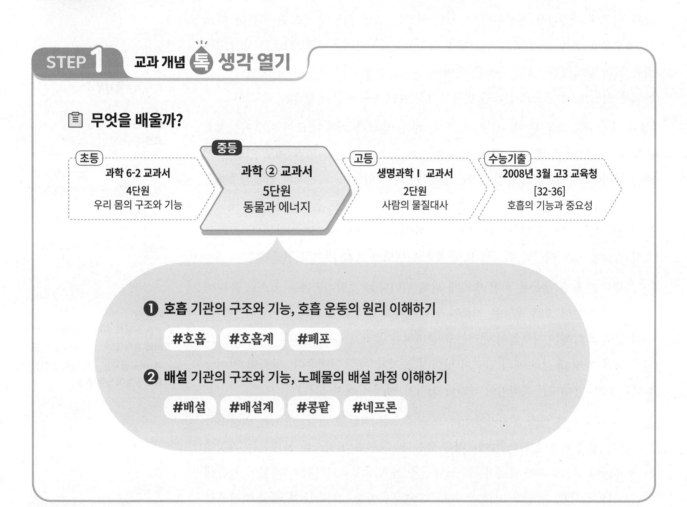

초등	중등	고등	수능기출
과학 6-2 교과서	과학 ② 교과서	생명과학 I 교과서	2008년 3월 고3 교육청
4단원	5단원	2단원	[32-36]
우리 몸의 구조와 기능	동물과 에너지	사람의 물질대사	호흡의 기능과 중요성

❶ 호흡 기관의 구조와 기능, 호흡 운동의 원리 이해하기

#호흡　#호흡계　#폐포

❷ 배설 기관의 구조와 기능, 노폐물의 배설 과정 이해하기

#배설　#배설계　#콩팥　#네프론

　　빈 음료수 팩의 빨대에 입김을 불어 넣어 보자. 음료수 팩은 어떻게 될까? 음료수 팩 안에 공기가 들어가게 되면서 음료수 팩이 빵빵해진다. 그럼 이와 반대로 음료수 팩의 빨대를 세게 빨면 어떻게 될까? 음료수 팩 안의 공기가 빠져나가게 되어 음료수 팩이 찌그러진다. 즉, 공기가 음료수 팩으로 들어올 때는 음료수 팩의 부피가 커지고, 공기가 음료수 팩을 빠져나갈 때는 음료수 팩의 부피가 작아지게 된다. 숨을 들이마시거나 내쉴 때 폐의 크기가 달라지는 것도 이와 관련이 있다.

❓ 생각해 보기　우리가 숨을 들이마시고 내쉴 때 가슴 안도 부피가 달라지는 걸까?

1 창문이 닫혀 있는 공간에 오래 있다 보면 숨이 막히고 졸음이 쏟아진다. 그리고 이때 창문을 열면 숨이 트이면서 잠을 쫓을 수 있다. 이는 밀폐된 공간에서 사람들이 숨을 쉬며 내뱉는 이산화 탄소가 늘어나, 사람들이 들이마실 산소의 양이 줄어들기 때문에 나타나는 현상이다. 이처럼 산소는 생명 활동에 중요한 역할을 하므로, **#호흡**을 통해 공기 중의 산소를 받아들이고 몸 안의 이산화 탄소를 내보내는 활동 또한 중요하다. 호흡 운동은 들이마시는 숨인 들숨과 내쉬는 숨인 날숨이 반복되는 것으로, 들숨으로 산소를 받아들이고 날숨으로 이산화 탄소를 내보낸다.

2 이러한 기체 교환은 코, 기관, 기관지, 폐 등의 호흡 기관이 모여 이루어진 **#호흡계**에서 일어난다. 들숨을 통해 코로 들어온 산소는 기관을 따라 폐로 이동한다. 폐는 갈비뼈와 가로막*으로 둘러싸인 흉강*에 들어 있으며, 기관지와 연결된 **#폐포**라는 공기주머니로 가득 차 있다. 포도송이처럼 생긴 폐포로 들어온 산소는 폐포를 둘러싼 모세 혈관으로 이동하고 혈액을 통해 온몸의 조직 세포로 전달된다. 그리고 조직 세포에 있는 이산화 탄소는 모세 혈관의 혈액을 통해 폐포로 전달된다.

3 그렇다면 호흡 운동은 어떤 원리에 의해 일어나는 것일까? 폐는 스스로 움직이지 못하기 때문에 호흡 운동은 가로막과 갈비뼈의 움직임에 의해 일어난다. 즉 들숨이 일어날 때에는 가로막이 내려가고 갈비뼈가 올라가 흉강의 부피가 커진다. 그리고 이에 따라 흉강과 폐의 압력이 낮아져 공기가 폐로 들어온다. 날숨이 일어날 때에는 이와 반대되는 움직임이 나타나 공기가 폐에서 빠져나간다.

4 생명 활동에서 산소 못지않게 영양소도 중요한 역할을 한다. 세포는 영양소를 분해하여 생명 활동에 필요한 에너지를 얻는다. 그런데 영양소를 분해하는 과정에서 노폐물이 만들어지기 때문에, 이 노폐물을 몸 밖으로 내보내는 **#배설**이 원활해야 건강을 유지할 수 있다. 배설은 콩팥, 오줌관, 방광, 요도 등의 배설 기관으로 이루어진 **#배설계**를 통해 일어난다. 예를 들어 단백질이 분해되면서 만들어진 요소는 **#콩팥**에서 걸러진 후 오줌관, 방광, 요도를 거쳐 몸 밖으로 배출된다.

5 그렇다면 콩팥은 어떻게 노폐물을 걸러낼까? 콩팥에는 사구체, 보먼주머니, 세뇨관으로 구성된 **#네프론**이 있는데, 이곳에서 혈액 속의 노폐물이 걸러져 오줌이 만들어진다. 콩팥에 연결된 동맥 속 혈액은 사구체로 흐르는데, 사구체는 모세 혈관이 실뭉치처럼 뭉쳐 있는 부분으로 보먼주머니보다 압력이 높다. 이 압력 차이로 포도당, 요소 등 분자의 크기가 작은 물질은 물과 함께 사구체에서 보먼주머니로 여과되어* 가늘고 긴 세뇨관을 따라 이동한다. 이때 포도당, 아미노산과 같이 우리 몸에 필요한 성분은 세뇨관에서 모세 혈관 속으로 재흡수되고, 사구체에서 여과되지 못했던 노폐물은 모세 혈관에서 세뇨관으로 분비된다*. 이렇게 만들어진 오줌은 오줌관을 따라 방광에 모였다가 요도를 통해 몸 밖으로 나간다.

독해 TIP!
이 글에는 호흡과 배설이 일어나는 과정이 잘 드러나 있어. 이런 글은 설명 대상의 순서나 절차 등에 따라 내용이 전개되니까, **단계에 따른 변화와 작용에 초점을 두고 읽어야 해.**

1 문단
호흡의 원리: ☐을 통해 산소를 받아들이고 ☐를 통해 이산화 탄소를 내보냄.

2 문단
호흡계에서의 ☐ 교환: ☐는 폐포 → 모세 혈관 → 조직 세포로, ☐는 조직 세포 → 모세 혈관 → 폐포로 이동함.

· 가로막 배와 가슴 사이를 분리하는 근육.
· 흉강 목과 가로막 사이의 부분.

3 문단
호흡 운동의 원리: 가로막과 갈비뼈의 움직임 → ☐의 부피 변화 → 흉강과 ☐의 압력 변화로 호흡 운동이 일어남.

4 문단
☐의 기능: 영양소를 분해할 때 만들어진 ☐을 몸 밖으로 내보냄.

5 문단
배설계의 배설 과정: 노폐물이 ☐의 ☐에서 여과, 재흡수, 분비를 거쳐 오줌으로 내보내짐.

· 여과되다 거름종이나 여과기가 사용되어 액체 속에 들어 있는 침전물이나 입자가 걸러지다.
· 분비되다 세포의 작용에 의하여 만들어진 액즙이 배출관으로 보내지다.

핵심 내용 파악하기

1 **윗글에서 설명하고 있는 내용이 <u>아닌</u> 것은?**

① 호흡 운동이 일어나는 원리

② 배설 작용을 방해하는 요소

③ 호흡계와 배설계를 이루는 기관

④ 체내로 들어온 산소의 이동 과정

⑤ 콩팥에서 일어나는 노폐물의 여과 과정

세부 내용 파악하기

2 **윗글의 내용과 일치하지 <u>않는</u> 것은?**

① 날숨이 일어날 때는 가로막이 올라가고 갈비뼈가 내려간다.

② 인간의 생명 활동에는 산소와 영양소가 중요한 역할을 한다.

③ 폐의 자체적, 능동적 근육 운동에 의해 기체 교환이 일어난다.

④ 콩팥에서 노폐물을 걸러낼 때 여과, 재흡수, 분비의 원리가 작용한다.

⑤ 이산화 탄소는 조직 세포에서 폐포로 전달되고 날숨을 통해 몸 밖으로 나간다.

세부 내용 추론하기 고난도

3 **윗글을 바탕으로 추론한 내용으로 가장 적절한 것은?**

① 흉강의 부피는 흉강과 폐의 압력에 비례한다.

② 우리 몸에 이산화 탄소가 줄어들면 졸음 현상이 나타난다.

③ 위에서 소화되지 않은 물질은 배설계인 대장을 통해 몸 밖으로 배출된다.

④ 혈액 속 노폐물을 걸러내는 데는 보먼주머니보다 사구체의 역할이 더 중요하다.

⑤ 조직 세포에서 폐로 가는 혈관보다 폐에서 조직 세포로 가는 혈관에 산소가 많다.

사례에 적용하기

4 **<보기>는 오줌의 생성 과정을 나타낸 것이다. 윗글을 바탕으로 <보기>를 이해한 내용으로 적절하지 <u>않은</u> 것은?**

┌─ 보기 ─

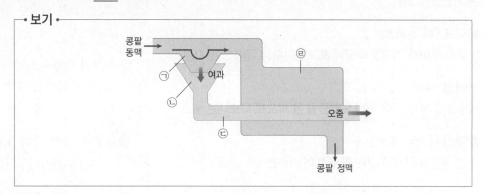

① ㉠의 혈액 성분 중 분자의 크기가 큰 물질은 ㉡으로 이동하지 못한다.

② ㉠에 비해 낮은 ㉡의 압력 때문에 ㉠의 혈액 속 물은 ㉡으로 이동한다.

③ ㉠에서 ㉡으로 이동한 물질 중 일부는 ㉢에서 ㉣로 이동하기도 한다.

④ ㉠에서 ㉡으로 이동하지 못한 물질 중 일부가 ㉣에서 ㉢으로 이동하기도 한다.

⑤ ㉠, ㉡, ㉢의 과정을 거쳐 형성된 오줌에는 포도당과 요소가 포함되어 있지 않다.

개념 한눈에 보기

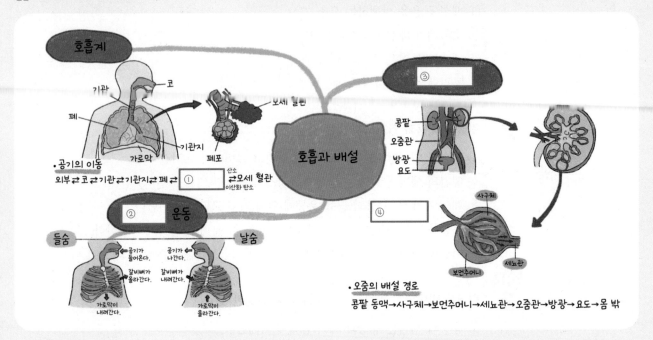

교과 개념 사전

#호흡 [호흡]
생물이 숨쉬기를 통해 산소를 흡수하고 이산화 탄소를 몸 밖으로 내보내는 과정.

#호흡계 [호흡꼐/호흡게]
숨을 쉬기 위해 공기가 드나드는 통로와 기체 교환이 일어나는 기관들의 모임.

#폐포 [폐:포/페:포]
허파로 들어간 기관지의 끝에 포도송이처럼 달려 있는 자루.

#배설 [배설]
영양소를 분해할 때 생긴 노폐물을 몸 밖으로 내보내는 일.

#배설계 [배설계/배설게]
배설 기관과 그 부속 기관을 통틀어 이르는 말.

#콩팥 [콩팥]
혈액 속 노폐물을 걸러내어 오줌을 만드는 기관.

#네프론
오줌을 만드는 기본 단위로, 사구체와 보먼주머니, 세뇨관으로 구성된다.

교과 개념 확인 Quiz

다음 물음에 답하시오.

❶ 우리 몸에서 기체 교환에 관여하는 기관들의 모임을 [ ][ ][ ]라고 한다.

❷ 산소는 들숨을 통해 우리의 몸 안으로 들어오고, 이산화 탄소는 날숨을 통해 몸 밖으로 내보내진다. ○ I ✕

❸ 세포가 영양소를 분해하는 과정에서 생긴 노폐물을 몸 밖으로 내보내는 작용을 하는 기관계를 [ ][ ][ ]라고 한다.

❹ 콩팥은 혈액 속의 노폐물을 걸러내어 오줌을 만드는 기관이다. ○ I ✕

❺ [ ][ ][ ]은 콩팥으로 들어온 혈액을 거르는 여과 장치로, 사구체, 보먼주머니, 세뇨관으로 구성된다.

소금물이 100℃에도 끓지 않는 이유

STEP 1   교과 개념 🔔 생각 열기

📋 무엇을 배울까?

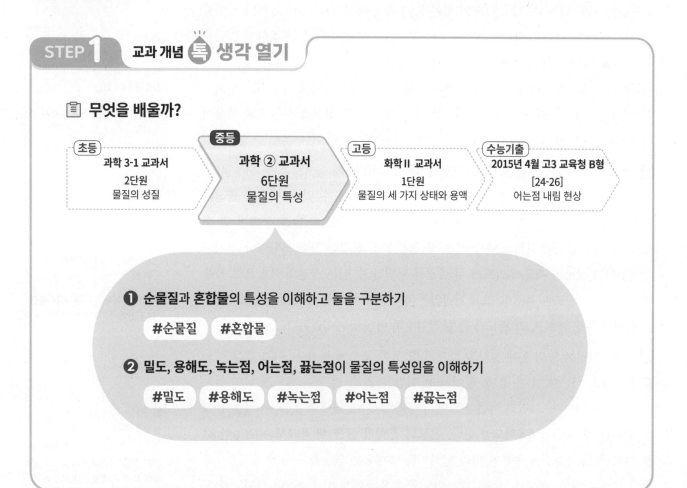

초등
과학 3-1 교과서
2단원
물질의 성질

중등
과학 ② 교과서
6단원
물질의 특성

고등
화학 II 교과서
1단원
물질의 세 가지 상태와 용액

수능기출
2015년 4월 고3 교육청 B형
[24-26]
어는점 내림 현상

❶ 순물질과 혼합물의 특성을 이해하고 둘을 구분하기

#순물질   #혼합물

❷ 밀도, 용해도, 녹는점, 어는점, 끓는점이 물질의 특성임을 이해하기

#밀도   #용해도   #녹는점   #어는점   #끓는점

❓ 생각해 보기   100℃가 되면 끓는 물과 달리, 소금물은 왜 100℃가 되어도 끓지 않는 걸까?

독해 TIP!
이 글에서는 물질의 특성을 병렬적으로 나누어 설명하고 있어. **병렬은 여러 가지 개념을 나열하여 설명하는 방식**이니까, 이런 글은 각 문단별로 제시된 특성들을 구분해 정리하며 읽는 것이 좋아.

1 한 종류의 물질로만 이루어져 있을 것 같은 우유를 현미경으로 들여다보면 물에 녹지 않는 단백질이나 지방, 무기염류 등이 불균일하게* 섞여 있는 것을 관찰할 수 있다. 우리 주변의 물질은 한 종류의 물질로만 이루어진 **#순물질**과 둘 이상의 순물질이 섞여 있는 **#혼합물**로 되어 있는데, 우유는 혼합물인 것이다. 이때 혼합물을 이루는 성분 물질은 각각의 성질을 그대로 지닌 채 섞여 있다. 혼합물인 설탕물을 먹었을 때 단맛이 나는 이유도 설탕이 그 성질을 그대로 지니고 물과 섞여 있기 때문이다. 이와 같은 물질은 다른 물질과 구별되는 고유한 성질을 갖는데, 그 물질만이 지닌 밀도, 용해도, 녹는점, 어는점, 끓는점과 같은 성질을 ⊙물질의 특성이라고 한다. 이러한 물질의 특성을 이용하면 순물질과 혼합물을 구분할 수 있다.

1 문단
물질의 종류: 한 종류의 물질로만 이루어진 순물질과 둘 이상의 순물질이 섞여 있는 [   ]

• 불균일하다 일정하게 고르지 아니하다.

2 백금 반지와 은반지를 비교해 보면 어떨까? 크기, 무게 등으로는 두 물질을 쉽게 구별할 수 없으므로 크기나 무게는 물질의 특성이라 볼 수 없다. 하지만 물질의 고유한 양인 질량을 부피*로 나눈 값인 **#밀도**를 통해서라면 이 둘을 구별해 낼 수 있다. 밀도는 물질에 따라 고유한 값을 지니며, 같은 물질인 경우 모양이나 크기에 관계없이 일정하기 때문에 밀도가 두 물질을 구별할 수 있는 물질의 특성으로 작용하는 것이다. 밀도는 물질이 뜨고 가라앉는 현상으로 확인할 수 있는데 밀도가 작은 물질일수록 위로 뜨고, 밀도가 큰 물질일수록 아래로 가라앉는다.

2 문단
물질의 특성 ① - 밀도: 물질의 밀도는 고유한 값으로 같은 물질인 경우 모양이나 크기에 관계없이 [   ]하므로 물질을 구분하는 기준이 됨.

• 부피 넓이와 높이를 가진 물건이 공간에서 차지하는 크기.

3 한편, 일정한 양의 물에 설탕을 넣으면 잘 녹아 고르게 섞인다. 이와 같은 현상을 용해라고 하는데, 물은 용매, 물에 녹는 설탕은 용질, 이 둘이 고르게 섞여 있는 설탕물은 용액이다. 그리고 어떤 온도에서 용매 100g에 최대로 녹을 수 있는 용질의 g 수를 그 물질의 **#용해도**라 한다. 온도와 용매가 같을 때 용해도는 일정한 값을 나타내므로, 물질의 종류에 따라 달라지는 용해도는 물질을 구별할 수 있는 물질의 특성이 된다. 대부분 고체는 온도가 높을수록 용해도가 증가하나 기체는 온도가 높을수록, 또 압력이 낮을수록 용해도가 감소하는 특징이 있다. 탄산음료의 병뚜껑을 열어 두면 김이 빠지는 것도 병 내부의 압력이 낮아져 음료에 녹아 있던 이산화 탄소의 용해도가 감소해 기포*로 빠져 나온 것으로 이해할 수 있다.

3 문단
물질의 특성 ② - 용해도: [   ]와 [   ]가 같을 때 용해도는 일정한 값을 나타내므로 물질의 종류에 따라 달라지는 용해도는 물질을 구분하는 기준이 됨.

• 기포 액체나 고체 속에 기체가 들어가 거품처럼 둥그렇게 부풀어 있는 것.

4 **#녹는점**, **#어는점**, **#끓는점**도 물질마다 고유한 값을 나타내므로 물질의 특성에 해당한다. 순물질의 녹는점, 어는점, 끓는점은 양에 관계없이 일정하다. 다만 물질의 양이 많아질수록 해당 지점에 도달하는 시간만 늘어날 뿐이다. 그러나 혼합물의 녹는점, 어는점, 끓는점은 성분 물질의 혼합 비율에 따라 다양하게 나타나므로 이를 통해 둘을 구분할 수 있다. 예를 들어 순물질인 물은 1기압일 때 항상 100℃에서 끓지만, 혼합물인 소금물은 100℃보다 높은 온도에 끓기 시작하며 끓을수록 농도가 진해져 끓는점이 점점 더 올라간다. 이와 마찬가지로 물은 0℃에서 얼지만 소금물은 0℃보다 낮은 온도에서 얼기 시작하며 어는점이 계속하여 낮아진다.

4 문단
물질의 특성 ③ - 녹는점, 어는점 끓는점: [   ]의 녹는점, 어는점, 끓는점은 일정하나 [   ]은 성분 물질의 혼합 비율에 따라 달라지므로 이 둘을 구분할 수 있는 기준이 됨.

핵심 내용 파악하기

1 윗글에서 설명하고 있는 내용이 <u>아닌</u> 것은?

① 순물질과 혼합물의 차이 　　② 물질이 갖는 고유한 특성

③ 물질의 밀도를 계산하는 방법 　　④ 녹는점, 어는점, 끓는점의 정의

⑤ 기체의 용해도에 영향을 미치는 요소

세부 내용 파악하기

2 윗글의 내용과 일치하지 <u>않는</u> 것은?

① 흰 우유는 둘 이상의 물질이 균일하게 섞여 있다.

② 설탕물은 설탕의 성질이 그대로 남아 있는 혼합물이다.

③ 물의 양이 증가하면 어는점에 도달하는 시간이 길어진다.

④ 소금물은 물과 달리 끓는 동안 끓는점이 계속적으로 상승한다.

⑤ 동일한 온도와 용매일 때 용해도는 물질의 종류에 따라 달라진다.

세부 내용 추론하기

고난도

3 ㉠과 관련한 설명으로 적절하지 <u>않은</u> 것은?

① 같은 종류의 물질에서는 동일한 특성이 나타난다.

② 혼합물의 녹는점, 어는점, 끓는점은 일정하지 않다.

③ 밀도, 크기, 무게 등 물질에서 파악할 수 있는 값이다.

④ 물질의 양과 관계없이 그 물질이 지닌 고유의 성질이다.

⑤ 겉보기 성질이 유사한 두 물질을 구분하는 기준으로 활용할 수 있다.

사례에 적용하기

 4 윗글을 읽은 학생이 <보기>의 그래프를 해석한 내용으로 가장 적절한 것은?

> ┌ 보기 ┐
>
> 　그림은 온도에 따른 여러 가지 물질의 용해도 변화를 나타낸 것이다. 이를 용해도 곡선이라고 하며, 곡선의 기울기가 급할수록 온도 변화에 따른 용해도 차이가 큼을 보여 준다.

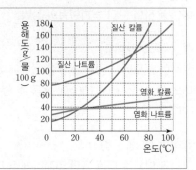

① 20℃의 물 100g에 가장 잘 녹는 것은 염화 나트륨이군.

② 물의 온도가 0℃일 때 질산 칼륨은 물에 전혀 녹지 않는군.

③ 온도에 따른 용해도의 차이가 가장 큰 것은 염화 나트륨이군.

④ 질산 칼륨과 염화 나트륨은 40℃에서 용해도가 거의 비슷하군.

⑤ 물의 온도가 70℃를 초과할 때 질산 칼륨이 질산 나트륨보다 잘 녹는군.

🧂 개념 한눈에 보기

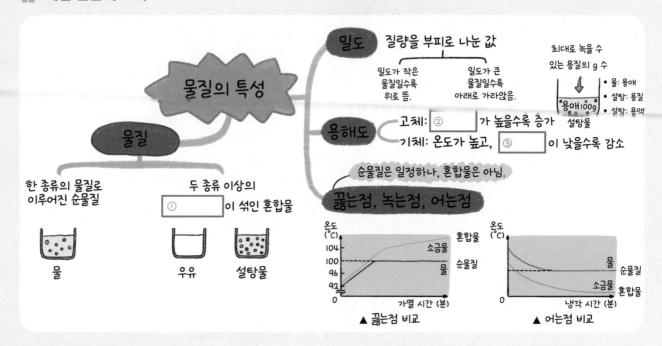

📖 교과 개념 사전

#순물질 [순물찔]
한 종류의 물질로만 이루어진 물질.

#혼합물 [혼:함물]
두 가지 이상의 물질이 각각의 성질을 지니면서 서로 화학적 결합을 하지 아니하고 뒤섞인 물질.

#밀도 [밀또]
어떤 물질의 단위 부피만큼의 질량.

#용해도 [용:해도]
일정한 온도에서 일정한 양의 용매에 녹을 수 있는 용질의 최대의 양. 보통 용매 100g에 녹을 수 있는 용질을 g 수로 나타낸다.

#녹는점 [농는점]
고체가 액체로 되는 동안 일정하게 유지되는 온도.

#어는점 [어:는점]
액체가 고체로 되는 동안 일정하게 유지되는 온도.

#끓는점 [끌른점]
액체가 끓는 동안 일정하게 유지되는 온도.

교과 개념 확인 Quiz 🔍

다음 물음에 답하시오.

❶ 우유는 둘 이상의 ☐☐☐로 이루어져 있기 때문에 ☐☐☐이다.

❷ 순물질의 끓는점, 녹는점, 어는점은 그 양에 관계없이 일정하다. ○ | X

❸ 물은 두 종류 이상의 원소로 이루어져 있기 때문에 혼합물이다. ○ | X

❹ 물질의 밀도를 정확하게 비교하기 위해서는 같은 부피일 때 ☐☐이 얼마나 차이 나는지를 측정해야 한다.

❺ 일정한 온도에서 용매 100g에 최대로 녹을 수 있는 용질의 g 수를 ☐☐☐라고 한다.

❻ 기체의 용해도와 달리 고체의 용해도는 온도가 높을수록 감소한다. ○ | X

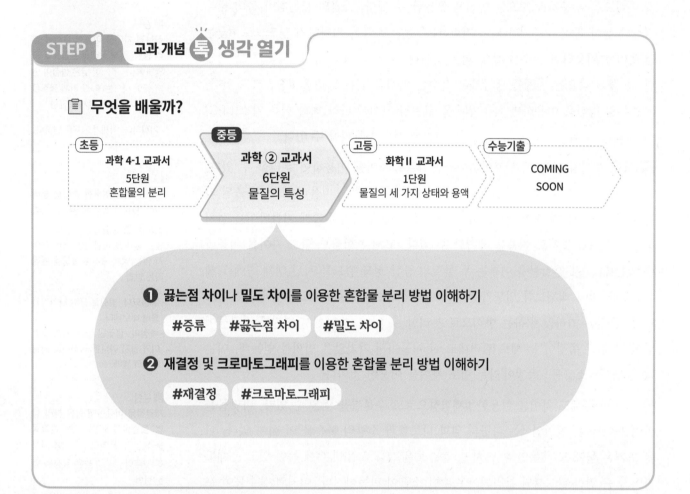

>> 화학

2

바닷물도 식수가 될 수 있어요

STEP 1 교과 개념 톡 생각 열기

📋 무엇을 배울까?

초등	중등	고등	수능기출
과학 4-1 교과서 5단원 혼합물의 분리	과학 ② 교과서 6단원 물질의 특성	화학 II 교과서 1단원 물질의 세 가지 상태와 용액	COMING SOON

❶ 끓는점 차이나 밀도 차이를 이용한 혼합물 분리 방법 이해하기

#증류   #끓는점 차이   #밀도 차이

❷ 재결정 및 크로마토그래피를 이용한 혼합물 분리 방법 이해하기

#재결정   #크로마토그래피

원유는 정제하지 않은 검은 석유야. 여러 물질이 뒤섞인 혼합물이지.

원유

원유를 분리해야 깨끗하고 투명한 등유를 얻을 수 있어. 비행기의 원료로 쓰이지.

등유

❓ 생각해 보기   원유에서 깨끗한 등유를 얻으려면 어떻게 해야 할까?

1 무인도에 표류해 있는 상황을 상상해 보자. 바닷물은 소금이 많이 녹아 있어 갈증과 탈수를 유발하므로 식수로 쓸 수 없다. 갈증은 심해지고 살아남기 위해서는 마실 물이 필요한데 어떻게 해야 할까? 순수한 물을 얻으려면 바닷물을 가열하여 끓어 나오는 수증기를 모으는 방식을 활용할 수 있다. 소금의 끓는점이 물의 끓는점보다 높아 물이 수증기가 되어 기화하는° 동안 소금은 기화하지 않으므로 **#끓는점 차이**를 이용하여 순수한 물을 얻는 것이다. 이처럼 액체 상태의 혼합물을 가열할 때 끓어 나오는 기체를 냉각하여 순수한 액체를 얻는 방법을 **#증류**라고 한다. ⓐ증류의 방식을 이용하면 석유 원유를 끓는점 차이에 따라 액화 석유 가스(LPG) → 가솔린 → 휘발유 → 등유 → 경유 → 증유 순으로 분리할 수 있다.

2 서로 섞이지 않는 액체 혼합물이라면 **#밀도 차이**를 이용하여 분리할 수 있다. 선박 사고가 일어나 바다 주변으로 기름이 유출된° 상황을 떠올려 보자. 유출된 기름은 물보다 밀도가 작아 바닷물 위에 뜨므로 기름이 퍼지지 않게 기름막이를 설치하고 흡착포나 뜰채로 기름을 제거할 수 있다. 고체 혼합물도 밀도 차이를 이용할 수 있는데, 고체 혼합물을 이루는 두 물질의 중간 정도 밀도를 지닌 액체 속에 고체 혼합물을 넣어 액체보다 밀도가 작은 물질은 위로 떠오르게 하고, 액체보다 밀도가 큰 물질은 가라앉게 하는 방식으로 분리할 수 있다. 농가에서 볍씨를 소금물에 넣어 물에 뜬 쭉정이°는 체로 걸러내고 잘 여물어서 가라앉은 볍씨를 얻는데, 이는 '좋은 볍씨>소금물>쭉정이'라는 밀도 차이를 이용한 것이다.

3 물질의 용해도 차이를 이용한 **#재결정**으로도 순물질을 얻을 수 있다. 바닷물을 끓여 모아 만든 천일염에는 다량의 염화 나트륨과 소량의 불순물°이 섞여 있다. 이를 뜨거운 물에 모두 녹인 후 식히면, 불순물은 그대로 용액 속에 녹아 있고 용해도 차이가 큰 염화 나트륨만 분리되어 순수한 소금이 만들어진다. 이처럼 불순물이 포함된 고체 혼합물을 높은 온도의 용매에 녹인 다음, 용액의 온도를 서서히 낮추어서 순도 높은 결정을 얻는 방법을 ⓑ재결정이라고 한다.

4 혼합물을 이루고 있는 성분 물질이 용매를 따라 이동하는 속도 차이를 이용하여 혼합물을 분리하는 **#크로마토그래피**를 활용할 수도 있다. 검은색 수성° 사인펜 잉크가 물에 닿으면 잉크를 이루는 색소가 물에 녹아 이동하는데 보라색, 주황색, 파란색 등이 나타난다. 이는 사인펜 잉크가 다양한 색소가 섞인 혼합물이고, 각 색소마다 물을 따라 이동하는 속도가 다르기 때문에 나타나는 현상이다. 크로마토그래피를 이용하면 성질이 비슷한 물질로 이루어졌거나 양이 매우 적어서 다른 방법으로는 분리가 어려운 혼합물을 분리할 수 있다. 이 방법은 운동선수의 금지 약물 복용 여부를 검사하거나 식물의 색소를 분리할 경우 등에 활용되고 있다.

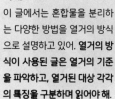

독해 TIP!
이 글에서는 혼합물을 분리하는 다양한 방법을 열거의 방식으로 설명하고 있어. **열거의 방식이 사용된 글은 열거의 기준을 파악하고, 열거된 대상 각각의 특징을 구분하며 읽어야 해.**

1 문단
끓는점 차이를 이용한 혼합물 분리 방법: 액체 상태의 혼합물을 가열하면 □□□이 낮은 물질이 먼저 끓어 나오는데, 그 기체 물질을 냉각하여 순수한 액체를 얻음.

· 기화하다 액체가 기체로 변하다.

2 문단
밀도 차이를 이용한 혼합물 분리 방법: 밀도가 작은 물질은 □로, 밀도가 큰 물질은 □로 가라앉는 원리를 이용하여 서로 섞이지 않는 액체·고체 혼합물을 분리하는 방법

· 유출되다 밖으로 흘러 나가거나 흘려 내보내다.
· 쭉정이 껍질만 있고 속에 알맹이가 들지 아니한 곡식이나 과일 따위의 열매.

3 문단
재결정을 이용한 혼합물 분리 방법: 불순물이 포함된 고체 혼합물을 녹인 후 용액의 □□를 서서히 낮추어 □□ 높은 결정을 얻는 방법

· 불순물 순수한 물질에 섞여 있는 순수하지 않은 물질.

4 문단
크로마토그래피를 이용한 혼합물 분리 방법: 혼합물을 이루고 있는 성분 물질이 용매를 따라 이동하는 □□ 차이를 이용하여 분리하는 방법

· 수성 물에 녹기 쉬운 성질.

세부 내용
파악하기

1 **윗글의 내용과 일치하지 <u>않는</u> 것은?**

① 증류는 끓는점 차이를 이용한 혼합물 분리 방법이다.

② 재결정은 온도에 따른 용해도 차이가 큰 물질이 분리되어 나온다.

③ 재결정은 불순물이 섞인 고체 물질의 순도를 높일 수 있는 방법이다.

④ 비슷한 성분 물질로 이루어진 혼합물은 크로마토그래피로 분리할 수 있다.

⑤ 두 고체보다 밀도가 큰 액체를 활용하면 두 고체가 섞인 혼합물을 분리할 수 있다.

세부 내용
추론하기

2 **㉠과 ㉡에 대한 설명으로 가장 적절한 것은?**

① ㉠을 이용하여 천일염의 불순물을 제거할 수 있다.

② ㉠을 통해 양이 매우 적은 혼합물을 분리할 수 있다.

③ ㉡은 기화되는 순수 물질을 모으고자 할 때 이용된다.

④ ㉡은 고체 혼합물을 용매에 녹인 후에 활용할 수 있다.

⑤ ㉠과 ㉡은 모두 액체 혼합물을 분리하는 데 사용된다.

사례에
적용하기

3 **윗글을 읽은 학생이 <보기>의 실험을 했다고 할 때, <보기>와 같은 원리가 활용된 사례가 <u>아닌</u> 것은?**

• 보기 •

[물과 식용유의 혼합물 분리]

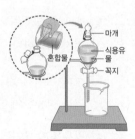

❶ 분별 깔때기에 물과 식용유의 혼합물을 넣은 후 마개를 막고 혼합물이 두 층으로 분리되기를 기다린다.

❷ 층이 나누어지면 마개를 연다음 꼭지를 돌려 아래층의 액체를 받는다.

❸ 분별 깔때기의 위쪽 입구로 위층의 액체를 다른 비커에 받는다.

① 사골국을 끓였다 식히면 지방이 위로 올라와 깨끗한 국물만 아래에 남는다.

② 방울토마토와 복숭아를 물에 넣으면 방울토마토는 뜨고 복숭아는 가라앉는다.

③ 사금과 모래가 섞인 바구니를 물 속에서 흔들면 모래는 씻겨 나가고 사금이 남는다.

④ 탁한 술을 가열하여 물보다 먼저 기체가 되는 에틸알코올을 모아 맑은 술을 얻는다.

⑤ 키에 곡식을 담아 키질을 하면 쭉정이는 날아가고 흙이나 모래는 키 안쪽에 남는다.

🗄 개념 한눈에 보기

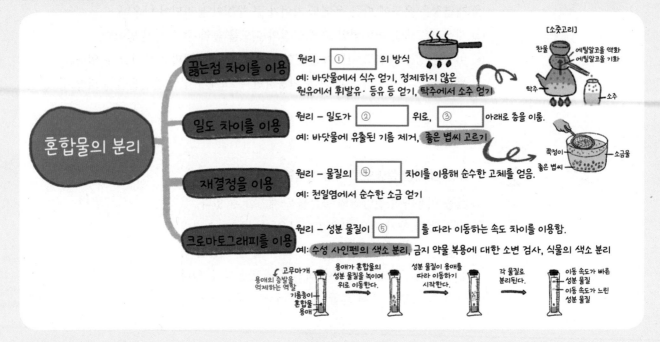

📖 교과 개념 **사전**

#증류 [증뉴]
액체를 가열하여 생긴 기체를 냉각하여 다시 액체로 만드는 일.

#끓는점 차이 [끌른점] [차이]
끓는점은 액체가 기체로 변할 때 일정하게 유지되는 온도로, 물질마다 다르다. 끓는점의 차이를 이용하여 액체 혼합물을 분리할 수 있다.

#밀도 차이 [밀또] [차이]
밀도는 일정한 부피에 해당하는 물질의 질량을 의미하는데, 물질마다 다르다. 밀도의 차이를 이용하여 서로 섞이지 않는 액체 혼합물이나 고체 혼합물을 분리할 수 있다.

#재결정 [재:결쩡]
결정성 물질을 정제하는 방법의 하나. 결정성의 고체를 물이나 그 밖의 용매에 녹여, 냉각하거나 증발시켜서 다시 결정화함으로써, 그 결정물의 불순물을 없앤다.

#크로마토그래피
혼합물을 이루고 있는 성분 물질이 용매를 따라 이동하는 속도 차이를 이용하여 혼합물을 분리하는 방법.

교과 개념 **확인** Quiz 🔍

다음 물음에 답하시오.

❶ ☐☐☐의 차이를 이용하여 소금물에서 순수한 물을 분리할 수 있다.

❷ 액체 혼합물을 가열하면 끓는점이 높은 물질이 먼저 기화한다. ⓞ ㅣ Ⓧ

❸ 서로 섞이지 않는 액체 혼합물은 ☐☐의 차이를 이용하여 혼합된 액체를 분리할 수 있다.

❹ 원유를 증류하면 끓는점에 따라 휘발유, 등유, 경유 등이 분리된다. ⓞ ㅣ Ⓧ

❺ 고체 혼합물을 물에 넣고 가열하여 녹인 후 온도를 낮추면 온도에 따른 용해도 차이가 작은 물질이 결정으로 나온다. ⓞ ㅣ Ⓧ

❻ 크로마토그래피를 활용해 소량의 성분들이 혼합되어 있는 물질을 분리할 수 있다. ⓞ ㅣ Ⓧ

》지구과학

바다마다 온도가 다른 이유

STEP 1   교과 개념 톡 **생각 열기**

📋 **무엇을 배울까?**

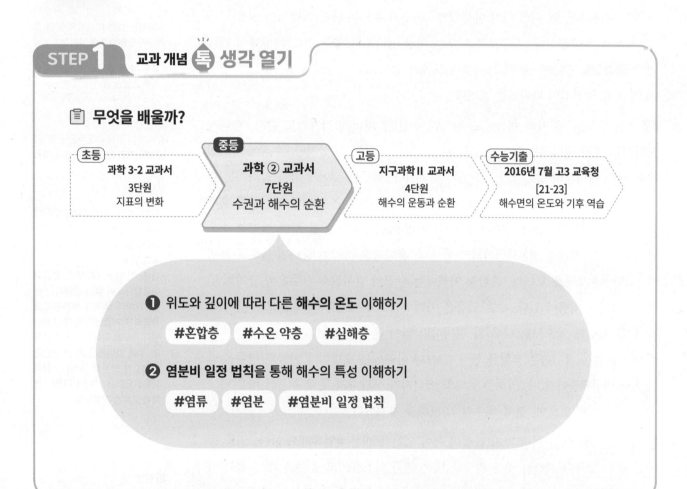

초등
과학 3-2 교과서
3단원
지표의 변화

중등
과학 ② 교과서
7단원
수권과 해수의 순환

고등
지구과학 II 교과서
4단원
해수의 운동과 순환

수능기출
2016년 7월 고3 교육청
[21-23]
해수면의 온도와 기후 역습

❶ 위도와 깊이에 따라 다른 **해수의 온도** 이해하기

#혼합층   #수온 약층   #심해층

❷ **염분비 일정 법칙**을 통해 해수의 특성 이해하기

#염류   #염분   #염분비 일정 법칙

❓ 생각해 보기   바닷물의 온도는 깊이에 따라 어떻게 달라질까?

1 연평균 기온이 영하 35~40℃인 북극은 육지가 아니라, 북극점 주위에 펼쳐진 넓은 바다이며 북극의 얼음은 바닷물이 얼어서 생긴 것이다. 이와 달리 적도 부근의 남태평양은 일 년 내내 스쿠버 다이빙 같은 해양 스포츠를 즐길 수 있을 정도로 따뜻한 바다이다. 왜 이런 일이 발생할까? 해수의 온도는 태양 에너지의 영향을 가장 크게 받기 때문이다. 지구로 들어오는 태양 에너지의 양은 적도 지방에서 가장 많고 고위도로 갈수록 줄어들므로 저위도에서 고위도로 갈수록 표층˙ 수온이 낮아져 이와 같은 현상이 나타나는 것이다.

2 수온은 위도˙에 따라 변하기도 하지만 수심˙에 따라 달라지기도 한다. 바다에 도달하는 태양 에너지는 어느 정도의 깊이까지는 전달될 수 있지만, 수심이 깊어질수록 태양 에너지의 흡수량이 감소하기 때문이다. 해수는 깊이에 따라 달라지는 수온 분포에 따라 세 개의 층으로 구분할 수 있다. 해수면 부근은 태양 에너지를 흡수하여 수온이 비교적 높게 나타나고, 바람의 영향으로 해수가 잘 섞여 일정한 수온을 유지한다. 이 층을 **#혼합층**이라고 하는데, 혼합층은 바람이 강하게 불수록 두껍게 나타나는 특징을 보인다. 혼합층 아래에는 수심이 깊어질수록 수온이 급격히 낮아지는 **#수온 약층**이 있다. 수온 약층은 아래쪽의 수온이 위쪽의 수온보다 낮아 해수가 잘 섞이지 않으므로 대류˙가 일어나지 않아 혼합층과 심해층 간의 물질이나 에너지 교환을 차단하는 역할을 한다. 그보다 아래에는 햇빛이나 바람의 영향을 받지 않는 **#심해층**이 있다. 심해층은 태양 에너지가 도달하지 못해 수온이 매우 낮고 그 변화가 거의 없으며, 전체 해수의 약 80%를 차지한다.

3 이러한 해수에는 여러 가지 물질이 녹아 있는데 이를 **#염류**라고 한다. 염류 중 가장 많은 양을 차지하는 것은 짠맛을 내는 염화 나트륨이고 쓴맛을 내는 염화 마그네슘이 그 다음으로 많다. 그밖에도 황산 마그네슘과 황산 칼슘 등이 포함되어 있다. **#염분**은 해수 1,000g(=1kg)에 녹아 있는 염류의 총량을 g 수로 나타낸 것을 말하는데, 전 세계 해수의 평균 염분은 35psu(실용 염분 단위)이다. 이는 바닷물 1kg에 염류 35g이 녹아 있다는 것을 의미한다.

4 ㉠그렇다면 전 세계 바다의 염분은 어느 곳이든 일정할까? 전 세계 바다의 표층 염분 분포는 지역에 따라 다르고, 계절에 따라 변한다. 염분은 강수량과 증발량의 차이, 흐르드는 담수˙의 양 등에 영향을 받기 때문이다. 또한 해수는 영하 이하로 떨어져 얼게 되면 염분이 높아지고, 이 빙하가 녹아 물로 변화하면 염분이 낮아진다. 그러나 해수에 녹아 있는 염류들 사이의 비율은 어느 바다에서나 거의 일정한데, 이를 **#염분비 일정 법칙**이라고 한다. 이는 오랜 세월 동안 바닷물이 끊임없이 움직이고 순환하면서 서로 섞이기 때문이다.

---

1 문단
위도에 따른 해수의 수온 분포: ☐에서 ☐로 갈수록 도달하는 태양 에너지의 양이 줄어들어 표층 수온이 낮아짐.

· 표층 여러 층으로 된 것의 겉을 이루고 있는 층.

2 문단
깊이에 따른 해수의 수온 분포: 태양 에너지와 바람의 영향에 따라 ☐ – ☐ – ☐ 으로 나뉨.

· 위도 지구 위의 위치를 나타내는 좌표축 중에서 가로로 된 것.
· 수심 강이나 바다, 호수 따위의 물의 깊이.
· 대류 기체나 액체에서, 물질이 이동함으로써 열이 전달되는 현상. 기체나 액체가 부분적으로 가열되면 가열된 부분이 팽창하면서 밀도가 작아져 위로 올라가고, 위에 있던 밀도가 큰 부분은 내려오게 되는데, 이런 과정이 되풀이되면서 기체나 액체의 전체가 고르게 가열된다.

3 문단
해수의 염류와 염분: 해수에 녹아 있는 염화 나트륨 등의 물질을 ☐라고 하며 해수 1,000g에 녹아 있는 염류의 총량을 g 수로 나타낸 것을 ☐이라고 함.

4 문단
해수의 염분 분포에 영향을 주는 요인: 강수량과 증발량의 차이, 담수의 유입, 해수가 녹거나 빙하가 녹는 정도 등이 해수의 ☐ 분포에 영향을 주지만, 해수에 녹아 있는 염류들 사이의 ☐은 어느 바다에서나 일정함.

· 담수 강이나 호수 따위와 같이 염분이 없는 물.

핵심 내용
파악하기

1 윗글에서 설명하고 있는 내용이 <u>아닌</u> 것은?

① 위도에 따른 해수의 온도

② 깊이에 따른 해수의 수온 분포

③ 해수에 녹아 있는 염류의 쓰임

④ 염분비 일정 법칙의 성립 이유

⑤ 염분의 변화에 영향을 주는 요인

세부 내용
파악하기

2 윗글의 내용과 일치하지 <u>않는</u> 것은?

① 고위도의 바다일수록 태양 에너지의 영향을 적게 받는다.

② 수심이 깊어질수록 태양 에너지가 적게 도달하여 수온이 낮아진다.

③ 해수면 부근의 혼합층은 바람의 혼합 작용으로 일정한 수온을 유지한다.

④ 수온이 급격히 낮아지는 수온 약층에서는 물질의 이동이 원활하게 일어난다.

⑤ 바닷물의 짜고 쓴 맛은 염류 중 염화 나트륨과 염화 마그네슘으로 인해 발생한다.

세부 내용
추론하기

 고난도

3 ㉠에 대한 추론으로 적절한 것은?

① 집중 호우가 발생하는 여름철은 겨울철보다 염분이 높게 나타난다.

② 하천수나 지하수의 유입량이 적은 바다일수록 염분이 높게 나타난다.

③ 강과 바다가 만나는 하구보다 바다의 중앙부일수록 염분이 낮게 나타난다.

④ 건조한 기후로 증발량이 강수량보다 많은 지역일수록 염분이 낮게 나타난다.

⑤ 해빙이 일어나는 지역은 염분이 높게, 결빙이 일어나는 지역은 염분이 낮게 나타난다.

사례에
적용하기

4 윗글의 내용을 바탕으로 할 때, <보기>의 실험 결과를 추론한 내용으로 적절한 것은?

┌─ 보기 ─

　염분이 30psu인 해수 1kg을 가져와 다음의 실험을 진행하였다. (가)는 염분이 30psu인 해수 1kg에 담수 500g을 투입하여 물의 양이 불어난 것이고, (나)는 원래의 조건에서 증발이 일어나 물의 양이 감소한 것이다.

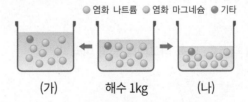

① (가)는 담수의 유입이 일어났으나 염분은 변화하지 않았다.

② (가)는 담수의 유입이 일어나면서 염류들 사이의 비율이 변화하였다.

③ (나)는 증발로 물의 양이 줄어들었으나 염분은 변화하지 않았다.

④ (나)는 증발로 물의 양이 줄어들면서 염류들 사이의 비율이 변화하였다.

⑤ (가)와 (나) 모두 염분 변화와 무관하게 염류들 사이의 비율이 일정하게 유지되었다.

개념 한눈에 보기

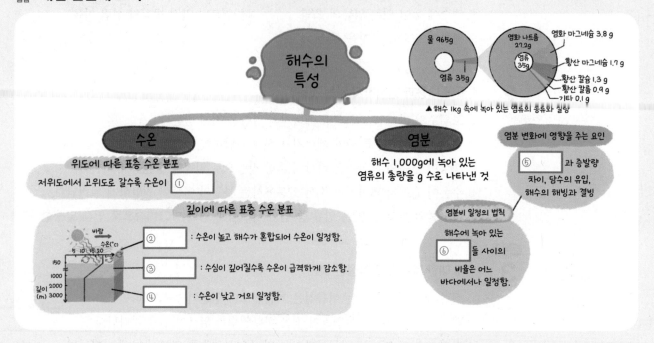

▲ 해수 1kg 속에 녹아 있는 염류의 종류와 실탕

물 965g / 염류 35g

염화 나트륨 27.2g / 염류 35g
염화 마그네슘 3.8 g
황산 마그네슘 1.7 g
황산 칼슘 1.3 g
황산 칼륨 0.9 g
기타 0.1 g

해수의 특성

수온

위도에 따른 표층 수온 분포
저위도에서 고위도로 갈수록 수온이 ①□□

깊이에 따른 표층 수온 분포

② □ : 수온이 높고 해수가 혼합되어 수온이 일정함.

③ □ : 수심이 깊어질수록 수온이 급격하게 감소함.

④ □ : 수온이 낮고 거의 일정함.

염분
해수 1,000g에 녹아 있는 염류의 총량을 g 수로 나타낸 것

염분 변화에 영향을 주는 요인
⑤ □ 과 증발량 차이, 담수의 유입, 해수의 해빙과 결빙

염분비 일정의 법칙
해수에 녹아 있는 ⑥ □ 들 사이의 비율은 어느 바다에서나 일정함.

교과 개념 사전

#혼합층 [혼:합층]
태양 에너지를 흡수하여 수온이 비교적 높게 나타나고, 바람의 영향으로 해수가 잘 섞여 수온이 일정하게 나타나는 층.

#수온 약층 [수온] [약층]
수온이 급격하게 변화하는 층. 수심이 얕은 혼합층과 수심이 깊은 심해층 사이에 분포한다.

#심해층 [심:해층]
수온 약층 아래에 위치하며 태양 에너지가 도달하지 못해 수온이 매우 낮고 변화가 거의 없는 층.

#염류 [염뉴]
해수에 녹아 있는 염화 나트륨, 염화 마그네슘 등의 여러 가지 물질.

#염분 [염분]
해수 1,000g에 녹아 있는 염류의 총량을 g 수로 나타낸 것.

#염분비 일정 법칙 [염분비] [일쩡] [법칙]
바닷물에 각 염류가 녹아 있는 비율은 어느 바다에서나 일정하다는 법칙.

교과 개념 확인 Quiz

다음 물음에 답하시오.

❶ 깊이에 따른 해수의 수온 분포는 □□□ □□와 바람에 따라 달라진다.

❷ 혼합층의 두께는 바람의 영향이 강할수록 두꺼워진다. ○ | X

❸ 수온 약층은 아래쪽 수온이 위쪽의 수온보다 낮아 대류가 일어나지 않는다. ○ | X

❹ 심해층은 태양 에너지가 도달하지 못해 수온 변화가 거의 일어나지 않는다. ○ | X

❺ 전 세계 해수의 평균 염분은 □□psu이고, 지역이나 계절에 따라 표층 염분은 달라진다.

❻ 해수에 녹아 있는 염류들 사이의 □□은 전 세계 어느 바다에서 일정하다.

바닷물이 어딘가로 다 빠져나갔다고?

STCP 1 교과 개념 💡 생각 열기

📋 무엇을 배울까?

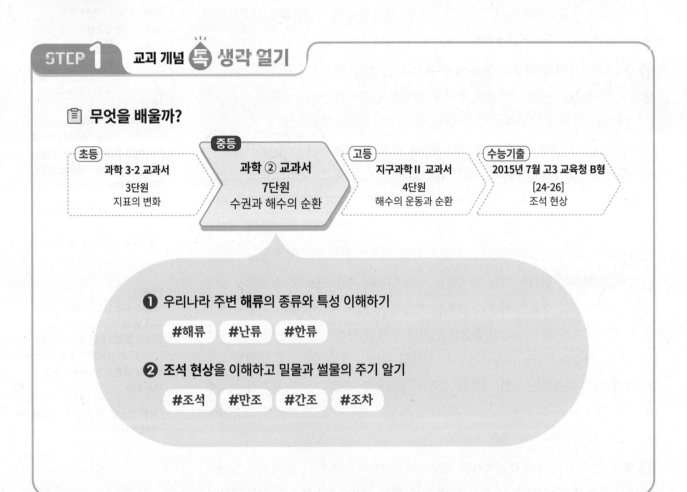

초등	중등	고등	수능기출
과학 3-2 교과서 3단원 지표의 변화	과학 ② 교과서 7단원 수권과 해수의 순환	지구과학 II 교과서 4단원 해수의 운동과 순환	2015년 7월 고3 교육청 B형 [24-26] 조석 현상

❶ 우리나라 주변 **해류**의 종류와 특성 이해하기

#해류 #난류 #한류

❷ 조석 현상을 이해하고 밀물과 썰물의 주기 알기

#조석 #만조 #간조 #조차

고무 오리의 대모험

    1992년 홍콩을 출발하여 미국으로 가던 화물선이 북태평양 해상에서 폭풍우를 만나 침몰할 뻔한 사건이 있었다. 이 화물선에는 목욕용 장난감으로 쓰이는 고무 오리 수만 개가 실려 있었고, 고무 오리들은 대거 쏟아져 나와 바다에 빠지고 말았다. 이 사고는 뜻밖의 결과를 불러왔다. 고무 오리들이 무려 20여 년 동안이나 해류를 타고 호주, 캐나다, 미국을 거쳐 유럽에 이르기까지 그야말로 전 세계를 돌여 여행한 것이다. 고무 오리의 행로는 해양학자들의 해류 연구에 큰 도움이 되었고 사람들은 고무 오리에 사랑과 평화를 전해 준다는 의미를 부여했다고 한다.

❓ 생각해 보기 고무 오리는 어떻게 20여 년 동안이나 바다를 여행할 수 있었을까?

1 제주도 바다에 빠진 유리병이 시간이 흘러 멀리 떨어진 의외의 장소에서 발견되는 경우가 있다. 이는 해수에 일정한 흐름이 있기 때문인데, 이처럼 오랜 기간 동안 일정한 방향으로 흐르는 지속적인 해수의 흐름을 #해류라고 한다. 해류는 상대적 수온에 따라 저위도에서 고위도로 흐르는 따뜻한 해류인 #난류와 고위도에서 저위도로 흐르는 찬 해류인 #한류로 구분할 수 있다.

2 우리나라 주변의 해류 가운데 가장 규모가 큰 것은 쿠로시오 해류이다. 이는 북태평양의 서쪽 해역에서 북상하는˙ 해류로, 우리나라 난류의 근원이다. 쿠로시오 해류의 일부는 우리나라 쪽으로 흘러들어와, 황해로 흐르는 황해 난류와 동해안을 따라 북상하는 동한 난류를 이룬다. 연해주 한류는 오호츠크해에서 해안을 따라 남하하는데˙, 그중 일부는 동해안을 따라 남하하여 북한 한류를 이룬다. 이러한 해류의 흐름은 주변 지역의 기온에 영향을 미쳐 난류가 강하게 흐르는 지역은 그렇지 않은 지역에 비해 기온이 높다.

3 난류와 한류가 만나는 조경 수역에는 영양 염류와 용존 산소량˙이 많아서 플랑크톤이 풍부하고, 한류성 어종과 난류성 어종이 모두 모여들어 좋은 어장이 형성된다. 우리나라의 경우 동해의 울릉도 근처에서 동한 난류와 북한 한류가 만나 조경 수역을 이룬다. 다만, 겨울에는 북한 한류의 세력이 강하므로 조경 수역의 위치가 남하하고, 여름에는 동한 난류의 세력이 강하므로 조경 수역의 위치가 북상한다. 황해의 경우 난류가 약하고, 고위도에서 형성된 한류가 없기 때문에 조경 수역이 나타나지 않는다.

4 한편, 우리나라의 서해안에서는 바닷물이 육지 쪽으로 밀려 들어오는 밀물과 다시 바다 쪽으로 빠져나가는 썰물을 잘 볼 수 있다. 이와 같은 밀물과 썰물에 의해 해수면이 주기적으로 높아졌다 낮아졌다 하는 현상을 #조석이라 하고, 조석 현상에 의해 생기는 수평적인 바닷물의 흐름을 조류라고 한다. 해수면의 높이는 하루에 약 두 번 높아지거나 낮아지는데, 밀물로 인해 해수면이 가장 높아진 때를 #만조, 썰물로 인해 해수면의 높이가 가장 낮아진 때를 #간조라고 한다.

5 만조와 간조 때 발생하는 해수면의 높이 차를 #조차라고 한다. 조차는 지역에 따라 다르게 나타나는 특징이 있다. 우리나라 주변의 바다에서 조차는 서해안에서 가장 크고 동해안에서 가장 작은데, 조차가 큰 서해안에서는 넓은 갯벌이 만들어진다. 또, 조차는 매일 조금씩 달라진다. 따라서 만조와 간조가 일어나는 시간을 알면 고기잡이배의 입출항˙이나 어패류˙ 채취를 제때에 할 수 있다. 간조 때 해수면이 낮아져 해저 지형이 바다 위로 노출되면서 바닷길이 형성되는 지역에서는 이를 관광 자원으로 이용하기도 한다.

1 문단
해류의 개념과 구분: 오랜 기간 동안 일정한 방향으로 흐르는 지속적인 해수의 ☐☐을 해류라고 하며, 상대적 수온에 따라 ☐☐와 ☐☐로 구분함.

2 문단
우리나라 주변의 해류: ☐☐☐☐☐는 우리나라 난류의 근원으로, 황해 난류와 동한 난류를 이룸. 연해주 한류의 일부는 북한 한류를 이룸.

· 북상하다 북쪽을 향하여 올라가다.
· 남하하다 남쪽으로 내려가다.

3 문단
조경 수역의 형성과 이동: 조경 수역은 영양 염류와 용존 산소량이 많아서 플랑크톤이 풍부하고 좋은 ☐☐이 형성되는데, 우리나라는 동해의 울릉도 근처에서 조경 수역을 이룸.

· 용존 산소량 하천, 호수 등의 물속에 녹아 있는 산소의 양.

4 문단
조석 현상의 개념: 조석은 밀물과 썰물에 의해 ☐☐☐이 주기적으로 높아졌다 낮아졌다 하는 현상으로, ☐☐와 ☐☐가 각각 하루에 두 번씩 발생함.

5 문단
조석 현상의 이용: 만조와 간조 때 발생하는 해수면의 ☐☐를 조차라고 하며, 조석 현상을 실생활에 활용할 수 있음.

· 입출항 배가 항구로 들어오거나 항구를 떠나가는 일.
· 어패류 어류와 조개류를 아울러 이르는 말.

핵심 내용 파악하기

1 윗글에서 알 수 있는 내용이 <u>아닌</u> 것은?

① 해류와 조류의 차이

② 해류가 발생하는 원인

③ 한류와 난류가 이동하는 방향

④ 우리나라의 조경 수역을 형성하는 해류

⑤ 우리나라 조경 수역의 계절별 위치 변화

세부 내용 파악하기

2 윗글의 내용과 일치하지 <u>않는</u> 것은?

① 조차가 큰 지역에서는 넓은 갯벌이나 바닷길을 볼 수 있다.

② 난류가 흐르는 해안은 같은 위도의 다른 지역보다 따뜻하다.

③ 한류와 난류가 만나는 지역은 영양 염류와 용존 산소량이 많다.

④ 쿠로시오 해류는 우리나라 주변을 흐르는 모든 해류의 근원이다.

⑤ 밀물과 썰물은 조석에 의해 생기는 수평적인 바닷물의 흐름이다.

세부 내용 추론하기

고난도

3 [조석 현상]에 대한 설명으로 적절한 것만을 <보기>에서 있는 대로 고른 것은?

> ·보기·
>
> ㄱ. 밀물은 간조에서 만조 사이에 일어난다.
>
> ㄴ. 만조에서 간조 사이에 해수면이 하강한다.
>
> ㄷ. 조석에 의해 일정한 주기로 바닷물의 흐름이 변화한다.

① ㄱ　　　　　② ㄴ　　　　　③ ㄱ, ㄴ

④ ㄴ, ㄷ　　　　　⑤ ㄱ, ㄴ, ㄷ

사례에 적용하기

수능찍먹

4 윗글을 바탕으로 <보기>를 이해한 내용으로 적절하지 <u>않은</u> 것은?

> ·보기·
>
> 다음은 어느 해안 지역에서 하루 동안 측정한 해수면의 높이 변화 그래프이다.
>
>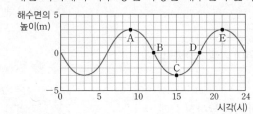

① A와 E일 때 만조를 관측할 수 있다.

② 물이 들어오는 B일 때 낚시를 즐길 수 있다.

③ 이 해안 지역에서 발생한 조차는 약 6m이다.

④ 갯벌에서 조개를 주우려면 C일 때 나가야 한다.

⑤ D일 때는 바닷물의 흐름이 B일 때와는 반대로 달라진다.

STEP 3 교과 개념 핵심 정리

🔖 개념 한눈에 보기

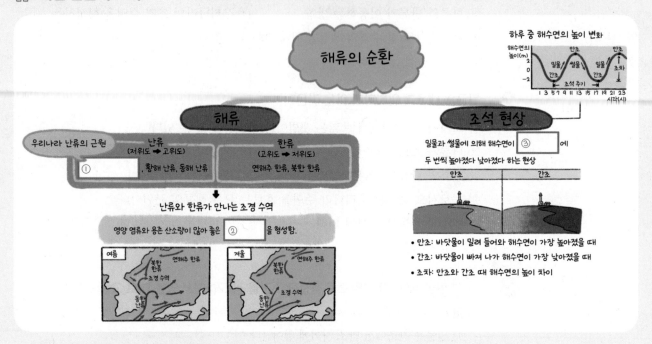

📖 교과 개념 사전

#해류 [해ː류]
오랜 기간 동안 일정한 방향으로 흐르는 지속적인 해수의 흐름.

#난류 [날ː류]
저위도 지역에서 고위도 지역으로 흐르는 따뜻한 해류.

#한류 [할류]
고위도 지역에서 저위도 지역으로 흐르는 찬 해류.

#조석 [조석]
밀물과 썰물에 의해 해수면이 하루에 두 번씩 주기적으로 높아졌다 낮아졌다 하는 현상.

#만조 [만ː조]
바닷물이 밀려 들어와 해수면이 가장 높아진 상태.

#간조 [간조]
바닷물이 빠져나가 해수면이 가장 낮아진 상태.

#조차 [조차]
만조와 간조 때 해수면의 높이 차이.

교과 개념 확인 Quiz 🔍

다음 물음에 답하시오.

❶ ☐☐는 저위도에서 고위도로 흐르는 따뜻한 해류이고, ☐☐는 고위도에서 저위도로 흐르는 찬 해류이다.

❷ ☐☐☐☐은 한류와 난류가 만나는 영역으로 난류성 어종과 한류성 어종이 모두 모여들어 좋은 어장이 만들어진다.

❸ 오랜 기간 동안 일정한 방향으로 흐르는 지속적인 해수의 흐름을 조류라고 한다. ○ | ✕

❹ 밀물과 썰물로 인해 해수면의 높이가 주기적으로 높아졌다 낮아졌다 하는 현상을 조석이라고 한다. ○ | ✕

❺ 썰물로 인해 해수면이 가장 낮아졌을 때를 간조라고 한다. ○ | ✕

❻ 만조와 간조 때의 해수면 높이 차이를 계산하면 ☐☐를 알 수 있다.

열은 어떤 방법으로 이동할까?

📋 **무엇을 배울까?**

초등	중등	고등	수능기출
과학 5-1 교과서 2단원 온도와 열	과학 ② 교과서 8단원 열과 우리 생활	물리학 I 교과서 1단원 역학과 에너지	2010년 3월 고3 교육청 [47-50] 열전 현상과 열전 반도체

❶ **열의 이동 방식 이해하기**

　#전도　#복사　#대류　#단열

❷ **열평형의 개념과 과정 이해하기**

　#열평형

❓ 생각해 보기　뜨거운 물에 탄 코코아가 찬물에 탄 코코아보다 더 잘 녹는 까닭은 무엇일까?

1 우리 눈에 보이지는 않지만 모든 물체는 스스로 끊임없이 운동하는 작은 입자°로 구성되어 있다. 이러한 입자들의 움직임은 물체의 온도에 영향을 받는다. 온도는 물체의 따뜻함이나 차가움의 정도를 수치°로 나타낸 값으로, 물체의 온도가 높으면 물체를 구성하는 입자의 운동이 활발해지고, 물체의 온도가 낮으면 입자의 운동이 둔해진다. 그렇다면 물체의 온도는 무엇 때문에 달라지는 것일까? 바로 '열'이다. 열을 얻으면 물체의 온도는 올라가고, 열을 잃으면 물체의 온도는 다시 내려간다.

2 열은 전도, 복사, 대류의 방법으로 이동한다. **#전도**는 주로 고체에서 물질을 이루고 있는 입자들이 서로 충돌하면서 열이 이동하는 현상이다. ㉠겨울에 전기장판을 사용하면 우리 몸이 데워지는 것을 느낄 수 있는데, 이는 따뜻한 전기장판의 입자들이 활발하게 움직여 사람의 피부 입자와 충돌하면서 열을 전달하기 때문이다. **#복사**는 열이 다른 물질을 거치지 않고 직접 이동하는 현상이다. 난로 가까이에서 손을 쬐거나 태양 아래 서 있으면 따뜻함을 느끼는 것은 열이 다른 물질을 거치지 않고 직접 이동했기 때문이다. **#대류**는 액체나 기체에서 물질을 이루는 입자들이 직접 이동하며 열을 전달하는 방법이다. 주전자에 찬물을 넣고 가열하면 열을 얻어 뜨거워진 아래쪽 물이 위로 올라가고 상대적으로 차가운 위쪽 물이 아래로 내려와 물 전체가 고르게 데워지는 것을 확인할 수 있는데, 이는 대류를 통해 열의 전달이 일어났기 때문이다. 대류가 이루어질 때는 온도가 높은 액체나 기체는 위로 올라가고 온도가 낮은 액체나 기체는 아래로 내려오는 특징이 있으므로 냉난방 기구는 이런 열의 이동 방향을 고려하여 설치하는 것이 좋다. 열이 이동할 때는 전도, 복사, 대류 중 두세 가지 방법이 함께 이루어지기도 한다. 벽난로를 켰을 때 점차 방 안 전체가 훈훈해지는 것은 열이 복사에 의해 먼저 이동하고, 이 열이 공기를 데우며 대류가 일어나 주위로 퍼져나갔기 때문이다.

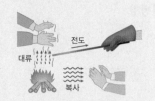

\<열의 이동 방법\>

3 만약 온도가 다른 두 물체가 접촉하면 어떤 일이 일어날까? 온도가 다른 물체를 접촉시키면 온도가 높은 물체의 열이 온도가 낮은 물체로 이동하여 결국 두 물체의 온도가 같아지는 **#열평형**에 도달한다. 갓 삶은 뜨거운 달걀을 찬물에 담가 두면 시간이 지나 달걀과 물이 모두 미지근해지는 것이 그 예이다.

4 이와 달리 **#단열**은 전도, 대류, 복사에 의한 열의 이동을 막아 물체의 온도 변화를 줄이는 방법이다. 솜이나 스타이로폼, 알루미늄 등은 우리 생활에 다양하게 이용되는 단열재이다. 공기 중에서는 열의 전도가 매우 느리게 일어나기 때문에 솜이나 스타이로폼과 같이 내부에 공기를 많이 포함한 물질은 전도에 의한 열의 이동을 막는다. 또한 은이나 알루미늄은 복사로 전달되는 열을 반사하기 때문에 복사에 의한 열의 이동을 막는 데 효과적이다.

---

1 문단
온도와 입자의 운동 관계: 온도가 [   ] 물체는 입자의 운동이 활발하고, 온도가 [   ] 물체는 입자의 운동이 둔함.

• 입자 물질을 구성하는 미세한 크기의 물체.
• 수치 계산하여 얻은 값.

2 문단
여러 가지 열의 이동 방법
• 전도: 물질을 구성하는 입자들이 서로 [   ]하며 열이 이동하는 현상
• [   ]: 열이 다른 물질을 거치지 않고 직접 이동하는 현상
• [   ]: 물질을 이루는 입자들이 직접 이동하며 열을 전달하는 현상

3 문단
열의 이동과 열평형: 온도가 다른 두 물체가 접촉하면 열이 온도가 높은 물체에서 낮은 물체 쪽으로 이동하며 두 물체 온도가 같아지는 [   ]에 도달함.

4 문단
열의 이동을 막는 단열: 솜이나 스타이로폼, 알루미늄 등을 활용하여 열의 이동을 막음으로써 물체의 온도 [   ]를 줄임.

핵심 내용
파악하기

1 윗글을 이해한 내용으로 가장 적절한 것은?

① 열은 온도가 낮은 곳에서 높은 곳으로 이동한다.

② 전도는 떨어져 있는 물체 사이에서는 일어날 수 없다.

③ 온도가 높아지면 물체를 이루는 입자의 수가 많아진다.

④ 복사는 물질의 입자가 직접 이동하며 열을 전달하는 방식이다.

⑤ 대류는 열이 다른 물질의 도움 없이 전달되어 이동 속도가 빠르다.

세부 내용
추론하기

2 윗글을 통해 이끌어 낼 수 있는 내용으로 적절하지 <u>않은</u> 것은

① 물체의 온도는 그 물체를 구성하는 입자의 운동이 활발한 정도와 비례한다.

② 단열이 잘 된 건물은 열의 이동을 차단하여 내부와 외부가 열평형을 이룬다.

③ 에어컨을 위쪽에 두고, 난로를 아래쪽에 두면 효율적인 냉난방을 할 수 있다.

④ 음식을 따뜻하게 전달하려면 배달 가방의 안감을 알루미늄 소재로 만들어야 한다.

⑤ 온도가 다른 두 물체가 접촉했을 때 각 물체가 잃은 열의 양과 얻은 열의 양은 같다.

사례에
적용하기

고난도

3 ㉠과 관련한 사례로 적절하지 <u>않은</u> 것은?

① 차가운 물에 손을 담그면 차갑게 느껴진다.

② 프라이팬의 손잡이를 플라스틱으로 만든다.

③ 뜨거운 국에 담긴 금속 숟가락이 뜨거워진다.

④ 추운 날 금속 의자에 앉으면 차갑게 느껴진다.

⑤ 양지의 눈이 음지의 눈보다 빨리 녹아 물이 된다.

사례에
적용하기

4 윗글을 참고할 때, <보기>의 ⓐ~ⓒ에 들어갈 말이 모두 적절하게 묶인 것은?

• 보기 •

보온병은 내벽과 외벽의 이중 구조로 되어 있으며, 내벽과 외벽 사이는 진공 상태에 가깝다. 진공 상태에서는 운동하는 기체 입자가 거의 존재하지 않으므로 (ⓐ)에 의한 열의 이동을 막을 수 있고, 충돌하며 열을 전달할 만한 물질이 없으므로 (ⓑ)로 일어나는 열의 이동도 막을 수 있다. 그리고 내벽 안쪽은 대개 열을 잘 반사하는 은으로 도금되어 있어, (ⓒ)에 의한 열의 이동을 막아 내용물의 온도를 오랫동안 유지할 수 있다.

	ⓐ	ⓑ	ⓒ
①	전도	복사	대류
②	전도	대류	복사
③	대류	복사	전도
④	대류	전도	복사
⑤	복사	대류	전도

📒 개념 한눈에 보기

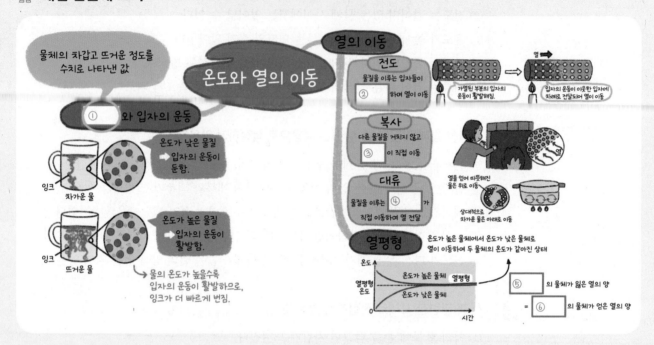

물체의 차갑고 뜨거운 정도를 수치로 나타낸 값

온도와 열의 이동

열의 이동

전도
물질을 이루는 입자들이
②   하여 열이 이동

가열된 부분의 입자의 운동이 활발해짐.

입자의 운동이 이웃한 입자에 차례로 전달되어 열이 이동

복사
다른 물질을 거치지 않고
③   이 직접 이동

대류
물질을 이루는 ④   가
직접 이동하며 열 전달

열을 얻어 따뜻해진 물은 위로 이동

상대적으로 차가워진 물은 아래로 이동

열평형

온도가 높은 물체에서 온도가 낮은 물체로 열이 이동하여 두 물체의 온도가 같아진 상태

온도

온도가 높은 물체   열평형

열평형 온도

온도가 낮은 물체

0   시간

⑤   의 물체가 잃은 열의 양

= ⑥   의 물체가 얻은 열의 양

①   와 입자의 운동

온도가 낮은 물질
➡ 입자의 운동이 둔함.

잉크   차가운 물

온도가 높은 물질
➡ 입자의 운동이 활발함.

잉크   뜨거운 물

↳ 물의 온도가 높을수록 입자의 운동이 활발하므로, 잉크가 더 빠르게 번짐.

📖 **교과 개념** 사전

#전도 [전도]
주로 고체에서 물질을 이루고 있는 입자들이 충돌하면서 열이 이동하는 방법.

#복사 [복싸]
열이 다른 물질을 거치지 않고 직접 이동하는 방법. 전도나 대류에 비해 열의 전달이 매우 빠르다.

#대류 [대:류]
기체나 액체에서, 물질을 이루는 입자가 직접 이동함으로써 열이 전달되는 현상.

#열평형 [열평형]
서로 온도가 다른 두 물체를 접촉시켰을 경우에, 온도가 높은 물체에서 온도가 낮은 물체로 열이 이동하여 두 물체의 온도가 같아졌을 때 열의 흐름이 정지되는 상태.

#단열 [다:녈]
물체와 물체 사이에 열이 서로 통하지 않도록 막는 것.

교과 개념 확인 **Quiz** 🔍

다음 물음에 답하시오.

❶ 온도는 물체의 따뜻함이나 차가움의 정도를 수치로 나타낸 것이다.   ◯ | ✕

❷ 다른 물질의 도움 없이 열이 직접 이동하는 것을 전도라고 한다.   ◯ | ✕

❸ 고체 입자가 서로 충돌하며 열이 이동하는 것을 복사라고 한다.   ◯ | ✕

❹ 열의 대류는 공기와 같은 기체뿐만이 아니라 물과 같은 액체에서도 일어난다.   ◯ | ✕

❺ 열의 대류, 전도, 복사를 막는 것을 ☐☐이라고 한다.

❻ 온도가 다른 두 물체가 접촉한 후 시간이 흐르면 두 물체의 온도가 같아지는 ☐☐☐을 이룬다.

2

≫ 물리학

열을 받으면 커지는 것들이 있다고?

STEP **1** 교과 개념 💡 생각 열기

📋 **무엇을 배울까?**

초등	중등	고등	수능기출
과학 5-1 교과서 2단원 온도와 열	과학 ② 교과서 8단원 열과 우리 생활	물리학 I 교과서 1단원 역학과 에너지	COMING SOON

❶ **비열의 개념을 알고, 물질에 따라 비열이 다름을 이해하기**

#열량   #비열

❷ **열팽창의 개념을 알고, 물질에 따라 열팽창 정도가 다름을 이해하기**

#열팽창   #바이메탈

❓ **생각해 보기**   겹쳐진 컵이 뜨거운 물에서 쉽게 분리된 이유는 무엇일까?

1 물체에 열을 가하면 마땅히 그 물체의 온도는 올라간다. 그런데 같은 조건이라고 할지라도 어떤 물질은 온도가 빨리 변화하지만 어떤 물질은 온도가 잘 변화하지 않는다. 예를 들어 동일한 양의 물과 콩기름을 동일한 **#열량**으로 하여 같은 시간 동안 가열하면* 콩기름의 온도가 더 많이 올라가는 것을 확인할 수 있다. 이는 물질의 종류에 따라 온도를 높이는 데 필요한 열량이 다르다는 것을 의미한다.

2 어떤 물질 1kg의 온도를 1℃ 높이는 데 필요한 열량을 그 물질의 **#비열**이라고 하며, 단위는 ㎉/(kg·℃)를 사용한다. 비열은 물질의 종류에 따라 고유한* 값을 가진다. 물의 비열은 1㎉/(kg·℃)로 모든 물질 중 가장 크다. 물의 비열을 1로 볼 때, 철은 0.11, 모래는 0.19, 알루미늄은 0.21, 콩기름은 0.40이다. 이때 비열이 클수록 온도 변화는 작게 일어난다. 여름철 바닷가의 모래는 뜨거운데 바닷물은 시원한 이유도 물의 비열이 모래의 비열보다 크기 때문이다. 동일한 원리로 같은 시간 동안 햇볕을 받더라도 비열이 작은 모래의 온도는 물의 온도보다 더 높이 올라간다. ㉠분식점에서 양은 냄비*에 라면을 끓이는 것도 같은 이유이다. 만약 양은 냄비 대신 비열이 높은 뚝배기에 라면을 끓인다면 면이 늦게 익으며 퉁퉁 불어 버릴 것이다.

3 한편, 대부분의 물질은 열을 받으면 길이나 부피에 변화를 겪는다. 열로 인해 온도가 올라가면 물질을 이루는 입자의 운동이 활발해져 입자와 입자 사이의 거리가 멀어지기 때문이다. 이처럼 열에 의해 물체의 길이 또는 부피가 늘어나는 현상을 **#열팽창**이라고 한다. 고체의 열팽창은 우리가 잘 느끼지 못하지만, 상황에 따라 약간의 부피 변화가 나타난다. 가령 컵에 뜨거운 물을 부었을 때 열로 인해 컵의 안쪽이 팽창하는* 것을 관찰할 수 있다. 건물이나 시설을 만들 때에도 이러한 열팽창을 고려한다. 철도의 선로 이음새에 틈을 만드는 것은 뜨거운 여름에 쇠로 된 선로가 열팽창으로 인해 휘는 상황을 대비하기 위한 것이다.

4 열팽창의 정도는 물질마다 다르다. 같은 조건에서 알루미늄은 철보다 약 2배 이상 팽창한다. 따라서 여러 가지 재료를 이용하여 건물이나 도로 등을 지을 때에는 각 재료의 열팽창률을 고려해야 한다. 콘크리트와 철근*은 열팽창 정도가 비슷하여 함께 사용해도 온도 상승에 따른 변형*이 작기 때문에 건물의 주요 재료로 이용되고 있다. 이와는 반대로 물질마다 열팽창이 다른 성질을 이용한 도구도 있다. 〈그림〉과 같이 **#바이메탈**은 열팽창 정도가 다른 두 개의 금속을 붙여 놓은 것인데, 일정 수준 이상으로 온도가 올라가면 팽창이 잘 안 되는 쪽으로 휘어지는 특성이 있다. 이런 점 때문에 전기 기구의 온도 조절 장치나 화재 경보기 등에 바이메탈이 많이 사용된다. 특정 온도에 도달하면 열팽창 정도가 작은 쪽으로 휘어지며 전기 회로에 영향을 주어 전류를 차단하거나 경보음이 울리는 방식이다.

<그림>

---

1 문단
물질의 온도 상승과 열량의 관계: 물질의 종류에 따라 온도를 높이는 데 필요한 [ ]이 다름.

· 가열하다 어떤 물질에 열을 가하다.

2 문단
[ ]의 개념 및 특성: 비열은 물질 1kg의 온도를 1℃ 높이는 데 필요한 [ ]으로, 물질의 종류에 따라 고유한 값을 지님.

· 고유하다 본래부터 가지고 있어 특유하다.
· 양은 냄비 구리, 아연, 니켈 따위를 합금하여 만든 금속으로 만든 냄비.

3 문단
[ ]의 개념: [ ]을 가할 때 물질을 이루는 입자의 운동이 활발해져 물체의 길이 또는 [ ]가 늘어나는 현상을 의미함.

· 팽창하다 부풀어서 부피가 커지다.

4 문단
열팽창 현상을 활용한 [ ]: 바이메탈은 [ ] 정도가 다른 두 물질을 붙여 놓은 것으로, 일정한 온도 이상이 되면 팽창이 잘 안 되는 쪽으로 휘는 특성이 있음.

· 철근 콘크리트 속에 묻어서 콘크리트를 보강하기 위하여 쓰는 막대 모양의 철로 된 재료.
· 변형 모양이나 형태가 달라지거나 달라지게 함. 또는 그 달라진 형태.

세부 내용
파악하기

1 윗글의 내용과 일치하지 **않는** 것은?

① 물질마다 열팽창이 일어나는 정도가 다르다.

② 비열이 작을수록 온도 변화가 작게 일어난다.

③ 물질마다 온도를 높이는 데 필요한 열량이 다르다.

④ 열팽창 현상은 안전을 위한 장치에 활용되기도 한다.

⑤ 온도가 높아지면 물질을 이루는 입자의 운동이 활발해진다.

세부 내용
추론하기

2 윗글에서 이끌어 낸 내용으로 적절하지 **않은** 것은?

① 물 1kg의 온도를 1℃ 높이는 데는 1kcal의 열량이 필요하겠군.

② 비열이나 열팽창 정도를 활용하면 물질의 종류를 구분할 수 있겠군.

③ 철길의 선로를 끊지 않고 길게 이어 만들면 더운 날에 휘어질 수 있겠군.

④ 철과 알루미늄을 붙여서 만든 바이메탈에 열을 가하면 알루미늄 쪽으로 휘겠군.

⑤ 열팽창률 차이가 큰 재료들로 지은 건물은 고온의 날씨에 변형될 위험이 있겠군.

세부 내용
추론하기

고난도

3 ㉠의 구체적인 의미로 가장 적절한 것은?

① 양은 냄비는 비열이 작기 때문에 물이 끓는 속도가 빨라져 면이 빨리 익는다.

② 양은 냄비는 비열이 크기 때문에 물이 끓는 속도가 빨라져 면이 빨리 익는다.

③ 양은 냄비는 비열이 작기 때문에 물이 끓는 속도가 느려져 면이 천천히 익는다.

④ 양은 냄비는 비열이 크기 때문에 물이 끓는 속도가 느려져 면이 천천히 익는다.

⑤ 양은 냄비는 비열이 크기 때문에 물의 온도가 더 높이 올라가 면이 빨리 익는다.

사례에
적용하기

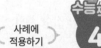

4 윗글을 참고할 때, <보기>의 ⓐ~ⓒ에 들어갈 말이 모두 적절하게 묶인 것은?

> **• 보기 •**
>
> 　비열은 해풍과 육풍에도 영향을 미친다. 기본적으로 차가운 공기는 하강하고, 따뜻한 공기는 상승하는데, 햇볕이 내리쬐는 낮에는 비열이 (ⓐ) 육지의 온도가 바다보다 빨리 (ⓑ) 육지의 공기가 (ⓒ)한다. 그럼 공기가 빠져나간 육지의 빈자리를 채우기 위해 바다의 차가운 공기가 이동을 하며 바다에서 육지로 해풍이 불게 된다. 밤에는 이와 반대되는 현상이 일어나 육지에서 바다로 육풍이 분다.

	ⓐ	ⓑ	ⓒ
①	작은	낮아지므로	상승
②	작은	높아지므로	상승
③	작은	높아지므로	하강
④	큰	높아지므로	상승
⑤	큰	낮아지므로	하강

🔖 개념 한눈에 보기

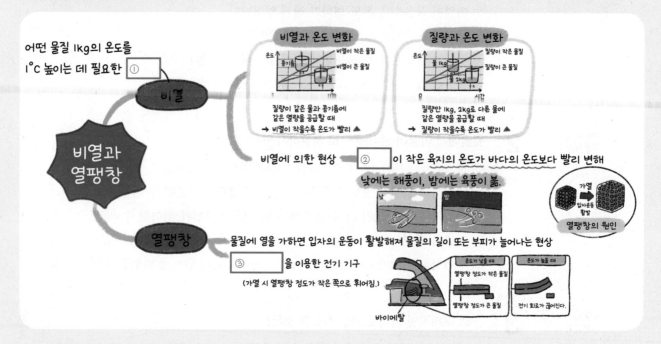

📖 교과 개념 사전

#열량 [열량]
열에너지의 양.

#비열 [비·열]
물질 1kg의 온도를 1°C 올리는 데 드는 열량. 물의 비열은 1kcal/(g·°C)로서, 모든 물질 가운데 가장 크다.

#열팽창 [열팽창]
물체의 온도가 올라감에 따라 그 길이, 면적, 부피가 늘어나는 현상.

#바이메탈
열팽창률이 서로 다른 두 개의 얇은 쇠붙이를 한데 붙여 합친 것. 온도가 높아지면 팽창률의 차이 때문에 그 길이가 서로 달라져 팽창률이 작은 쇠붙이 쪽으로 구부러지고, 온도가 낮아지면 그 반대쪽으로 구부러진다. 온도계, 화재경보기, 온도 조절기 따위에 쓴다.

교과 개념 확인 Quiz 🔍

다음 물음에 답하시오.

❶ 물질의 종류에 따라 온도를 높이는 데 필요한 열량에 차이가 있다.　　　○ ｜ X

❷ 물의 비열은 모든 물질 중에서 가장 크다.　　　○ ｜ X

❸ 물질의 비열은 ☐ 의 비열을 기준으로 하여 나타낼 수 있다.

❹ 비열이 큰 물질일수록 온도 변화가 쉽게 일어난다.　　　○ ｜ X

❺ 대부분의 물질은 온도가 올라가면 길이나 부피 등이 변화한다.　　　○ ｜ X

❻ 바이메탈은 온도가 올라가면 열팽창률이 큰 쪽으로 구부러진다.　　　○ ｜ X

1

≫화학

나무를 태우면 질량이 줄어들까?

📅   월   일

STEP 1   교과 개념 **톡** 생각 열기

📋 **무엇을 배울까?**

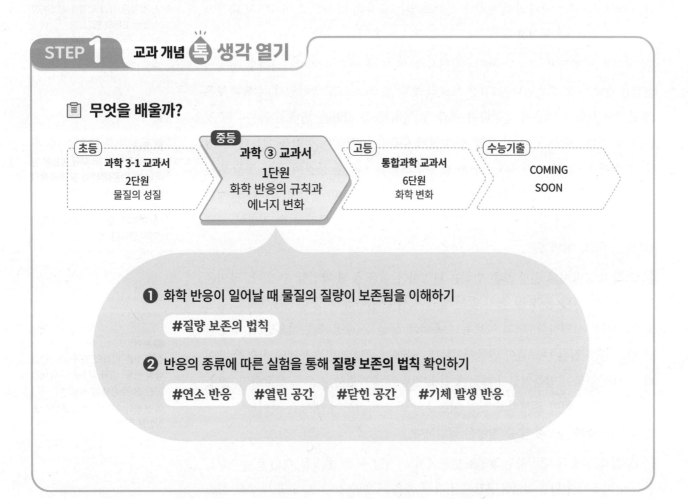

초등	중등	고등	수능기출
과학 3-1 교과서 2단원 물질의 성질	과학 ③ 교과서 1단원 화학 반응의 규칙과 에너지 변화	통합과학 교과서 6단원 화학 변화	COMING SOON

❶ 화학 반응이 일어날 때 물질의 질량이 보존됨을 이해하기

#질량 보존의 법칙

❷ 반응의 종류에 따른 실험을 통해 **질량 보존의 법칙** 확인하기

#연소 반응   #열린 공간   #닫힌 공간   #기체 발생 반응

❓ **생각해 보기**   나무의 질량과 나무를 태우고 남은 재의 질량은 같을까, 다를까?

1 무게와 질량은 같은 말일까? 무게는 어떤 물체에 작용하는 중력의 크기를 말하는 것으로, 중력이 변하면 측정되는 무게의 값도 달라진다. 달은 지구 중력의 1/6밖에 되지 않으므로 달에서 잰 물체의 무게는 지구에서 잰 물체 무게의 1/6이 된다. 그러나 질량은 각각의 물체마다 가지고 있는 고유의 양이므로 어디에서 측정하더라도 그 값은 늘 일정하다.

2 프랑스의 화학자 라부아지에는 실험을 통해 화학 반응이 일어나더라도 물질의 질량은 동일하게 보존된다는 '질량 보존의 법칙'을 최초로 증명하였다. **#질량 보존의 법칙**이란 화학 반응이 일어나기 전과 후 물질의 총 질량은 변하지 않는다는 것이다. 라부아지에는 밀폐된* 유리 용기 안에 수은을 가열하는 실험을 했는데, 며칠 후 그 안에 남아 있는 기체의 질량은 감소하고 붉은색의 새 물질이 생긴 것을 발견했다. 그리고 반복 실험을 하며 정밀 저울을 통해 반응 전후 물질의 질량을 측정한 결과, 화학 반응이 일어나기 전 물질의 총 질량과 반응 후 물질의 총 질량이 서로 같다는 사실을 알아냈다.

3 화학 반응에서의 질량 보존 법칙은 다양한 실험을 통해 확인할 수 있다. 양이온과 음이온이 만나 물에 잘 녹지 않는 앙금이 생성되는 앙금 생성 반응에서도 질량 보존 법칙은 성립한다. 염화 나트륨 수용액과 질산 은 수용액을 섞으면 흰색 앙금인 염화 은과 질산 나트륨이 만들어지는데, 원래는 투명했던 수용액에서 염화 은이라는 고체 앙금이 만들어졌기 때문에 얼핏 질량이 증가했을 것으로 생각하기 쉽다. 하지만 앙금은 이미 존재하고 있던 이온들의 조합이 바뀌어 생성된 것이므로 반응물의 총 질량과 생성물의 총 질량은 동일하다.

4 물질과 산소가 결합하는 **#연소 반응**에서도 질량 보존 법칙을 확인할 수 있다. 물질의 이동이 원활한 **#열린 공간**에서 강철 솜을 태우면 강철 솜이 공기 중의 산소와 결합하여 산화 철이 생성되므로, 반응하면서 결합한 산소의 질량만큼 반응 후 질량이 증가한다. 그러나 물질의 이동이 차단된 **#닫힌 공간**에서 실험한 후 반응 전후의 질량을 측정해 보면 전체 질량은 변하지 않는다는 것을 알 수 있다. 연소 반응 시 결합한 산소의 질량을 반응 전후로 모두 고려하면 전체 질량은 변하지 않는 것이다. **#기체 발생 반응**에서도 반응 전후에 질량이 변화하는 것처럼 보이지만, 공기 중으로 날아간 기체의 질량까지 고려한다면 이때도 질량 보존 법칙은 성립한다.

5 이처럼 물질의 질량이 보존되는 것은 물질이 핵 반응을 제외한, 어떤 화학 반응을 거치더라도 이온이나 원자의 종류와 개수가 일정하게 유지되기 때문이다. 탄산 나트륨과 질산 은의 반응, 강철 솜과 산소의 반응에서도 물질을 이루는 이온이나 원자의 배열만 달라졌을 뿐 그 종류와 개수는 변하지 않았기 때문에 총 질량은 달라지지 않은 것이다.

1 문단
무게와 질량의 차이: 무게는 어떤 물체에 작용하는 [   ]이고, 질량은 각각의 물체마다 가지고 있는 고유의 양임.

2 문단
질량 보존의 법칙: 화학 반응이 일어날 때 반응물의 총 질량과 생성물의 총 질량은 [   ].
• 밀폐되다 샐 틈이 없이 꼭 막히거나 닫히다.

3 문단
질량 보존 법칙의 증명 ① - 앙금 생성 반응: 염화 나트륨 수용액과 질산 은 수용액을 섞으면 [   ]이 생성되나, 반응 전후 물질의 총 질량은 동일함.

4 문단
질량 보존 법칙의 증명 ② - 연소 반응과 기체 발생 반응
• 연소 반응: 연소하면서 결합한 산소의 [   ]을 고려하면 반응 전후의 총 질량은 동일함.
• 기체 발생 반응: 공기 중으로 날아간 기체의 질량을 고려하면 반응 전후 물질의 총 질량은 동일함.

5 문단
화학 반응에서 물질의 질량이 [   ]되는 이유: 화학 반응을 거치더라도 이온이나 원자의 배열만 달라질 뿐, 그 [   ]와 [   ]는 일정하게 유지됨.

전개 방식
파악하기

1 윗글에 대한 설명으로 적절한 것은?

① 질량 보존 법칙이 확립되어 온 역사적 과정들을 소개하고 있다.

② 질량 보존 법칙이 성립하기 위한 조건을 분석하여 나열하고 있다.

③ 질량 보존 법칙을 증명하기 위해 구체적인 실험을 예로 들고 있다.

④ 질량 보존 법칙이 오늘날에 미친 영향과 그 의의를 언급하고 있다.

⑤ 질량 보존 법칙을 증명한 학자의 견해를 밝히고 그 한계를 지적하고 있다.

세부 내용
추론하기

고난도

2 윗글에 대한 이해로 적절하지 않은 것은?

① 물체의 질량은 장소에 따른 중력의 변화와 관계없이 그 값이 일정하다.

② 밀폐된 장소에서 강철 솜을 태우면 연소 후 질량은 연소 전보다 감소한다.

③ 두 물질이 화학 반응하여 앙금이 발생해도 반응물과 생성물의 질량은 같다.

④ 화학 반응이 일어난 뒤에도 물질을 이루는 원자의 종류와 개수는 유지된다.

⑤ 라부아지에가 막히지 않은 용기로 실험을 했다면 반응 후 물질의 질량은 반응 전보다 증가했을 것이다.

사례에
적용하기

3 윗글의 내용을 바탕으로, <보기>를 이해한 내용으로 적절한 것은?

┌─ 보기 ┐

　질량 보존 법칙을 확인하기 위해 묽은 염산이 들어 있는 삼각 플라스크에 달걀 껍데기(탄산 칼슘)를 넣자마자 마개로 닫고 질량을 측정하였다. 화학 반응이 일어나는 것을 기다려 염화 칼슘과 물, 이산화 탄소 기체가 발생하는 것을 확인하였고 반응이 모두 끝난 후 마개를 열어 다시 질량을 측정하였다.

└──────┘

① 마개의 여부와 상관없이 반응 후의 질량은 반응 전의 질량보다 크다.

② 화학 반응이 일어날 때 마개를 열어 주어야 정확한 실험 결과를 얻을 수 있다.

③ (묽은 염산＋달걀 껍데기)의 질량은 (염화 칼슘＋물＋이산화 탄소)의 질량보다 크다.

④ (묽은 염산＋달걀 껍데기)의 질량은 반응이 끝난 후 마개를 열어 측정한 질량보다 작다.

⑤ 반응이 끝난 후 마개를 열면 이산화 탄소가 빠져나가서 마개를 열기 전보다 질량이 작아진다.

🔖 개념 한눈에 보기

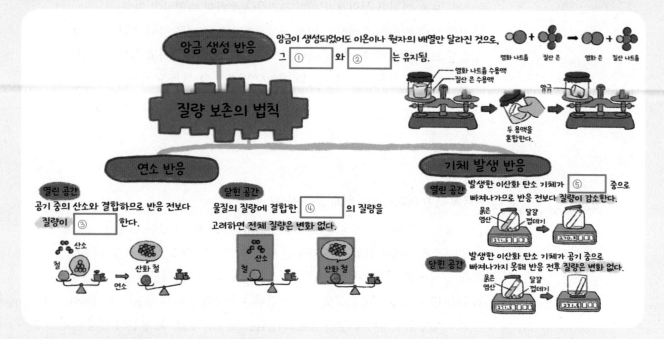

📖 교과 개념 사전

#질량 보존의 법칙 [질량] [보ː존] [법칙]
화학 반응이 일어나기 전과 후에 물질의 모든 질량은 항상 일정하다는 원칙.

#연소 반응 [연소] [바ː능]
물질이 산소와 결합하여 많은 빛과 열을 내는 현상.

#열린 공간 [열린] [공간]
물질이 이동할 수 있는 공간.

#닫힌 공간 [다친] [공간]
물질이 이동할 수 없는 밀폐된 공간.

#기체 발생 반응 [기체] [발쌩] [바ː능]
화학 반응 가운데 기체가 생성되는 현상.

교과 개념 확인 Quiz 🔍

다음 물음에 답하시오.

① 화학 반응이 일어날 때 반응물과 생성물의 □□□은 같다.

② 물질은 핵반응을 제외한 어떤 화학 반응을 거치더라도 원자의 □□만 달라질 뿐, 원자의 종류와 개수는 일정하게 유지된다.

③ 열린 공간에서 염화 나트륨 수용액에 질산 은 수용액을 섞으면 앙금이 생성되어 질량이 늘어난다. ○ | X

④ 닫힌 공간에서 연소 반응을 진행시킨다면 (강철 솜 + 산소)의 질량과 산화 철의 질량은 같다. ○ | X

⑤ 기체가 발생하는 화학 반응에서도 질량 보존 법칙은 성립한다. ○ | X

에너지가 열을 낸다고?

STEP 1 교과 개념 톡 생각 열기

📋 **무엇을 배울까?**

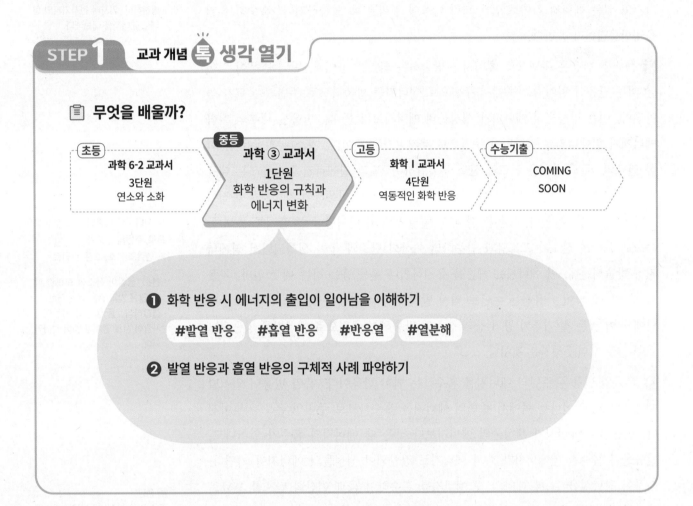

초등
과학 6-2 교과서
3단원
연소와 소화

중등
과학 ③ 교과서
1단원
화학 반응의 규칙과
에너지 변화

고등
화학 I 교과서
4단원
역동적인 화학 반응

수능기출
COMING
SOON

❶ 화학 반응 시 에너지의 출입이 일어남을 이해하기

#발열 반응   #흡열 반응   #반응열   #열분해

❷ 발열 반응과 흡열 반응의 구체적 사례 파악하기

❓ **생각해 보기** 발열 도시락은 어떤 원리를 이용해 음식을 데우는 걸까?

1 양초에 불을 붙이면 양초는 빛과 열을 내며 타고, 식물은 빛 에너지를 흡수하여 광합성을 한다. 이와 같은 물질의 화학 반응이 일어나면 에너지의 출입이 발생하는데, 이것을 각각 **#발열 반응**과 **#흡열 반응**이라고 부른다. 또한 반응물과 생성물이 가지고 있는 에너지 차이로 인해 화학 반응이 일어날 때 방출하거나* 흡수하는 열을 **#반응열**이라고 한다.

2 ㉠발열 반응은 주변으로 에너지를 방출하는 화학 반응이다. 발열 반응이 일어날 때는 반응이 일어나는 쪽에서 주변으로 에너지를 방출하므로 주변의 온도가 높아진다. 이는 반응물의 에너지가 생성물의 에너지보다 클 때, 반응물 내부의 화학 에너지가 열에너지로 전환되어 주변으로 빠져나가는 것이다. 가스나 휘발유 등 화석 연료의 연소* 반응은 연료와 산소가 결합하여* 빛과 열에너지를 방출하는 대표적 발열 반응이다. 연료가 연소할 때 방출하는 에너지를 이용하여 자동차를 움직이거나 난방을 할 수 있다. 호흡을 할 때도 발열 반응이 일어난다. 호흡기를 통해 몸속으로 들어온 산소가 포도당과 반응하면 이산화 탄소와 물이 생성되면서 열에너지가 방출되는데, 이 에너지는 체온을 유지하거나 운동 등을 하는 데 쓰인다. 겨울철 주머니에 넣어 사용하는 손난로 역시 발열 반응을 이용한 것이다. 부직포 주머니에 들어 있는 철 가루가 공기 중의 산소와 반응하여 주변으로 에너지를 방출하므로 손난로가 따뜻해지는 것이다.

3 ㉡흡열 반응은 주변의 에너지를 흡수하는 화학 반응이다. 흡열 반응이 일어날 때는 반응이 일어나는 쪽에서 주변의 에너지를 흡수하므로 주변의 온도가 낮아진다. 반응물의 에너지가 생성물의 에너지보다 작을 때 에너지의 흡수가 일어나고, 반응물이 흡수한 열에너지가 화학 에너지로 전환되어 생성물의 에너지가 커진다. 식물이 광합성을 할 때 태양의 빛 에너지를 흡수하여 물과 이산화 탄소를 원료로 산소와 양분*을 얻는 것이 대표적 흡열 반응이다. 베이킹파우더의 주성분인 탄산수소 나트륨의 **#열분해**도 주변에서 가해 준 열에너지를 흡수하여 일어나는 흡열 반응이다. 탄산수소 나트륨이 열에너지를 흡수하면 분해되어 이산화 탄소 기체를 방출하는데, 이로 인해 오븐 속 빵 반죽이 부풀어 오르는 것이다.

4 실험을 통해서도 흡열 반응을 관찰할 수 있다. 물로 적신 나무판 위에 염화 암모늄과 수산화 바륨이 들어 있는 비커를 올려놓는다. 두 물질을 잘 섞어 준 후 잠시 기다려 비커를 들어 올리면 나무판도 함께 올라오는데, 이것은 염화 암모늄과 수산화 바륨이 반응하며 주위의 열을 흡수하기 때문이다. 두 물질이 반응할 때 주변으로부터 열을 흡수하므로 나무판 위의 물이 얼어 비커와 나무판이 서로 달라붙게 된 것이다.

---

1 문단
화학 반응에서의 에너지 출입: 화학 반응에서 에너지의 출입이 일어나 [　　]과 [　　] 등이 나타나며, 반응물과 생성물의 에너지 차이로 발생하는 열을 [　　]이라고 함.

• 방출하다 입자나 전자기파의 형태로 에너지를 내보내다.

2 문단
발열 반응의 개념과 사례: 주변으로 에너지를 방출하는 화학 반응으로, 주변의 온도가 [　　].
예 연료의 연소, 호흡, 손난로

• 연소 물질이 산소와 화합할 때에, 많은 빛과 열을 내는 현상.
• 결합하다 둘 이상의 사물이나 사람이 서로 관계를 맺어 하나가 되다.

3 문단
흡열 반응의 개념과 사례: 주변의 에너지를 흡수하는 화학 반응으로, 주변의 온도가 [　　].
예 식물의 광합성, 열분해

• 양분 영양이 되는 성분.

4 문단
흡열 반응의 실험: 염화 암모늄과 수산화 바륨이 반응하여 주변의 [　　]을 [　　]하는 과정에서 나무판의 물이 얾.

핵심 내용
파악하기

1 윗글의 제목으로 가장 적절한 것은?

① 에너지의 출입이 일어나는 환경
② 발열 반응과 흡열 반응의 장단점 비교
③ 발열 반응과 흡열 반응의 관찰과 실험
④ 발열 반응과 흡열 반응의 개념 및 사례
⑤ 화학 반응에서 열에너지가 발생하는 이유

세부 내용
파악하기

2 윗글의 내용과 일치하지 <u>않는</u> 것은?

① 반응열은 발열 반응과 흡열 반응에서 모두 발생한다.
② 연료의 연소는 화학 반응이며 주변으로 빛과 열을 방출한다.
③ 체내의 산소가 포도당과 반응할 때 생긴 에너지로 생명 활동을 한다.
④ 탄산수소 나트륨은 외부에서 열을 얻어 분해되며 새로운 물질을 만든다.
⑤ 염화 암모늄과 수산화 바륨이 반응하면 비커의 내부에서 열이 방출된다.

세부 내용
추론하기

고난도

3 ㉠과 ㉡에 대한 설명으로 적절하지 <u>않은</u> 것은?

① ㉠이 일어나면, 반응물의 에너지가 주변으로 빠져나간다.
② ㉡이 일어나면, 주변의 에너지를 흡수해 생성물의 에너지가 커진다.
③ ㉠이 일어나면, 반응물 주변의 온도가 높아져 따뜻함을 느낄 수 있다.
④ ㉡이 일어나면, 반응물 주변의 온도가 낮아져 시원함을 느낄 수 있다.
⑤ ㉠과 ㉡에서는 모두 반응물에 열을 가해 주어야 에너지의 이동이 일어난다.

사례에
적용하기

4 윗글을 참고할 때, <보기>에 대한 반응으로 가장 적절한 것은?

┌─ 보기 ─
│   A가 다리를 다쳐 병원에 갔더니 다리에 석고 붕대를 감아 주었다. 석고 붕대는 석
│ 고 가루를 묻힌 붕대인데, 물에 적셔 다친 부위에 감았더니 딱딱하게 굳어서 다친 부
│ 위를 보호해 주었다. 그런데 석고 붕대를 감고 굳히는 동안 붕대가 점점 따뜻해졌다.
└─

① 화석 연료의 연소와는 다른 방향으로 에너지가 이동하였겠군.
② 석고와 물이 반응하여 에너지를 방출하므로 붕대가 따뜻해졌겠군.
③ 석고와 물이 반응하여 내부의 열에너지가 화학 에너지로 전환되었겠군.
④ 석고와 물이 반응하여 새로운 물질이 발생하므로 붕대가 부풀어 올랐겠군.
⑤ 석고와 물이 반응하여 주변의 에너지를 흡수하므로 붕대가 딱딱하게 굳었겠군.

🏆 개념 한눈에 보기

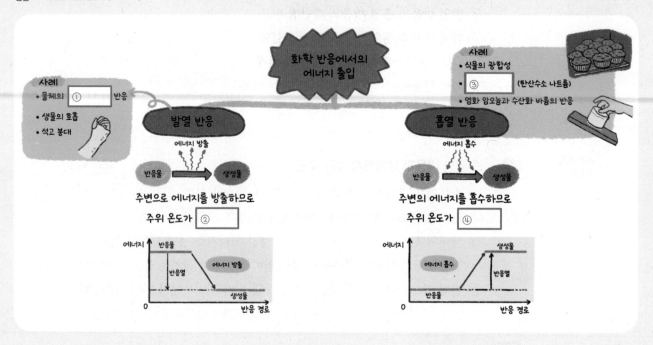

📖 교과 개념 사전

#발열 반응 [바렬] [바:능]
열을 방출하며 진행하는 화학 반응.

#흡열 반응 [흐별] [바:능]
주위의 열을 흡수하여 일어나는 화학 반응.

#반응열 [바:능녈]
반응물과 생성물이 가지고 있는 에너지의 차이로 인해 화학 반응이 일어날 때 방출하거나 흡수하는 열.

#열분해 [열분해]
열에 의하여 생기는 분해 반응. 곧 석유를 밀폐 용기 안에 넣고 압력을 주면서 가열하여 가솔린, 등유, 경유, 중유 따위로 나누는 것이다.

교과 개념 확인 Quiz 🔍

다음 물음에 답하시오.

❶ 주변으로 에너지를 방출하는 화학 반응을 ☐ ☐ ☐ 이라고 한다.

❷ 손난로의 철 가루가 산소와 반응하면 에너지의 방출이 일어나 주변의 온도가 낮아진다.
○ ｜ X

❸ 식물의 ☐☐☐은 태양의 빛 에너지를 흡수하여 물과 이산화 탄소를 원료로 산소와 양분을 얻는 대표적 흡열 반응이다.

❹ 염화 암모늄과 수산화 바륨의 반응은 ☐☐ ☐☐이므로 주변에 물이 있으면 얼 수 있다.

이번 주에 배운 핵심 교과 개념을 확인해 볼까요?

본문에 수록된 교과 개념에 대한 자세한 풀이를

일차별로 묶어 부록에 담았어요.

부록 페이지를 찾아가서 이번 주에 배운

핵심 교과 개념을 다시 한번 복습해 보세요!

시작!

>> 지구과학

지구가 점점 뜨거워진다고?

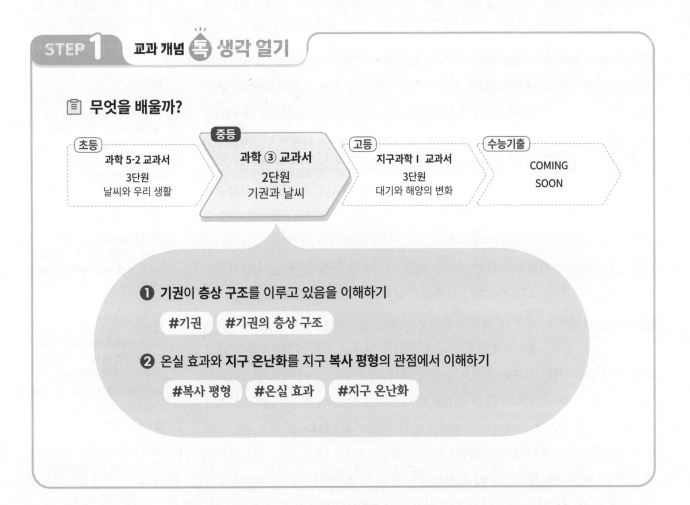

STEP 1   교과 개념 🔆 **생각 열기**

📋 **무엇을 배울까?**

초등	중등	고등	수능기출
과학 5-2 교과서 3단원 날씨와 우리 생활	과학 ③ 교과서 2단원 기권과 날씨	지구과학 I 교과서 3단원 대기와 해양의 변화	COMING SOON

❶ 기권이 **층상 구조**를 이루고 있음을 이해하기

#기권   #기권의 층상 구조

❷ 온실 효과와 지구 **온난화**를 지구 **복사** 평형의 관점에서 이해하기

#복사 평형   #온실 효과   #지구 온난화

❓ 생각해 보기   따뜻한 봄에도 산봉우리의 눈이 녹지 않은 이유는 무엇일까?

1 높은 산에 올라가면 왜 추워질까? 여름에도 산 정상에 오르면 평지에 있을 때보다 서늘한 느낌을 받는다. 이는 지구를 둘러싸고 있는 기권의 기온 차이 때문이다. **#기권**은 지구 표면에서 약 1,000km까지 대기˚로 둘러싸여 있는 영역이며 높이에 따른 기온 분포를 기준으로 하여 4개의 층으로 구분하는데, 이를 **#기권의 층상 구조**라 한다.

2 지표부터 높이 약 11km까지는 높이 올라갈수록 기온이 낮아지는 대류권이다. 대류권에서는 대류˚가 활발히 일어나고 수증기가 있어 구름이 만들어지며 눈, 비와 같은 기상 현상이 나타난다. 높이 약 11km~50km 구간인 성층권은 위로 올라갈수록 기온이 높아지고 오존층이 존재하여 오존˚이 태양으로부터 오는 자외선을 흡수한다. 기온이 높은 공기가 위쪽에 있어 대류가 일어나지 않는 안정한 층이므로 비행기 항로로 이용된다. 높이 약 50km~80km 구간인 중간권은 위로 올라갈수록 성층권에서 방출되는 에너지를 적게 받아 기온이 낮아진다. 대류는 일어나지만 수증기가 거의 없어 기상 현상은 나타나지 않고, 상층 부분에서 유성˚이 관측되기도 한다. 높이 80km 이상의 구간인 열권은 태양 에너지를 직접 받아 높이 올라갈수록 기온이 높아진다. 그러나 대기가 희박하고 낮과 밤의 기온 차가 매우 크다.

3 지구를 둘러싼 이 대기는 지구로 들어오는 태양 복사 에너지˚를 반사하거나 흡수하는 역할을 한다. 우리가 햇빛을 받아 따뜻함을 느끼는 것은 태양으로부터 에너지를 받기 때문인데, 지구로 들어오는 태양 복사 에너지를 100이라고 할 때 30은 대기와 지표면에서 반사되어 우주 공간으로 빠져나가고, 70만이 흡수된다. 하지만 지구는 흡수한 태양 복사 에너지와 동일한 양의 지구 복사 에너지를 우주 공간으로 다시 방출한다˚. 이것이 지구가 태양으로부터 끊임없이 에너지를 받고 있으면서도 약 15℃의 평균 온도를 일정하게 유지하는 이유이다. 흡수하는 복사 에너지 양과 방출하는 복사 에너지 양이 같아 온도 변화가 없는 **#복사 평형**을 이룬 것이다.

4 복사 평형을 이루는 과정에서 대기 중 온실 기체는 지구 복사 에너지를 일부 흡수했다가 지표로 재방출하여 지구의 온도를 높이는데, 이를 **#온실 효과**라고 한다. 지구에 ㉠대기가 없는 경우 온실 효과는 나타나지 않고 ㉡대기가 있는 경우보다 더 낮은 온도인 약 −18℃에서 복사 평형을 이루게 된다. 그러나 대기로 둘러싸인 실제 지구는 대기의 재복사에 의해 더 많은 에너지를 받으므로 대기가 없는 경우보다 복사 평형을 이루는 온도가 더 높다. 그런데 최근 지구는 이보다 더 높은 온도에서 복사 평형이 이루어지고 있다. 대기 중 증가한 수증기, 이산화 탄소, 메테인 등의 온실 기체가 더 많은 지구 복사 에너지를 흡수·재방출하여 온실 효과가 강화되었기 때문이다. 그 결과 지구의 평균 온도가 지속적으로 상승하는 **#지구 온난화**가 발생하여 폭염, 홍수 등의 기상 이변˚ 및 해수면˚ 상승과 같은 문제가 나타나고 있다.

---

1 문단
지구를 둘러싸고 있는 기권: 기권은 지구 표면에서 약 1,000km까지 ☐☐☐로 둘러싸여 있는 영역으로, 4개의 층으로 구분함.

• 대기 지구의 중력에 의해 지표를 둘러싸고 있는 공기.

2 문단
기권의 층상 구조: 기권은 높이에 따른 기온 변화를 기준으로 하여 대류권 – ☐☐☐ – 중간권 – ☐☐으로 구분됨.

• 대류 물질이 이동함으로써 열이 전달되는 현상.
• 오존 3원자의 산소로 된 푸른빛의 기체. 특유한 냄새가 나며, 상온에서 분해되어 산소가 된다.
• 유성 지구의 대기권 안으로 들어와 빛을 내며 떨어지는 작은 물체.

3 문단
대기의 역할과 복사 평형: 대기는 흡수한 태양 복사 에너지와 동일한 양의 지구 복사 에너지를 우주 공간으로 방출하여 ☐☐☐을 이룸으로써 지구의 평균 ☐☐를 일정하게 유지함.

• 복사 에너지 물질의 도움을 받지 않고 직접 전달되는 에너지.
• 방출하다 입자나 전자기파의 형태로 에너지를 내보내다.

4 문단
온실 효과와 ☐☐☐☐☐: 온실 기체가 지구 복사 에너지를 흡수했다가 지표로 재방출하는 과정에서 발생하는 온실 효과의 강화로 지구 온난화의 문제가 생겨남.

• 이변 예상하지 못한 사태나 괴이한 변고.
• 해수면 바닷물의 표면.

핵심 내용 파악하기

1 윗글에서 다룬 내용으로 적절하지 <u>않은</u> 것은?

① 높은 산에서 추위를 느끼는 이유

② 지구의 평균 온도가 유지되는 원리

③ 온실 효과를 줄이기 위한 대응 방안

④ 지구가 흡수하는 태양 복사 에너지의 비율

⑤ 지구 온난화에 영향을 주는 온실 기체 종류

세부 내용 파악하기

2 윗글의 내용과 일치하지 <u>않는</u> 것은?

① 성층권은 따뜻한 공기가 높은 쪽에 있어 대류가 일어나지 않는다.

② 대류권은 지표와 가장 가까우며 위로 올라갈수록 기온이 낮아진다.

③ 중간권은 공기 중에 수증기가 거의 없어서 눈이나 비가 오지 않는다.

④ 기권 중 높이 올라갈수록 기온이 높아지는 층은 성층권과 열권이다.

⑤ 열권은 태양 복사 에너지 중 자외선을 흡수하는 영역이 있어서 기온이 높다.

세부 내용 추론하기 **고난도**

3 ㉠, ㉡에 대한 설명으로 가장 적절한 것은?

① ㉠일 때 지구 복사 에너지는 우주와 지표면 양쪽으로 방출된다.

② ㉡일 때 지구 복사 에너지를 더 많이 우주로 방출하여 지구의 기온이 더 높다.

③ ㉠일 때 지구가 흡수한 태양 복사 에너지의 양은 ㉡일 때보다 많다.

④ ㉠, ㉡ 중 ㉠일 때 지구 온난화가 발생할 확률이 높다.

⑤ ㉠, ㉡ 중 ㉡일 때 지구의 복사 평형 온도는 매년 낮아진다.

사례에 적용하기

4 윗글을 참고하여 <보기>를 이해한 내용으로 가장 적절한 것은?

• 보기 •

시베리아, 캐나다 북부, 알래스카 등 북극해 주변에는 일 년 내내 지층의 온도가 0℃ 이하로 유지되는 영구 동토층이 있다. 북반구 전체 면적의 4분의 1에 해당하는 이 땅에는 탄소가 많이 묻혀 있는데, 지구 온난화로 이 땅이 녹으면 땅속의 탄소가 온실 기체로 바뀌어 대기 중으로 방출된다.

① 영구 동토층이 녹으면서 지구 온난화가 가속되는 현상이 일어나겠군.

② 영구 동토층이 녹으면서 지구의 육지 면적이 증가하는 일이 생겨나겠군.

③ 영구 동토층이 녹으면서 복사 평형에 도달하는 온도가 점점 낮아지겠군.

④ 영구 동토층이 녹으면서 지구의 평균 기온이 낮아지는 문제가 발생하겠군.

⑤ 영구 동토층이 녹으면서 태양 복사 에너지를 흡수하는 양이 점점 늘어나겠군.

개념 한눈에 보기

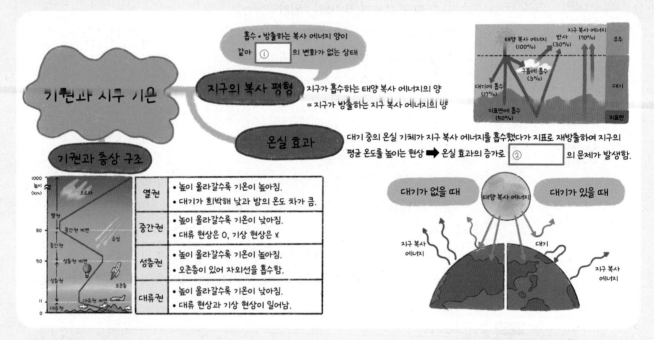

기권과 지구 기온

지구의 복사 평형 — 지구가 흡수하는 태양 복사 에너지의 양 = 지구가 방출하는 지구 복사 에너지의 양

흡수·방출하는 복사 에너지 양이 같아 ① 의 변화가 없는 상태

온실 효과 — 대기 중의 온실 기체가 지구 복사 에너지를 흡수했다가 지표로 재방출하여 지구의 평균 온도를 높이는 현상 ➡ 온실 효과의 증가로 ② 의 문제가 발생함.

기권과 층상 구조

열권	• 높이 올라갈수록 기온이 높아짐. • 대기가 희박해 낮과 밤의 온도 차가 큼.
중간권	• 높이 올라갈수록 기온이 낮아짐. • 대류 현상은 O, 기상 현상은 X
성층권	• 높이 올라갈수록 기온이 높아짐. • 오존층이 있어 자외선을 흡수함.
대류권	• 높이 올라갈수록 기온이 낮아짐. • 대류 현상과 기상 현상이 일어남.

대기가 없을 때 / 태양 복사 에너지 / 대기가 있을 때

교과 개념 사전

#기권 [기꿘]
지구 표면에서 약 1,000km까지 대기로 둘러싸여 있는 영역.

#기권의 층상 구조 [기꿘] [층상] [구조]
기권을 높이에 따른 기온 분포를 기준으로 하여 4개의 층으로 구분한 것. 지표면에서부터 상층까지 대류권, 성층권, 중간권, 열권으로 나눈다.

#복사 평형 [복싸] [평형]
복사 에너지가 들어오는 양과 나가는 양이 같아서 서로 균형을 이루는 상태.

#온실 효과 [온실] [효:과/효:꽈]
대기 중의 수증기, 이산화 탄소, 메테인 등과 같은 온실 기체가 지구 복사 에너지를 흡수했다가 지표로 재방출하여 지구의 평균 기온을 높이는 현상.

#지구 온난화 [지구] [온난화]
온실 효과의 증가로 지구의 평균 기온이 지속적으로 상승하는 현상.

교과 개념 확인 Quiz

다음 물음에 답하시오.

① 기권은 높이에 따른 ☐☐ 분포를 기준으로 4개의 층으로 구분할 수 있다.

② 성층권에는 태양으로부터 오는 자외선을 흡수하는 영역인 ☐☐☐이 존재한다.

③ 대기가 있는 지구는 대기가 없는 상황에서보다 더 높은 온도에서 복사 평형을 유지한다.
○ I X

④ 복사 평형일 때 흡수하는 태양 복사 에너지의 양과 방출하는 지구 복사 에너지의 양이 같다.
○ I X

⑤ 대기 중 온실 기체의 양이 증가하면 지구의 평균 기온이 상승하는 지구 온난화가 발생한다.
○ I X

⑥ 지구 복사 에너지를 흡수했다가 지표로 재방출하는 온실 기체로는 산소, 이산화 탄소, 메테인이 있다.
○ I X

≫ 지구과학

공기가 움직이면 바람이 불어요

STEP 1 교과 개념 💧 생각 열기

📋 무엇을 배울까?

초등
과학 5-2 교과서
3단원
날씨와 우리 생활

중등
과학 ③ 교과서
2단원
기권과 날씨

고등
지구과학 I 교과서
3단원
대기와 해양의 변화

수능기출
2014년 7월 고3 교육청 B형
[26-27]
번개와 천둥의 발생

❶ 기압을 바탕으로 **바람이** 생성되는 원리 이해하기

#기압　#바람　#해륙풍　#계절풍

❷ 우리나라에 영향을 주는 **기단과 전선의 특징** 이해하기

#기단　#전선면　#전선

❓ 생각해 보기　산악가들은 왜 높은 산을 오를 때 산소마스크를 착용하는 것일까?

1 비행기를 타고 하늘 높이 오르면 귀가 꽉 막힌 것처럼 먹먹해진다. 이는 **#기압**에 변화가 발생했기 때문이다. 기압은 공기가 단위 넓이에 작용하는 힘으로, 기압의 크기는 시간과 장소에 따라 달라지는데 높이 올라갈수록 공기의 양이 감소하므로 그 힘이 줄어들어 기압도 낮아진다. 만약 두 지점 사이에 기압 차이가 벌어지면 어떤 일이 생길까? 공기가 기압이 높은 곳에서 낮은 곳으로 이동하며 **#바람**이 분다. 바다와 맞닿은 해안 지역에 가면 하루를 주기°로 풍향이 바뀌는 **#해륙풍**을 경험할 수 있다. 해안 지역은 낮에는 육지가 바다보다 빨리 가열되므로 육지의 기압이 낮아져 바다에서 육지 쪽으로 해풍이 불고, 밤에는 육지가 바다보다 빨리 냉각되므로 육지가 바다보다 기압이 높아져 육지에서 바다 쪽으로 육풍이 부는 것이다. 이와 ㉠동일한 원리에 따라 대륙과 해양 사이에도 1년을 주기로 하여 **#계절풍**이 분다.

2 한편, 공기가 이동하지 않고 넓은 대륙이나 해양에 오래 머무르면 지표면의 영향을 받아 **#기단**이 형성된다. 기단은 기온, 습도° 등의 성질이 비슷한 큰 공기 덩어리로, 세력을 키우거나 줄여 가며 주변 지역의 날씨에 영향을 준다. 우리나라도 기단의 영향으로 계절마다 서로 다른 날씨가 나타난다. 겨울에는 시베리아 기단의 영향으로 춥고 건조한 날씨가, 여름에는 북태평양 기단의 영향으로 무덥고 습한 날씨가 이어진다. 또 봄과 가을에는 양쯔강 기단의 영향으로 따뜻하고 건조한 날씨가, 초여름에는 오호츠크해 기단으로 인해 한랭 다습한 날씨가 나타난다.

3 기단이 다른 지역으로 이동하며 성질이 다른 기단을 만나면 둘은 바로 섞이지 않고 경계면을 만든다. 이 경계면을 **#전선면**이라 하고, 전선면이 지표면과 만나 이루는 경계선을 **#전선**이라고 한다. 이때 성질이 다른 두 기단으로 인해 전선을 경계로 하여 기온, 습도 등이 달라지고 전선의 앞쪽과 뒤쪽 지역은 기온, 기압, 구름의 양, 강수량 등에서 큰 차이를 보인다.

4 전선에는 한랭 전선과 온난 전선 등이 있다. 한랭 전선은 차가운 기단이 따뜻한 기단 쪽으로 이동하여 따뜻한 기단 밑으로 파고들 때 만들어진다. 전선면의 기울기가 급하고 수직 모양으로 발달하는 적운형 구름이 나타나며 전선 뒤 좁은 지역에서 소나기성 비가 내린다. 반대로, 따뜻한 기단이 차가운 기단 쪽으로 이동하여 차가운 기단을 타고 올라가는 상황이라면 전선면의 기울기가 완만한 온난 전선이 만들어진다. 이때는 수평 모양으로 발달하는 층운형 구름을 볼 수 있고 전선 앞쪽 넓은 범위에 걸쳐 지속적인 비가 내린다.

5 우리나라의 장마는 북태평양 기단이 북쪽의 찬 오호츠크해 기단과 만나 형성되는 정체 전선이다. 차가운 기단과 따뜻한 기단의 세력이 비슷하여 한곳에 오랫동안 머무르면 따뜻한 공기가 찬 공기 위로 계속 상승하는데, 이것이 비구름을 만들어 한 지역에 오랫동안 비가 내리는 것이다.

---

1 문단
기압과 바람: 기압의 크기는 시간과 장소에 따라 달라지며, 두 지점 사이에 기압 차이가 발생하면 공기가 기압이 [   ] 곳에서 [   ] 곳으로 이동하며 바람이 붊.

· 주기 같은 현상이나 특징이 한 번 나타나고부터 다음번 되풀이되기까지의 기간.

2 문단
기단의 형성 및 영향: 공기가 대륙이나 해양과 같은 넓은 장소에 오래 머무를 때 [   ]이 형성되며, 우리나라도 기단의 영향으로 [   ]에 따라 다양한 날씨가 나타남.

· 습도 공기 가운데 수증기가 들어 있는 정도.

3 문단
전선과 날씨: 전선면이 지표면과 경계를 이루는 지점에서 [   ]이 형성되며, 전선을 경계로 기온, 기압 등이 달라짐.

4 문단
전선의 종류와 특징: 차가운 기단과 따뜻한 기단의 이동 형태에 따라 [   ]과 [   ]이 만들어지며 전선면의 기울기, 구름 모양, 강수 방식 등에서 차이를 보임.

5 문단
우리나라의 장마: 장마는 차가운 기단과 따뜻한 기단의 세력이 비슷하여 한곳에 오랫동안 머무르면서 [   ]이 형성된 것임.

핵심 내용 파악하기

1 윗글을 통해 해결할 수 있는 질문이 <u>아닌</u> 것은?

① 높이 올라가면 기압이 낮아지는 이유는 무엇일까?

② 한랭 전선과 온난 전선이 만들어지는 조건은 무엇일까?

③ 해륙풍의 방향이 낮과 밤에 달라지는 이유는 무엇일까?

④ 전선면이 지표면과 만나 경계를 이루는 이유는 무엇일까?

⑤ 우리나라의 사계절에 영향을 주는 기단의 특징은 무엇일까?

세부 내용 추론하기

2 윗글의 내용과 일치하지 <u>않는</u> 것은?

① 대륙보다 해양에서 발생한 기단의 습도가 높다.

② 바람이 강하게 부는 곳이라면 기단이 발생하기 어렵다.

③ 이미 형성된 기단은 소멸될 때까지 한자리에 고정된다.

④ 성질이 다른 두 기단이 만난 주변으로 날씨 변화가 나타난다.

⑤ 기단의 세력이 비슷하여 공기의 상승이 일어나면 비가 내린다.

세부 내용 추론하기

고난도

3 ㉠과 관련하여 추론한 내용으로 가장 적절한 것은?

① 여름에는 해양보다 빨리 더워지는 대륙의 기압이 더 높을 것이다.

② 겨울에는 대륙보다 빨리 추워지는 해양의 기압이 더 높을 것이다.

③ 겨울에는 기압 차이로 인해 대륙에서 해양으로 바람이 불 것이다.

④ 계절풍은 해양이 대륙보다 항상 시원하기 때문에 일어나는 현상이다.

⑤ 여름에는 해양과 대륙의 기압 차이가 커서 겨울보다 바람이 세게 불 것이다.

사례에 적용하기

4 윗글을 바탕으로 <보기>를 이해한 내용으로 가장 적절한 것은?

> • 보기 •
>
> 다음은 차가운 공기와 따뜻한 공기가 만나 형성된 전선의 단면을 나타낸 그림이다.
>
>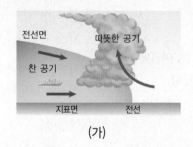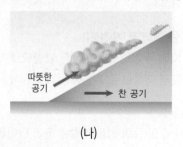
>
> (가)　　　　　　　(나)

① (가)가 통과된 직후에는 좁은 지역에 소나기가 내린다.

② (가)가 이동하는 앞쪽으로 오랜 시간 약한 비가 내린다.

③ (나)는 전선면의 기울기가 급하고 적운형 구름이 생성된다.

④ (나)는 차가운 기단이 따뜻한 기단 쪽으로 이동할 때 형성된다.

⑤ (가)와 (나) 모두 차가운 기단과 따뜻한 기단의 세력이 비슷하다.

개념 한눈에 보기

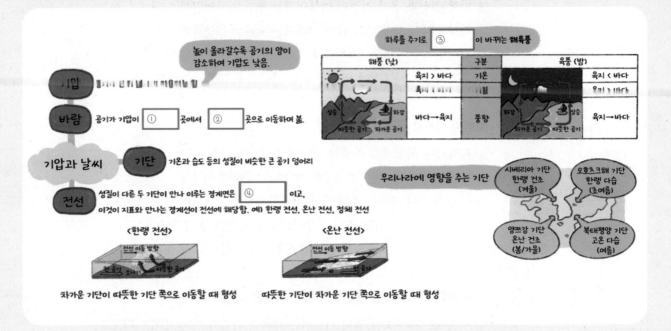

하루를 주기로 ③ 이 바뀌는 **해륙풍**

높이 올라갈수록 공기의 양이 감소하여 기압도 낮음.

공기가 기압이 ① 곳에서 ② 곳으로 이동하여 붐.

기온과 습도 등의 성질이 비슷한 큰 공기 덩어리

성질이 다른 두 기단이 만나 이루는 경계면은 ④ 이고, 이것이 지표와 만나는 경계선이 전선에 해당함. 예) 한랭 전선, 온난 전선, 정체 전선

〈한랭 전선〉 〈온난 전선〉

차가운 기단이 따뜻한 기단 쪽으로 이동할 때 형성 따뜻한 기단이 차가운 기단 쪽으로 이동할 때 형성

우리나라에 영향을 주는 기단

시베리아 기단 한랭 건조 (겨울)
오호츠크해 기단 한랭 다습 (초여름)
양쯔강 기단 온난 건조 (봄/가을)
북태평양 기단 고온 다습 (여름)

교과 개념 사전

#기압 [기압]
공기에 의해서 생기는 압력. 공기가 단위 넓이에 작용하는 힘.

#바람 [바람]
두 지점 사이의 기압 차이로 인해 발생하는 공기의 흐름.

#해륙풍 [해:륙풍]
해안에서 하루를 주기로 풍향이 바뀌어 부는 바람. 해풍과 육풍이 있다.

#계절풍 [계:절풍/게:절풍]
계절에 따라 주기적으로 일정한 방향으로 부는 바람. 여름에는 바다에서 대륙으로, 겨울에는 대륙에서 바다로 분다.

#기단 [기단]
기온이나 습도 등의 성질이 같은 공기 덩어리.

#전선면 [전선면]
성질이 다른 두 기단이 만나서 생기는 경계면.

#전선 [전선]
성질이 다른 두 기단이 만나서 생기는 전선면이 지표면과 만나서 생기는 경계선.

교과 개념 확인 Quiz

다음 물음에 답하시오.

❶ 기압은 시간과 장소에 관계없이 일정하다.
O I X

❷ 기압이 높은 곳에서 낮은 곳으로 바람이 분다.
O I X

❸ 해안 지역의 육지와 바다는 하루를 주기로 바람의 방향이 바뀐다.
O I X

❹ 기단은 발생한 장소에 따라 기온, ☐☐ 등의 성질이 다르다.

❺ 여름에는 ☐☐☐☐☐ 기단의 영향으로 무덥고 습한 날씨가, 겨울에는 시베리아 기단의 영향으로 춥고 건조한 날씨가 나타난다.

❻ 북태평양 기단이 오호츠크해 기단과 만나 한곳에 오래 머무르며 ☐☐가 발생한다.

물체가 어떻게 운동을 할 수 있을까?

STEP 1 교과 개념 톡 생각 열기

📋 무엇을 배울까?

[초등] 과학 6-2 교과서
5단원
에너지와 생활

→ [중등] 과학 ③ 교과서
3단원
운동과 에너지

→ [고등] 통합과학 교과서
3단원
역학적 시스템

[수능기출] 2016학년도 수능 B형
[29-30]
자유 낙하할 때 발생하는 힘

❶ 운동하는 물체의 속력과 등속 운동의 개념 이해하기

#이동 거리   #속력

❷ 등속 운동과 자유 낙하 운동의 원리를 비교하여 이해하기

#등속 운동   #공기 저항   #자유 낙하 운동

쇠구슬이 무거우니 먼저 떨어지겠지?

이게 어떻게 된 일이지? 쇠구슬과 깃털이 동시에 떨어져 바닥에 닿았어.

❓ **생각해 보기** 왜 진공관 속에서는 무거운 쇠구슬과 가벼운 깃털이 동시에 바닥에 떨어지는 걸까?

1 사람만 운동을 하는 것이 아니라 물체도 '운동'을 한다. 물리학에서는 시간에 따라 물체의 위치가 변할 때 운동한다고 하고, 운동하는 동안 움직인 거리를 **#이동 거리**라고 한다. 물체의 빠르기는 이동 거리를 걸린 시간으로 나눈 값인 **#속력**으로 알 수 있는데, 단위는 m/s(미터 매 초)나 km/h(킬로미터 매 시)를 주로 사용한다. 예를 들어 50m를 10초에 달린 사람의 속력은 $\frac{50m}{10s}$이므로 5m/s가 된다. 이때 물체가 이동한 전체 거리를 총 걸린 시간으로 나누면 해당 물체의 평균 속력을 알 수 있다.

2 도로를 달리는 자동차나 운동장을 굴러가는 축구공처럼 우리 생활 속에서 운동하는 물체의 속력은 대부분 일정하지 않다. 그러나 지하철역이나 공항 등에 설치된 에스컬레이터와 무빙워크*는 시간이 지나도 속력이 일정한 **#등속 운동**을 하고 있다. 따라서 시간을 가로축으로 삼아 등속 운동을 하는 물체의 이동 거리를 그래프로 나타내면 기울어진 직선 모양이 된다. 이때 그래프의 기울기가 가파르면 속력이 크고, 완만하면 속력이 작은 것을 의미한다. 또한 등속 운동하는 물체의 속력은 계속하여 일정하므로 시간-속력 그래프로 나타내면 시간축에 나란한 직선 모양이 된다.

3 이번에는 높은 곳에서 사과를 떨어뜨리는 상황을 생각해 보자. **#공기 저항**이 없다면 떨어지는 사과에 작용하는 힘은 중력뿐인데, 이와 같이 물체가 중력만 받으면서 아래로 떨어지는 운동을 **#자유 낙하 운동**이라고 한다. 여기서 공기 저항이란 물체의 운동을 방해하는 힘으로 물체의 운동 방향과는 반대로 작용한다. 그렇다면 자유 낙하 운동을 하는 물체의 속력은 시간에 따라 어떻게 변할까? 자유 낙하 운동을 하는 사과를 일정한 시간 간격으로 촬영해 보면, 사과 사이의 간격이 점점 벌어지는 것을 확인할 수 있다. 사과 사이의 간격은 일정한 시간 동안 물체가 이동한 거리이므로 곧 속력을 나타낸다. 이러한 사과의 움직임을 시간-속력 그래프로 나타내면 매초마다 9.8m/s씩 속력이 증가하는 모습을 볼 수 있는데, 이때 9.8을 지구의 중력 가속도 상수라고 한다.

4 질량이 다른 두 물체를 동시에 떨어뜨리면 어떻게 될까? 공기가 있는 상태에서 쇠구슬과 깃털을 동시에 떨어뜨리면 쇠구슬이 땅에 먼저 닿는다. 쇠구슬은 공기 저항의 영향을 무시할 정도로 적게 받지만 깃털은 공기 저항의 영향을 많이 받기 때문이다. 그러나 진공* 상태에서 두 물체가 동시에 자유 낙하 운동을 하면 물체의 운동 방향으로 중력이 작용하고 쇠구슬과 깃털은 동시에 바닥에 닿는다. 왜냐하면 자유 낙하 운동을 하는 물체는 공기 저항의 영향을 받지 않으며 질량에 관계없이 속력이 빨라지는 정도가 같기 때문이다. 즉, 물체의 속력이 질량에 관계없이 매초마다 9.8m/s씩 일정하게 증가하는 것이다.

독해 TIP!
이 글은 등속 운동과 자유 낙하 운동을 비교하여 설명하고 있어. 이런 글은 **설명하는 두 개념의 원리를 파악하고 차이점을 정리해 가며 읽어 보자.**

1 문단
물체의 운동: 시간에 따라 물체의 위치가 변하는 현상
• ⬜⬜⬜: 운동하는 동안 움직인 거리
• 속력: 일정한 ⬜ 동안 이동한 거리로, 물체의 빠르기를 나타냄.

2 문단
등속 운동의 개념: 에스컬레이터나 무빙워크처럼 물체가 운동할 때 시간에 따라 속력이 ⬜ 운동
• 무빙워크 사람이나 화물이 자동적으로 이동되도록 만든 경사진 길 모양의 장치.

3 문단
자유 낙하 운동의 개념: 물체가 ⬜⬜만 받으면서 아래로 떨어지는 운동으로, 시간에 따라 속력이 일정하게 증가함.

4 문단
질량이 다른 물체의 자유 낙하 운동: 자유 낙하 운동하는 물체는 질량에 관계없이 1초에 ⬜m/s씩 일정하게 속력이 증가함.
• 진공 물질이 전혀 존재하지 아니하는 공간.

핵심 내용
파악하기

1 윗글에서 다루고 있는 내용이 <u>아닌</u> 것은?

① 물리학에서 의미하는 운동의 개념

② 일상에서 등속 운동이 이루어지는 사례

③ 운동하는 물체가 공기 저항을 받는 까닭

④ 높은 곳에서 떨어지는 물체에 작용하는 힘

⑤ 자유 낙하 운동을 하는 물체의 속력이 변화하는 정도

세부 내용
추론하기

고난도
2 윗글에서 알 수 있는 내용으로 적절한 것은?

① 한 자리에 정지한 채 있는 물체의 속력은 0이다.

② 등속 운동을 하는 물체의 이동 거리는 시간에 반비례한다.

③ 등속 운동을 하는 물체는 질량의 클수록 속력이 빨라진다.

④ 자유 낙하 운동을 하는 물체의 반대 방향으로 공기 저항이 작용한다.

⑤ 자유 낙하 운동을 하는 물체의 속력은 바닥에 가까워질수록 감소한다.

사례에
적용하기

수능찍먹
3 윗글을 바탕으로 <보기>를 이해한 내용으로 적절하지 <u>않은</u> 것은?

• 보기 •

한 출발점에서 토끼와 거북이가 달리기 경주를 시작하였다. 이들은 동일한 직선 방향으로 동시에 출발하였는데, 토끼와 거북이가 출발점에서 이동한 거리의 값은 다음과 같다.

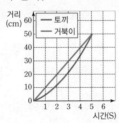

구분	0초	1초	2초	3초	4초	5초
토끼	0cm	4cm	12cm	22cm	35cm	50cm
거북이	0cm	10cm	20cm	30cm	40cm	50cm

① 0초에서 5초까지 거북이의 1초당 속력은 일정하다.

② 0초에서 5초까지 토끼의 속력은 계속해서 변화하고 있다.

③ 0초에서 5초까지 토끼의 속력은 증가하다가 다시 감소하고 있다.

④ 0초에서 1초까지 거북이의 속력이 토끼의 속력보다 빠르다.

⑤ 0초에서 5초까지 토끼의 평균 속력과 거북이의 평균 속력은 같다

개념 한눈에 보기

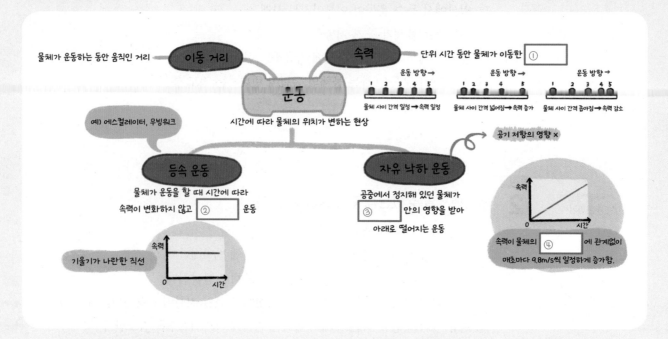

교과 개념 사전

#이동 거리 [이동] [거:리]
물체가 운동하는 동안 움직인 거리.

#속력 [송녁]
물체의 빠르기를 나타내는 양으로, 단위 시간 동안 이동한 거리.

#등속 운동 [등:속] [운:동]
시간에 따라 속력이 일정한 운동.

#공기 저항 [공기] [저:항]
공기가 물체의 움직임을 저지하는 힘.

#자유 낙하 운동 [자유] [나카] [운:동]
일정한 높이에서 정지하고 있는 물체가 중력의 작용만으로 떨어질 때의 운동. 물체의 속력이 1초마다 9.8m/s씩 증가한다.

교과 개념 확인 Quiz

다음 물음에 답하시오.

❶ 물체가 시간의 경과에 따라 위치를 바꾸는 일을 □□이라고 한다.

❷ 평균 속력은 물체가 이동한 전체 거리를 총 걸린 시간으로 나눈 값으로 나타낸다. ○ | ✕

❸ 운동을 하는 대부분의 물체는 속력의 변화 없이 등속 운동만 한다. ○ | ✕

❹ 자유 낙하 운동은 공기 저항 없이 □□의 작용만으로 떨어지는 운동을 말한다.

❺ 공기 저항이 없이 자유 낙하 운동을 하는 물체의 □□은 일정한 크기로 빨라진다.

≫ 물리학

일을 하는데 어떻게 에너지가 생기지?

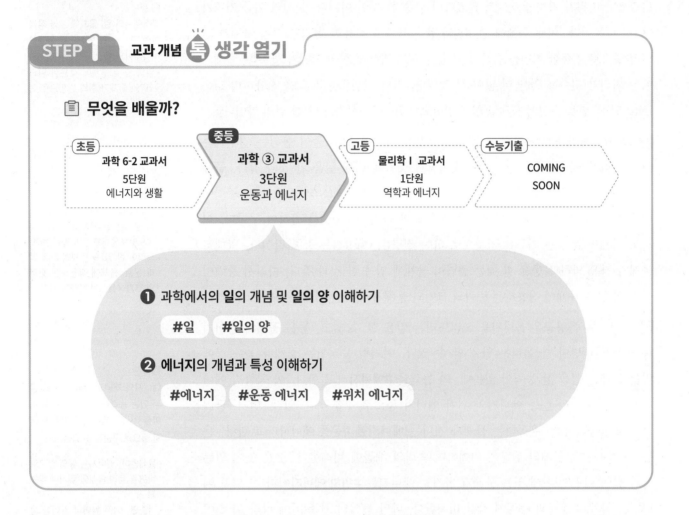

STEP 1 교과 개념 톡 생각 열기

📋 **무엇을 배울까?**

초등	중등	고등	수능기출
과학 6-2 교과서 5단원 에너지와 생활	과학 ③ 교과서 3단원 운동과 에너지	물리학Ⅰ 교과서 1단원 역학과 에너지	COMING SOON

❶ 과학에서의 **일의 개념** 및 **일의 양** 이해하기

#일　#일의 양

❷ **에너지**의 개념과 특성 이해하기

#에너지　#운동 에너지　#위치 에너지

옆으로 옮겼으니, 과학에서의 일을 한 거야.

힘이 많이 들지만, 이건 과학에서는 일이 아니야.

❓ **생각해 보기**　과학에서의 일은 일상에서의 일과 어떻게 다른 걸까?

1 일이라는 용어를 다양한 뜻으로 사용하는 일상에서와 달리 과학에서는 물체에 힘을 작용하여 그 힘의 방향으로 물체를 이동시킬 때 **#일**을 한다고 말한다. 가령 바닥에 떨어진 휴지를 들어 올렸다면 일을 한 것이지만 온 힘을 다해 바위를 들어 보려 하였으나 바위가 전혀 움직이지 않았다면 일을 한 것이 아니다. 물체의 이동 거리가 0이기 때문이다. 이때 물체에 한 **#일의 양**은 물체에 작용한 힘의 크기에 물체가 힘의 방향으로 이동한 거리를 곱한 값이다. 물체에 작용한 힘의 크기가 클수록, 물체의 이동 거리가 길수록 일을 더 많이 한 것이다. 일의 단위로는 J(줄)을 사용하며 1J은 1N(뉴턴)의 힘을 주어서 물체를 힘의 방향으로 1m 이동시켰을 때 한 일의 양이다.

2 그런데 물체를 수평으로 이동시키는 것이 아니라 위로 들어 올리는 경우에는 아래로 작용하는 중력을 거스르는 것이므로 중력에 대해 일을 한 것과 같다. 물체를 일정한 속력으로 들어 올리는 힘의 크기는 물체의 무게(N)와 같으므로, 중력에 대해 한 일의 양은 물체의 무게에 물체를 들어 올린 높이(m)를 곱하여 구한다. 여기서 물체의 무게는 지구를 기준으로 하여 질량(kg)에 9.8을 곱한 값이다. 반대로 물체가 자유 낙하 운동을 할 때는 중력이 물체에 일을 한 것과 같다. 따라서 중력이 한 일의 양은 물체에 작용하는 중력의 크기와 물체가 낙하한 거리를 곱하여 구한다.

3 굴러가는 볼링공은 볼링핀을 쓰러뜨리는 일을 할 수 있고, 높은 곳에서 떨어지는 물은 물레방아˚를 돌리는 일을 할 수 있다. 이처럼 움직이는 물체나 높은 곳에 있는 물체는 일을 할 능력이 있는데, 이 능력을 **#에너지**라고 한다. 이 역학적 에너지는 성격에 따라 운동 에너지와 위치 에너지 등으로 구분할 수 있다. 먼저, 굴러가는 볼링공과 같이 운동하는 물체가 지니는 에너지를 **#운동 에너지**라고 한다. 운동 에너지는 그 물체의 질량에 비례하며 속력의 제곱에 비례한다. 높은 곳에 있는 물과 같이 어떤 높이에 있는 물체가 가지는 에너지는 **#위치 에너지**이며 이 위치 에너지는 물체의 질량과 높이에 각각 비례한다. 다만 높이의 기준면˚에 따라 위치 에너지의 양이 달라지는데 물체의 높이가 기준면과 같으면 위치 에너지는 0이다.

4 일과 에너지는 어떤 관계를 지닐까? 일과 에너지는 서로 전환˚이 가능하며 물체가 가진 에너지는 그 물체가 할 수 있는 일의 양과 같다. 무거운 추˚를 들어 올려 땅에 말뚝을 박는 상황을 떠올려 보자. 먼저 줄을 당겨 추를 들어 올리는 일을 하면 추의 위치 에너지가 증가한다. 이는 중력에 대해 한 일이 추의 위치 에너지로 전환되기 때문이다. 그리고 줄을 놓아 높이 올라간 추를 떨어뜨리면 중력이 추에 한 일의 양만큼 추의 운동 에너지가 증가한다. 이때 추의 위치 에너지는 그만큼 감소한다. 말뚝을 향해 떨어진 추는 말뚝을 박는 일을 하고, 그만큼 추의 운동 에너지는 다시 감소한다. 즉 어떤 물체에 일을 하면 그만큼 물체의 에너지가 증가하고, 물체가 외부에 일을 하면 그만큼 물체의 에너지는 감소하는 것이다.

1 문단
과학에서의 일: 물체에 힘을 작용하여 그 [　　]의 방향으로 물체를 이동시키는 것
• 일의 양 = 물체에 작용한 힘의 크기×물체가 힘의 방향으로 이동한 [　　]

2 문단
중력에 대해 한 일과 중력이 한 일:
• 중력에 대해 한 일 → 물체를 들어 올리는 일=물체의 무게(질량×9.8)×물체를 들어 올린 높이
• 중력이 한 일 → 물체의 자유 낙하 운동=물체에 작용하는 중력의 크기×물체가 낙하한 거리

3 문단
에너지의 개념과 종류: [　　]을 할 수 있는 능력을 에너지라고 하며, 이를 [　　] 에너지와 위치 에너지 등으로 구분할 수 있음.

• 물레방아 떨어지는 물의 힘으로 바퀴를 돌려 곡식을 찧거나 빻는 기구.
• 기준면 어떤 높이나 깊이를 잴 때 그 기준으로 삼는 면.

4 문단
일과 에너지의 관계: 일과 에너지는 서로 전환 가능하며 물체의 [　　]는 그 물체가 할 수 있는 일의 양과 같음.

• 전환 다른 방향이나 상태로 바뀌거나 바꿈.
• 추 끈에 매달려 늘어진 물건을 통틀어 이르는 말.

전개 방식
파악하기

1 윗글에 사용된 설명 방법으로 적절하지 <u>않은</u> 것은?

① 예시의 방법을 통해 '일'의 의미를 설명하고 있다.

② 일정한 기준에 따라 에너지의 종류를 설명하고 있다.

③ 중요 용어의 의미를 정의하여 일과 에너지의 의미를 설명하고 있다.

④ 구체적 상황이 진행되는 과정을 통해 일과 에너지의 관계를 설명하고 있다.

⑤ 비교의 방식으로 과학적 '일'과 일상적 '일'의 공통점과 차이점을 설명하고 있다.

세부 내용
파악하기

2 윗글의 내용과 일치하지 <u>않는</u> 것은?

① 운동하는 물체는 일을 할 에너지를 지니고 있다.

② 물체를 들어 올릴 때는 중력에 대해 일을 한 것이다.

③ 일의 양은 힘의 크기와 물체의 이동 거리에 비례한다.

④ 물체가 외부에 일을 하면 그 물체의 에너지가 증가한다.

⑤ 높이의 기준면이 어디냐에 따라 위치 에너지의 양이 달라진다.

세부 내용
추론하기

 고난도

3 윗글에서 이끌어 낸 내용으로 가장 적절한 것은?

① 위치 에너지보다 운동 에너지가 큰 물체일수록 더 많은 일을 할 수 있다.

② 기준면에 정지해 있는 물체는 위치 에너지와 운동 에너지가 모두 0이다.

③ 운동하는 물체의 속력이 2배가 되면 그 물체의 운동 에너지도 2배가 된다.

④ 물이 떨어지면서 물레방아를 돌리는 일을 한 만큼 물의 에너지는 늘어난다.

⑤ 질량이 동일할 경우에 높이가 낮은 곳에 있는 물체의 위치 에너지가 더 크다.

사례에
적용하기

4 윗글을 참고하여 <보기>를 이해한 내용으로 적절하지 <u>않은</u> 것은?

• 보기 •

    춘향은 바닥에 있던 가방을 들고 몽룡을 만나러 갔다. 춘향의 손에 들린 가방은 바닥에서 50㎝ 높이에 위치해 있었으며, 가방의 총 무게는 2㎏이었다. 춘향은 무거운 가방을 한 손에 든 채 손의 흔들림 없이 꼿꼿한 자세로 앞을 향해 걸었다.

① 바닥을 기준면으로 할 때 춘향이 들어 올린 가방은 위치 에너지를 지니겠군.

② 춘향이 바닥에 있던 가방을 들 때는 힘의 방향과 가방의 이동 방향이 같겠군.

③ 춘향이 앞을 향해 빨리 걸을수록 가방이 지닌 위치 에너지가 더 커지겠군.

④ 춘향이 바닥에 있던 가방을 들어 올릴 때 가방에 한 일의 양은 9.8J이 되겠군.

⑤ 춘향이 가방을 든 채로 걸어가는 동안에 춘향이 가방에 일을 한 것은 아니겠군.

개념 한눈에 보기

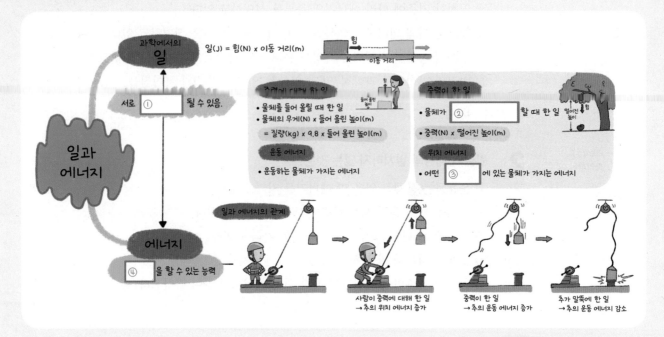

일(J) = 힘(N) x 이동 거리(m)

일과 에너지

과학에서의 **일**

서로 ① [ ] 될 수 있음.

에너지

④ [ ] 을 할 수 있는 능력

중력에 대해 한 일
• 물체를 들어 올릴 때 한 일
• 물체의 무게(N) x 들어 올린 높이(m)
= 질량(kg) x 9.8 x 들어 올린 높이(m)

운동 에너지
• 운동하는 물체가 가지는 에너지

중력이 한 일
• 물체가 ② [ ] 할 때 한 일
• 중력(N) x 떨어진 높이(m)

위치 에너지
• 어떤 ③ [ ] 에 있는 물체가 가지는 에너지

일과 에너지의 관계

사람이 중력에 대해 한 일
→ 추의 위치 에너지 증가

중력이 한 일
→ 추의 운동 에너지 증가

추가 말뚝에 한 일
→ 추의 운동 에너지 감소

교과 개념 사전

#일 [일]
물체에 힘을 작용하여 물체를 그 힘의 방향으로 이동시키는 것.

#일의 양 [일] [양]
물체에 힘이 작용하여 물체가 그 힘의 방향으로 일정한 거리만큼 움직였을 때에, 힘의 크기와 이동 거리를 곱한 양.

#에너지
기본적인 물리량의 하나. 물체나 물체계가 가지고 있는 일을 하는 능력을 통틀어 이르는 말로, 에너지의 형태에 따라 운동, 위치, 열, 전기 따위의 에너지로 구분한다.

#운동 에너지 [운:동]
운동하는 물체가 가지고 있는 에너지.

#위치 에너지 [위치]
물체가 어떤 특정한 위치에서 표준 위치로 돌아갈 때까지 일을 할 수 있는 잠재적 에너지. 크기는 물체의 위치로 정하여진다.

교과 개념 확인 Quiz

다음 물음에 답하시오.

❶ 역도 선수가 역기를 들고 가만히 서 있는 것은 과학에서의 일을 한 것이 아니다. ○ | X

❷ 바닥에 있는 물체를 책상 위로 올릴 때에는 중력이 물체에 일을 한 것이다. ○ | X

❸ 물체가 지닌, 일을 할 수 있는 능력을 □□□라고 한다.

❹ 물체의 운동 에너지는 물체의 질량에 비례하고, □□의 제곱에 비례한다.

❺ 기준면보다 높은 곳에 있는 물체가 지닌 에너지를 □□ 에너지라고 한다.

>> 생명과학

서로 다른 눈·코·입의 역할

📅 월 일

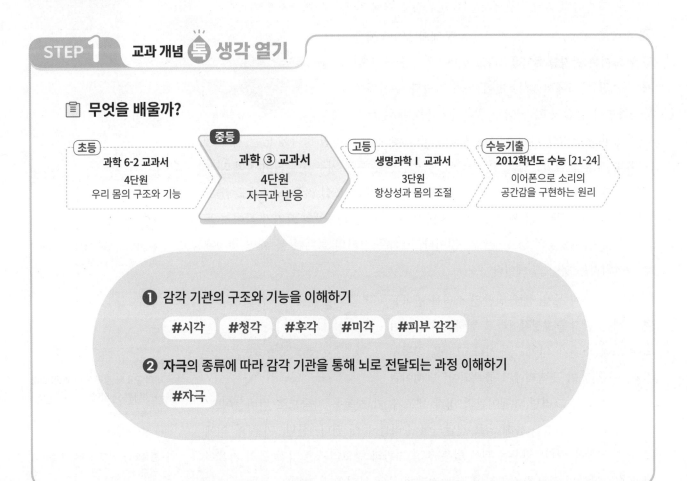

📋 **무엇을 배울까?**

초등	중등	고등	수능기출
과학 6-2 교과서 4단원 우리 몸의 구조와 기능	과학 ③ 교과서 4단원 자극과 반응	생명과학 Ⅰ 교과서 3단원 항상성과 몸의 조절	2012학년도 수능 [21-24] 이어폰으로 소리의 공간감을 구현하는 원리

❶ 감각 기관의 구조와 기능을 이해하기

#시각 #청각 #후각 #미각 #피부 감각

❷ 자극의 종류에 따라 감각 기관을 통해 뇌로 전달되는 과정 이해하기

#자극

❓ **생각해 보기** 왜 코를 막으면 양파와 사과를 구분하지 못할까?

1 햇빛, 소리, 냄새 등과 같이 생물에 작용하여 반응을 일으키게 하는 환경의 변화를 **#자극**이라 하고, 이러한 자극을 받아들이는 기관을 감각 기관이라고 한다. 우리 몸에는 여러 가지 감각 기관이 있으며, 감각 기관마다 받아들이는 자극의 종류가 다르다. 그렇다면 감각 기관에서는 어떤 과정을 거쳐 자극을 느끼는지 알아보자.

① 문단
자극과 [   ]의 개념: [   ]은 생물에 작용하여 반응을 일으키게 하는 환경 변화를, 감각 기관은 이러한 자극을 받아들이는 기관을 의미함.

2 눈에서 빛을 자극으로 받아들여 물체의 모양, 색깔 등을 느끼는 감각을 **#시각**이라고 한다. 우리가 어떤 물체를 보면 물체에서 나온 빛이 눈의 각막과 수정체를 통과하면서 굴절되고, 굴절된 빛은 눈 안을 채우고 있

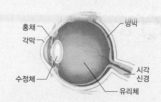

홍채
각막
수정체
망막
시각 신경
유리체

는 투명한 물질인 유리체를 지나 망막에 상을 맺는다. 그러면 망막에 있는 시각 세포가 빛 자극을 받아들이고, 이 자극이 시각 신경을 통해 뇌로 전달되어 물체의 모습을 보게 된다. 이 과정에서 눈은 물체를 잘 보기 위해 조절 작용을 하기도 한다. 주변이 밝으면 각막에 감싸인 홍채˙의 면적이 넓어지면서 동공의 크기가 작아져 동공으로 들어오는 빛의 양을 줄이는 것이나, 가까운 거리의 물체를 볼 때면 수정체가 두꺼워지는 것이 그 예이다.

② 문단
눈의 구조와 감각 인식 과정: 빛 → 각막 → [   ] → 유리체 → 망막의 [   ] → 시각 신경 → 뇌

• 홍채 안구의 각막과 수정체 사이에 있는 둥근 모양의 얇은 막. 동공의 크기를 조절하며, 인종에 따라 색소가 다르다.

3 귀에서 공기 등을 통해 전달된 소리를 받아들여 느끼는 감각을 **#청각**이라고 한다. 귀의 귓바퀴에 모인 소리가 외이도를 지나 고막을 진동시키고, 이 진동이 귓속뼈에서 증폭되어˙ 달팽이관

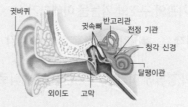

귓바퀴
귓속뼈
반고리관
전정 기관
청각 신경
달팽이관
외이도
고막

으로 전달된다. 그러면 달팽이관의 청각 세포가 이 진동을 자극으로 받아들이고, 이 자극이 청각 신경을 통해 뇌로 전달되어 소리를 듣게 된다. 한편, 귀는 이 외에도 다른 역할을 한다. 귓속뼈 뒤에 있는 전정 기관과 반고리관은 각각 몸의 기울어짐과 회전이라는 자극을 감지하여 뇌로 전달해 몸의 균형을 유지한다.

③ 문단
귀의 구조와 감각 인식 과정: 소리 → 귓바퀴 → 외이도 → [   ] → 귓속뼈 → 달팽이관의 [   ] → 청각 신경 → 뇌

• 증폭되다 사물의 범위가 늘어나 커지다.

4 코를 통해 냄새를 느끼는 감각을 **#후각**이라고 한다. 콧속 윗부분의 후각 상피에는 후각 세포가 모여 있는데, 기체 상태의 화학 물질이 후각 세포를 자극하면 이 자극이 후각 신경을 통해 뇌로 전달되어 냄새를 맡게 된다. 혀를 통해 맛을 느끼는 감각은 **#미각**이다. 혀의 표면에 있는 유두라는 작은 돌기의 옆면에는 맛세포가 모여 있는 맛봉오리가 있는데, 입 안으로 들어온 액체 상태의 화학 물질이 맛세포를 자극하면, 이 자극이 미각 신경을 통해 뇌로 전달되어 맛을 느끼게 된다.

④ 문단
코와 혀의 감각 인식 과정:
• 코: 기체 상태의 화학 물질 → [   ]의 후각 세포 → 후각 신경 → 뇌
• 혀: 액체 상태의 화학 물질 → 유두 → 맛봉오리의 [   ] → 미각 신경 → 뇌

5 피부에 있는 감각점을 통해 자극을 느끼는 감각을 **#피부 감각**이라고 한다. 몸의 부위에 따라 감각점의 종류나 개수가 다른데, 촉점, 통점, 온점, 냉점, 압점이 있으며 차례대로 가벼운 접촉, 아픔, 따뜻함, 차가움, 압력을 자극으로 받아들인다. 이때 매운맛과 떫은맛은 혀와 입속 피부의 통점과 압점이 각각 받아들이는 피부 감각이다. 그리고 각 감각점에서 받아들인 이 자극은 감각 신경을 통해 뇌로 전달된다.

⑤ 문단
피부의 감각 인식 과정: 피부 자극 → 피부의 [   ] → 감각 신경 → 뇌

**핵심 내용
파악하기**

1 윗글의 핵심 내용으로 가장 적절한 것은?

① 감각 기관의 기능과 한계
② 감각 기관의 종류와 감각 인식 과정
③ 다섯 가지 감각을 종합하는 뇌의 기능
④ 감각 기관에 따른 감각 인식 능력의 차이
⑤ 동일한 자극에 대한 감각 기관별 반응 차이

**세부 내용
파악하기**

2 윗글의 내용과 일치하지 <u>않는</u> 것은?

① 귀는 청각 외에 인체의 균형 감각도 담당한다.
② 눈, 귀, 코, 혀, 피부는 감각 기관에 포함된다.
③ 인간이 느끼는 모든 감각은 뇌를 통해 인식된다.
④ 후각은 기체, 미각은 액체 상태의 자극 물질을 받아들인다.
⑤ 눈에서 빛 자극을 받아들이는 시각 세포는 유리체에 분포한다.

**세부 내용
추론하기**

고난도
3 윗글을 바탕으로 한 추론으로 적절하지 <u>않은</u> 것은?

① 떫은맛과 매운맛은 미각을 통해서는 느낄 수 없다.
② 사람의 눈은 빛이 없으면 대상의 형태나 색을 인식할 수 없다.
③ 피부의 감각점이 달라지면 받아들이는 감각의 종류도 달라진다.
④ 주변이 어두우면 홍채와 동공을 모두 넓혀 눈으로 받아들이는 빛의 양을 늘린다.
⑤ 수정체의 기능이 떨어지면 가까운 곳의 물체가 잘 안 보이는 현상이 생길 수 있다.

**사례에
적용하기**

4 윗글을 바탕으로 <보기>에 대해 보인 반응으로 가장 적절한 것은?

> **보기**
>
> 귓구멍에 꽂고 소리를 듣는 일반 이어폰과 달리, 뼈 전도 이어폰은 귀 근처에 걸어 착용하는 이어폰이다. 뼈 전도 이어폰은 뼈와 피부의 진동을 통해 소리를 전달하기 때문에 이어폰에서 나오는 소리를 들으면서도 외부의 다른 소리를 듣거나 다른 사람과 대화를 주고받을 수 있는 장점이 있다.

① 일반 이어폰과 뼈 전도 이어폰은 모두 진동을 통해 소리를 전달하겠군.
② 일반 이어폰과 뼈 전도 이어폰은 모두 청각 신경에서 소리가 증폭되겠군.
③ 일반 이어폰과 뼈 전도 이어폰은 모두 외이도와 고막의 역할이 중요하겠군.
④ 일반 이어폰보다 뼈 전도 이어폰이 이어폰에서 나오는 소리가 더 잘 전달되겠군.
⑤ 일반 이어폰은 뼈 전도 이어폰과 달리 청각 세포에 이상이 있어도 소리를 들을 수 있겠군.

개념 한눈에 보기

자극과 감각

눈

눈에서 ① 을 자극으로 받아들여
물체의 모양, 색깔, 거리 등을 느끼는 시각

귀

귀에서 공기를 통해 전달된 ② 를
자극으로 받아들여 느끼는 청각

코

코에서 ③ 상태의 화학 물질을
자극으로 받아들여 냄새로 느끼는 후각

혀

혀에서 ④ 상태의 화학 물질을
자극으로 받아들여 맛을 느끼는 미각

피부

피부의 감각점을 통해 압력, 통증,
온도 변화 등을 느끼는 피부 감각

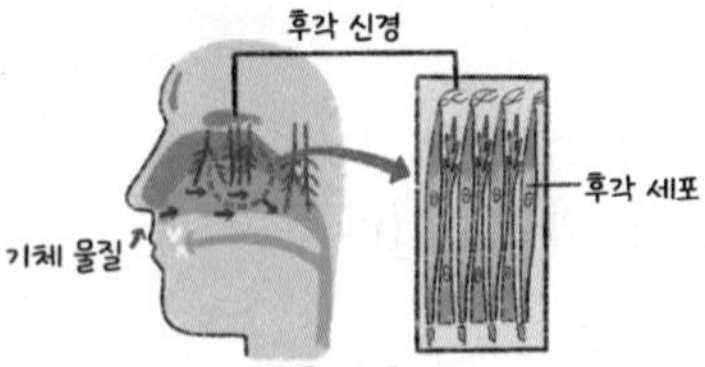

[코의 구조]

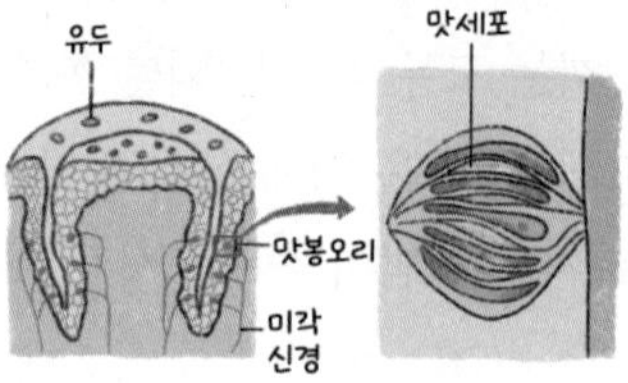

[혀의 구조]

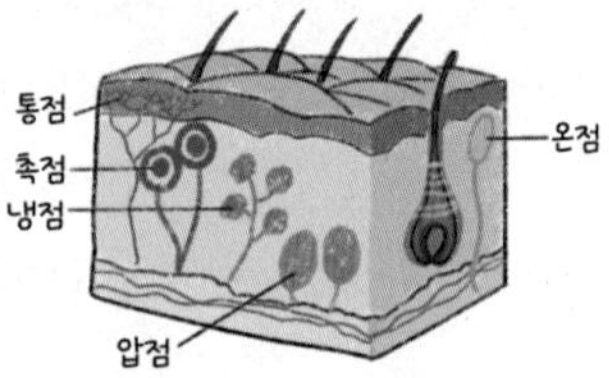

[피부의 구조]

교과 개념 사전

#자극 [자:극]
생체에 작용하여 반응을 일으키게 하는 요인.

#시각 [시각]
눈에서 빛을 자극으로 받아들여 물체의 모양, 색깔, 거리 등을 느끼는 감각.

#청각 [청각]
귀에서 공기 등을 통해 전달된 소리를 느끼는 감각. 귀는 청각뿐 아니라 몸의 회전이나 이동, 몸의 위치나 기울기를 감각하는 평형 감각 기관이다.

#후각 [후각]
코에서 기체 상태의 화학 물질을 자극으로 받아들여 냄새를 느끼는 감각.

#미각 [미각]
혀에서 액체 상태의 화학 물질을 자극으로 받아들여 맛을 느끼는 감각.

#피부 감각 [피부] [감각]
피부의 감각점을 통해 압력, 통증 등을 느끼는 감각. 매운맛과 떫은맛은 혀와 입 속의 피부를 통해 느끼는 피부 감각이다.

교과 개념 확인 Quiz

다음 물음에 답하시오.

❶ 물체의 형태와 색깔 등을 느낄 수 있는 감각 기관은 눈이다.   ○ I X

❷ 귀는 귓바퀴에 모인 소리를 외이도에서 진동으로 바꾸어 받아들인다.   ○ I X

❸ 코를 통해 음식 냄새, 꽃향기 등을 느낄 수 있는 감각을 ☐☐이라고 한다.

❹ 혀를 통해 액체 상태의 자극 물질을 받아들여 맛을 느낄 수 있는 감각을 미각이라고 한다.   ○ I X

❺ 피부의 감각점을 통해 부드러움, 아픔, 따뜻함, 차가움, 딱딱함 등을 느끼는 감각을 ☐☐ ☐☐이라고 한다.

2

≫ 생명과학

우리 몸은 자극에 어떻게 반응할까?

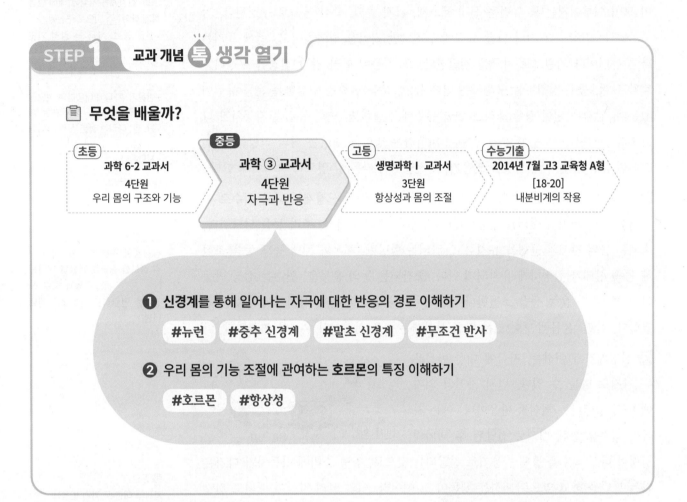

STEP 1 교과 개념 🔔 생각 열기

📋 **무엇을 배울까?**

초등	중등	고등	수능기출
과학 6-2 교과서 4단원 우리 몸의 구조와 기능	과학 ③ 교과서 4단원 자극과 반응	생명과학 I 교과서 3단원 항상성과 몸의 조절	2014년 7월 고3 교육청 A형 [18-20] 내분비계의 작용

❶ **신경계를 통해 일어나는 자극에 대한 반응의 경로 이해하기**

#뉴런　#중추 신경계　#말초 신경계　#무조건 반사

❷ **우리 몸의 기능 조절에 관여하는 호르몬의 특징 이해하기**

#호르몬　#항상성

❓ **생각해 보기** 　나래는 어떻게 시끄러운 곳에서 자기 이름을 알아 듣고 돌아볼 수 있었을까?

1 뒤에서 빵빵거리는 자동차 소리가 들리면 옆으로 피하게 되는데, 우리의 몸이 이렇게 반응할 수 있는 것은, 감각 기관이 받아들인 자극을 뇌로 전달하고 판단하여 반응하도록 신호를 보내는 신경계가 있어서이다. 신경계는 신경 세포인 #뉴런이 모여 이루어지는데, 뉴런은 신경 세포체, 가지 돌기, 축삭 돌기로 구성된다. 가지 돌기는 감각 기관이나 다른 뉴런에서 전달한 자극을 받아들이고, 축삭 돌기는 다른 뉴런이나 기관으로 자극을 전달한다. 또 기능에 따라 감각 신경을 구성하는 감각 뉴런, 중추 신경계를 구성하는 연합 뉴런, 운동 신경을 구성하는 운동 뉴런이 있는데, 감각 뉴런이 빵빵 소리를 연합 뉴런에 전달하면, 연합 뉴런은 자동차가 다가온다는 판단을 내린 후 운동 뉴런에 피하라는 명령을 내리는 식의 역할을 한다. 그러면 운동 뉴런이 이 명령을 반응기˚로 전달해 우리를 길 옆으로 움직이게 한다.

2 신경계는 #중추 신경계와 #말초 신경계가 있다. 중추 신경계는 뇌와 척수로 이루어졌는데, 뇌에서 대뇌는 운동 기관에 명령을 내리며 기억, 추리 등을 담당한다. 소뇌는 몸의 자세와 균형을 유지하고, 간뇌는 혈당량, 체온과 체액 농도 등을 조절해 몸속 상태가 일정하게 유지되게 한다. 중간뇌는 눈의 운동을, 연수는 심장 박동과 호흡, 소화 운동 등을 조절한다. 척수는 뇌와 말초 신경계 사이에서 신호를 전달한다. 한편, 온몸에 뻗어 있는 말초 신경계는 중추 신경계와 온몸을 연결한다.

3 신경계가 관여하는, 자극에 대한 반응은 두 가지로 나눌 수 있다. 먼저 자신의 의지에 따라 일어나는 의식적 반응이다. 이는 자극이 척수를 통해 대뇌로 전달된 후 대뇌의

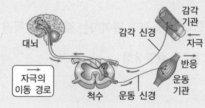

명령이 다시 척수를 통해 반응기로 전달되는 것으로, 빵빵 소리에 자동차가 다가온다는 판단을 하고 옆으로 피하는 행동이 그 예이다. 이와 달리 자극이 대뇌로 전달되기 전에 척수 등의 명령이 반응기로 전달되어 나타나는 #무조건 반사도 있다. 뜨거운 것을 만졌을 때 무의식적으로 손을 떼는 행동이 이에 해당한다.

4 자극에 대한 반응을 일으키는 것에는 #호르몬도 있다. 호르몬은 체내의 내분비샘˚에서 만들어지는 물질로, 혈액을 따라 순환하면서 특정 세포에 신호를 전달하고 기관의 활동을 조절한다. 날이 추울 때 갑상샘에서 분비되는 호르몬인 티록신은 몸속 열 발생량을 늘려 체온을 올린다. 또 혈액 속 포도당의 양, 즉 혈당량을 조절하는 과정에서는 이자에서 분비되는 호르몬인 인슐린이 작용하면 혈당량이 감소하고 글루카곤이 작용하면 혈당량이 증가한다. 이처럼 우리 몸은 환경 변화에 반응하여 몸의 상태를 일정하게 유지하려는 성질을 가지는데, 이를 #항상성이라고 한다. 항상성은 신속한 신호 전달과 일시적 반응을 일으키는 신경계와 느리지만 지속적 반응을 일으키는 ㉠호르몬의 작용을 통해 유지된다.

---

1 문단

⬚의 구성 요소와 자극 전달 경로: 신경계는 자극에 대해 반응하게 하며 ⬚으로 구성됨.

• 전달 경로: 자극 → 감각 기관 → 감각 뉴런 → ⬚ → ⬚ → 반응기 → 반응

• 반응기 자극에 대응하여 적당한 반응을 나타내는 조직 또는 기관. 팔, 다리는 물론 신경이 이어져 있는 근육이나 분비선 등이 포함된다.

2 문단

신경계의 구분과 기능: 여러 감각 정보를 종합해 명령을 내리는 ⬚와, 온몸과 중추 신경계를 연결하는 말초 신경계로 나뉨.

3 문단

자극에 대한 두 가지 반응: ⬚에 따른 의식적 반응과, 무의식적인 반응인 ⬚ 반사가 있음.

4 문단

호르몬의 기능: 혈액을 따라 온몸을 순환하면서 특정 세포에 신호를 전달하고 기관의 활동을 조절하여 ⬚이 유지되게 함.

• 내분비샘 호르몬을 만들어 혈액 등으로 분비하는 조직이나 기관.

핵심 내용
파악하기

1 윗글에서 답을 찾을 수 있는 질문이 <u>아닌</u> 것은?

① 항상성이라는 말의 뜻은 무엇일까?

② 신경계와 호르몬이 하는 역할은 무엇일까?

③ 말초 신경계는 기능에 따라 어떻게 나뉠까?

④ 신경계에서 자극이 전달되는 과정은 어떻게 될까?

⑤ 자극에 대해 나타나는 반응의 종류에는 어떤 것이 있을까?

세부 내용
파악하기

2 윗글의 내용과 일치하지 <u>않은</u> 것은?

① 뇌의 여러 부분은 각각 고유한 역할을 맡고 있다.

② 말초 신경계는 뇌와 척수를 온몸의 조직이나 기관과 연결한다.

③ 뉴런은 감각 기관과 반응기 사이에서 신호를 전달하거나 분석하는 역할을 한다.

④ 항상성은 호르몬의 신속한 신호 전달과 신경계의 지속적 반응을 통해 유지된다.

⑤ 감각 기관에서 받아들인 자극은 감각 뉴런, 연합 뉴런, 운동 뉴런의 순으로 전달된다.

세부 내용
추론하기 **고난도**

3 윗글을 통해 ㉠을 이해한 내용으로 가장 적절한 것은?

① 인슐린과 달리 티록신은 내분비샘에서 만들어질 것이다.

② 혈액 속 포도당의 양이 많아지면 글루카곤이 작용할 것이다.

③ 혈당량이 낮아질수록 인슐린이 분비되는 양이 늘어날 것이다.

④ 사람이 36.5도의 체온을 유지하는 데 티록신이 작용할 것이다.

⑤ 체액의 농도를 조절하기 위해 간뇌에서 인슐린과 글루카곤을 분비할 것이다.

사례에
적용하기

4 윗글을 바탕으로 <보기>의 (가)와 (나)를 비교한 내용으로 적절하지 <u>않은</u> 것은?

· 보기 ·

감각 기관에서 받아들이는 자극의 종류에 따라 우리 몸에서 반응이 일어나는 경로에 차이를 보인다. (가)와 (나)는 실생활에서 나타나는 반응 사례이다.

(가) 날아오는 공을
　　　보고 친다.

(나) 컵을 쥐는 순간
　　　뜨거워 손을 뗀다.

① (가)는 의식적 반응이라면, (나)는 무조건 반사이겠군.

② (가)의 반응과 달리, (나)의 반응에는 연합 뉴런이 작용하지 않겠군.

③ (가)와 (나)의 반응에는 중추 신경계와 말초 신경계가 모두 작용하겠군.

④ (가)는 대뇌의 명령이, (나)는 척수의 명령이 반응기로 전달되겠군.

⑤ (가)와 같은 반응보다 (나)와 같은 반응이 일반적으로 더 빨리 일어나겠군.

개념 한눈에 보기

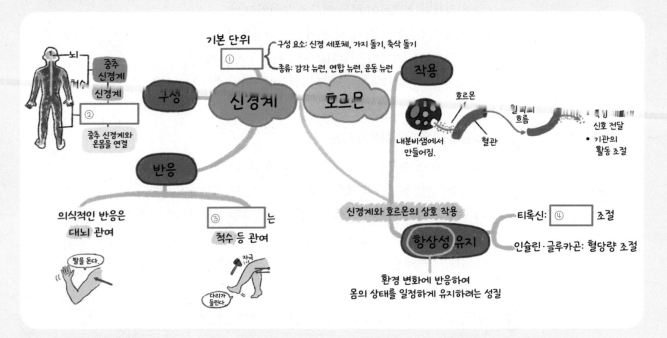

교과 개념 사전

#뉴런
신경계를 구성하는 신경 세포로 신경 세포체, 가지 돌기, 축삭 돌기로 이루어져 있다.

#중추 신경계 [중추] [신경계/신경게]
뇌와 척수로 구성되어 있으며, 자극에 대해 판단하고 적절한 명령을 내리는 역할을 한다.

#말초 신경계 [말초] [신경계/신경게]
중추 신경계로부터 온몸으로 연결되는 신경의 모든 경로.

#무조건 반사 [무조껀] [반·사]
자극에 대한 무의식적인 반응. 감각 기관에서 받아들인 자극이 대뇌로 전달되지 않고, 그 전에 척수, 연수, 중간뇌의 명령이 반응기로 전달되어 나타나는 반응.

#호르몬
내분비샘에서 분비되어 특정 세포나 조직에 작용하여 몸의 생리 작용을 조절하는 물질.

#항상성 [항상썽]
외부 환경의 변화에 적절하게 반응하여 몸의 상태를 일정하게 유지하려는 성질.

교과 개념 확인 Quiz

다음 물음에 답하시오.

① 신경계는 수많은 신경 세포가 모여서 이루어지는데, 이 신경 세포를 □□이라고 한다.

② 뇌와 척수로 이루어진 중추 신경계는 여러 감각 정보를 종합하여 적절한 반응을 하도록 명령을 내린다. ○ ǀ X

③ □□ □□□는 중추 신경계와 온몸을 연결한다.

④ 대뇌가 관여하여 나타나는 반응을 무조건 반사라고 한다. ○ ǀ X

⑤ 우리 몸이 체온이나 혈당량을 일정하게 유지하려는 성질을 □□□이라고 한다.

⑥ □□□은 내분비샘에서 만들어져 특정 세포나 기관으로 신호를 전달하여 몸의 기능을 조절하는 물질이다.

넌 대체 누굴 닮은 거니?

STEP 1 교과 개념 톡 생각 열기

📋 무엇을 배울까?

초등	중등	고등	수능기출
과학 3-1 교과서 3단원 동물의 한살이	과학 ③ 교과서 5단원 생식과 유전	생명과학 l 교과서 4단원 유전	2007년 3월 고3 교육청 [21-24] 유전자와 인간

❶ 유전 용어를 알고 멘델이 한 유전 실험의 의의 이해하기

#형질　#대립 형질　#우성　#열성

❷ 멘델이 발견한 법칙을 통해 유전자의 전달 원리와 과정 이해하기

#분리 법칙　#독립 법칙

이제부터는 매끈하고 둥근 완두콩만 길러야지.

이게 무슨 일이지? 나는 분명히 둥근 완두콩만 심었는데?

❓ 생각해 보기　둥근 완두콩만 재배했는데 주름진 완두콩이 나온 까닭은 무엇일까?

1 한쪽은 수학을 잘하고, 다른 한쪽은 수학을 못하는 부모 사이에서 태어난 아이는 중간 정도의 수학 실력을 가질까? 만약 모든 유전이 이런 식으로 중간 정도에서 이루어진다면, 부모가 지닌 우수한 #형질은 대가 이어질수록 점점 덜 우수한 쪽으로 변해 갈 것이다. 그런데 19세기의 과학자 멘델은 순종˙ 완두 둘을 교배하는˙ 실험을 통해 늘라운 사실을 발견했다. 순종 둥근 완두와 순종 주름진 완두를 교배하여 나온 잡종은 둥글면서 주름진 중간 형태가 아니라 모두 둥근 완두가 된다는 것이었다. 또한 이렇게 나온 잡종을 다시 교배하면 둥근 완두가 약 75%, 주름진 완두가 약 25% 정도가 나온다는 결과를 얻었다. 이러한 실험을 통해 둥글거나 주름진 형태는 완두가 지니는 #대립 형질이며, 이 대립 형질을 이루는 대립 유전자의 구성에 따라 겉모습이 달라질 수 있음을 알아냈다.

2 순종 둥근 완두(RR)와 순종 주름진 완두(rr)를 교배하면 대립 유전자 'R', 'r'은 각각 분리되어 서로 다른 생식 세포로 들어가는데, 이를 분리 법칙이라 한다. 이렇게 분리되어 생식 세포에 들어간 'R'과 'r'

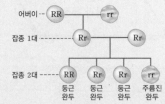

이 결합하여 얻은 잡종 1대는 언제나 둥근 완두(Rr)가 된다. 대립 형질이 다른 두 순종 개체를 교배했을 때 잡종 1대에서 발현되는˙ 형질을 #우성, 그렇지 않은 형질을 #열성이라 하는데 완두는 둥근 형태(R)가 우성, 주름진 형태(r)가 열성인 것이다. 잡종 1대의 둥근 완두(Rr) 둘을 다시 교배하면, #분리 법칙에 따라 잡종 2대에서는 ㉠둥근 완두(RR), 둥근 완두(Rr), 주름진 완두(rr)가 1:2:1의 비율로 나온다.

3 그러면 ㉡두 가지 형질을 지닌, 둥글고 노란색인 순종 완두(RRYY)와 주름지고 초록색인 순종 완두(rryy)를 교배하면 어떻게 될까? 둥근 형태와 노란색이 우성이므로 잡종 1대에서는 우열의 원리에 따라 둥글고 노란색인 완두(RrYy)만 나온다. 모양, 색깔을 결정하는 대립 유전자 쌍은 서로 영향을 미치지 않고 각각 분리되어 서로 다른 생식 세포로 들어간다는 #독립 법칙에 의해 둥글고 초록색인 완두나 주름지고 노란색인 완두는 나오지 않는다. 그런데 둥글고 노란색인 잡종 완두(RrYy)끼리 다시 교배하면 그때에는 다양한 유전자형을 지닌 잡종 2대가 만들어진다. 'RRYY', 'RrYy' 등과 같이 우성 형질 'R'과 'Y'가 발현되거나 'rryy'와 같이 열성 형질 'r'과 'y'가 발현되는 등의 방식으로 우열의 원리에 따라 '둥글고 노란색인 완두, 둥글고 초록색인 완두, 주름지고 노란색인 완두, 주름지고 초록색인 완두'가 특정 비율로 나온다. 형질이 다양할수록, 교배의 횟수가 많아질수록 복잡한 유전자형이 결합된 자손이 나오는 것이다. 하지만 인간은 완두와는 비교할 수 없이 복잡한 유전자 구조를 지녔으며, 수학 실력이 특정 유전자 때문인지도 아직 규명되지˙ 않았다. 수학을 잘하지 못하는 것이 꼭 부모 때문만은 아닌 것이다.

---

1 문단
☐의 완두 실험: 대립 ☐을 이루는 대립 유전자의 구성에 따라 겉모습이 달라질 수 있음을 알아냄.

· 순종 다른 계통과 섞이지 아니한 유전적으로 순수한 계통 혹은 품종.
· 교배하다 생물의 암수를 인위적으로 수정 또는 수분시켜 다음 세대를 얻다.

2 문단
☐ 법칙과 ☐ 유전자의 발현: 대립 유전자의 분리와 결합에 의해 잡종 1대가 만들어질 때, 우성 대립 유전자와 열성 대립 유전자가 결합하면 언제나 ☐ 형질이 발현됨.

· 발현되다 속에 있거나 숨은 것이 밖으로 나타나다.

3 문단
☐ 법칙에 따른 다양한 형질의 유전: 여러 형질이 함께 유전될 때에는 각각의 형질이 ☐적으로 분리되어 유전되며, 각각의 형질은 우성과 ☐의 관계에 따라 다른 비율로 발현됨.

· 규명되다 어떤 사실이 자세히 따져져 바로 밝혀지다.

전개 방식
파악하기

1 윗글에서 사용된 설명 방식으로 적절하지 <u>않은</u> 것은?

① 핵심 용어의 뜻을 밝혀 독자의 이해를 돕고 있다.

② 실생활 사례를 통해 독자의 관심을 유도하고 있다.

③ 권위 있는 사람의 말을 빌려 주장을 강화하고 있다.

④ 묻고 대답하는 방식을 통해 실험 결과를 설명하고 있다.

⑤ 시각 자료를 통해 실험 내용을 구체적으로 제시하고 있다.

세부 내용
파악하기

2 윗글의 내용과 일치하는 것은?

① 수학을 잘하는 것과 못하는 것은 유전되는 대립 형질이다.

② 잡종 1대와 달리 잡종 2대에서는 순종이 나올 확률이 사라진다.

③ 대립 유전자 쌍은 유전될 때 분리되어 하나의 생식 세포로 들어간다.

④ 우성과 열성의 대립 형질을 가진 생물은 우성과 열성의 중간 형질이 유전된다.

⑤ 두 가지 형질이 함께 유전될 때 각 형질의 대립 유전자 쌍은 독립적으로 유전된다.

세부 내용
추론하기

고난도
3 ㉠을 통해 이끌어 낼 수 있는 내용으로 적절하지 <u>않은</u> 것은?

① 우성 형질의 유전자끼리 결합하면 우성 형질이 나타난다.

② 열성 형질의 유전자끼리 결합하면 열성 형질이 나타난다.

③ 대립되는 형질의 유전자끼리 결합하면 우성 형질이 나타난다.

④ 대립 유전자의 결합 순서에 따라 우성 또는 열성 형질이 바뀐다.

⑤ 잡종 2대에서는 열성 형질보다 우성 형질이 나타날 확률이 높다.

사례에
적용하기

4 <보기>는 ㉡에 대한 실험 결과이다. 윗글의 내용을 참고할 때, <보기>의 질문에 대한 답변으로 가장 적절한 것은?

┌ 보기 ┐

둥글고 노란색인 완두와 주름지고 초록색인 완두를 교배하여 얻은 잡종 1대를 다시 교배하여 '둥글고 노란색인 완두, 둥글고 초록색인 완두, 주름지고 노란색인 완두, 주름지고 초록색인 완두'의 잡종 2대를 얻었다. 그렇다면 앞에 제시된 완두의 순서를 따를 때 잡종 2대의 비율은 어떻게 될까?

	어버이	잡종 1대	잡종 2대			
				RY	Ry	rY	ry
둥글고 노란색 (RRYY)	생식 세포		RY				
			Ry				
주름지고 초록색 (rryy)	(RrYy)		rY				
			ry				

① 9 : 3 : 3 : 1 　　② 7 : 4 : 4 : 1 　　③ 6 : 4 : 4 : 2

④ 5 : 5 : 5 : 1 　　⑤ 4 : 4 : 4 : 4

개념 한눈에 보기

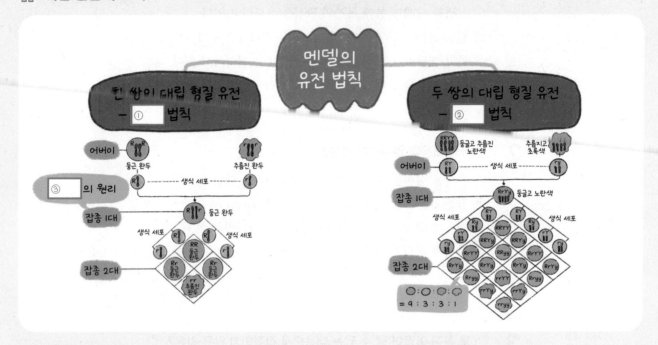

교과 개념 사전

#형질 [형질]
동식물의 모양, 크기, 성질 따위의 고유한 특징.

#대립 형질 [대:립] [형질]
대립 유전자가 지배하는 형질. 서로 우성과 열성의 관계에 있는 것이 보통이다.

#우성 [우성]
대립 형질이 서로 다른 두 순종 품종을 교배하였을 때 나타나는 잡종 제1대의 형질.

#열성 [열썽]
대립 형질 중에서 잡종 제1대에는 나타나지 않는 형질.

#분리 법칙 [불리] [법칙]
유전의 과정에서 생식 세포가 만들어질 때, 쌍으로 존재하던 대립 유전자가 분리되어 서로 다른 생식 세포로 하나씩 나뉘어 들어가는 현상.

#독립 법칙 [동닙] [법칙]
두 가지 이상의 형질이 함께 유전될 때, 한 형질을 나타내는 대립 유전자 쌍이 다른 형질을 나타내는 대립 유전자 쌍에 영향을 받지 않고 독립적으로 분리되어 유전되는 현상.

교과 개념 확인 Quiz

다음 물음에 답하시오.

❶ 콩의 모양이 둥글거나 주름지고, 콩의 색깔이 녹색이거나 노란색인 것처럼 대립 유전자에 의해 나타나는 특성을 □□□□이라고 한다.

❷ 우성 형질을 가진 대립 유전자와 열성 형질을 가진 대립 유전자가 결합하면 열성 형질이 나타난다. ○ | X

❸ 둥근 완두의 대립 유전자가 Rr로 구성되어 있을 때 대립 유전자 R과 r이 각각 다른 생식 세포로 들어가는 현상을 □□ 법칙이라 한다.

❹ 여러 형질이 동시에 유전될 때 각각의 형질에 나타나는 대립 유전자 쌍이 서로 영향을 받지 않고 유전되는 현상을 □□ 법칙이라 한다.

>> 생명과학

나는 엄마와 아빠를 그대로 닮았을까?

STEP 1 교과 개념 톡 생각 열기

📋 **무엇을 배울까?**

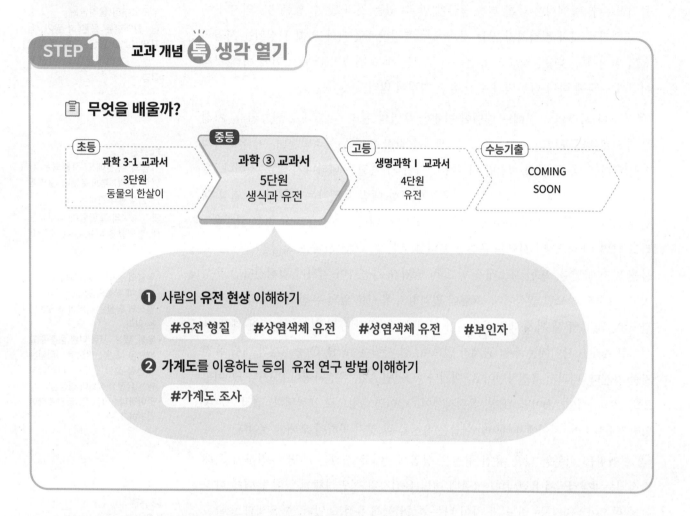

초등 → 과학 3-1 교과서 3단원 동물의 한살이

중등 → 과학 ③ 교과서 5단원 생식과 유전

고등 → 생명과학 I 교과서 4단원 유전

수능기출 → COMING SOON

❶ **사람의 유전 현상 이해하기**

#유전 형질   #상염색체 유전   #성염색체 유전   #보인자

❷ **가계도를 이용하는 등의 유전 연구 방법 이해하기**

#가계도 조사

❓ **생각해 보기** 아들의 엄지손가락이 뒤로 젖혀지지 않는 것도 아버지로부터 물려받은 유전 형질일까?

1 엄마와 아빠가 각각 A형과 B형이라는 사실에 충격을 받아 친부모를 찾겠다고 가출을 한 O형 아들의 이야기가 있다. 혈액형은 분명 유전이라는데, A형과 B형 사이에서 O형의 자녀가 태어나는 것이 가능할까? 사람은 부모로부터 **#유전 형질**을 물려받는다. 혈액형은 물론 혀를 둥글게 말 수 있는 것과 말 수 없는 것, 엄지가 뒤로 젖혀지는 것과 젖혀지지 않는 것은 모두 특정한 유전자에 의해 결정되는 사람의 유전 형질이다. 다만, 사람의 유전을 연구하는 것은 멘델의 완두 실험에 비해 무척 어렵기 때문에 아직 발견되지 못한 유전 형질이 많다.

2 그러나 사람의 유전에도 멘델이 발견한 우열의 원리˚는 그대로 적용된다. 자식은 부모로부터 모양과 크기가 같은 염색체를 각각 하나씩 물려받는데, 이 유전자의 조합이 다를 때 우성˚의 형질만 나타나고 열성˚의 형질은 나타나지 않는 것이다. 우성과 열성의 유전자형은 알파벳을 이용하여 우성 대립 유전자는 대문자로, 열성 대립 유전자는 소문자로 나타낸다. 가령 귓불 모양에 대해 우성을 E라고 하고 열성을 e라고 하면 EE나 Ee인 사람은 우성인 분리형 귓불을, ee인 사람은 열성인 부착형 귓불을 가지게 된다. 또한 보조개가 있고 혀 말기가 가능하며 엄지가 젖혀진다면 우성이고, 그렇지 않으면 열성이다. 그런데 혈액형의 유전은 앞의 유전 형질들과 조금 달라서 A, B, O의 세 가지 대립 유전자가 관여한다˚. 또한 유전자 A, B는 O에 대해 우성이고 A와 B 사이에는 우열 관계가 없으며, 한 사람은 A, B, O 중 2개의 대립 유전자를 가진다. 따라서 유전자형이 AA이거나 AO이면 A형, 유전자형이 BB거나 BO이면 B형, 유전자형이 AB이면 AB형, 유전자형이 OO이면 O형으로 표현된다. 결국 ㉠A형 엄마와 B형 아빠 사이에서 태어난 아들은 유전을 잘 알지 못하여 오해한 것이다.

3 혈액형을 비롯한 많은 유전 형질은 상염색체에 존재하는 대립 유전자에 의해 결정되는 **#상염색체 유전**이다. 그런데 대립 유전자가 성염색체에 있어 남녀에 따라 유전 형질이 나타나는 빈도˚가 차이 나는 **#성염색체 유전**도 있다. 붉은색과 초록을 잘 구별하지 못하는 적록 색맹이 대표적이다. 적록 색맹을 결정하는 유전자는 성염색체 중 X 염색체에 있고, 적록 색맹 대립 유전자(X')는 정상 대립 유전자(X)에 대해 열성이다. 따라서 성염색체 구성이 XY인 남자는 적록 색맹 대립 유전자가 하나만 있어도, 성염색체 구성이 XX인 여자는 적록 색맹 대립 유전자가 모두 있어야 적록 색맹이 된다. 다만 한 개의 적록 색맹 유전자를 가지고 있는 여성은 **#보인자**로 자신은 정상이지만 자손에게 적록 색맹 유전자를 물려줄 수 있다.

4 이와 같은 사람의 유전을 연구하기 위해서는 **#가계도 조사**를 해야 한다. 특정 유전 형질을 가지고 있는 집안에서 여러 세대에 걸쳐 그 형질이 어떻게 유전되는지 가계도를 그려 알아보는 것이다. 어떤 형질에 관한 가계도를 분석하면 그 형질의 우열 관계, 여러 세대에 걸친 유전자의 전달 경로 등을 알 수 있다.

---

1 문단
부모로부터 물려받는 ☐ 형질: 혈액형은 물론 혀 말기, 엄지의 모양 등은 모두 특정한 ☐에 의해 결정되는 유전 형질임.

2 문단
사람의 유전에도 적용되는 우열의 원리: 부모로부터 물려받은 염색체의 결합에 따라 ☐과 ☐의 표현형이 나타나는데, 혈액형은 A, B, O 총 세 개의 ☐가 관여함.

· **우열의 원리** 유전자의 구성이 다를 때 우성의 형질만 나타나고 열성의 형질은 나타나지 않는다는 원리.
· **우성, 열성** 서로 다른 품종을 교배했을 때 우선적으로 나타나는 유전적 성질이 우성, 나타나지 않는 유전적 성질이 열성임.
· **관여하다** 어떤 일에 관계하여 참여하다.

3 문단
상염색체 유전과 성염색체 유전: ☐은 상염색체에 있는 유전자에 의해 유전 형질이 결정되며, 성염색체 유전은 성염색체에 있는 유전자에 의해 유전 형질이 결정되는 것으로 ☐에 따라 나타나는 빈도가 다름.

· **빈도** 같은 현상이나 일이 반복되는 횟수.

4 문단
☐의 개념과 특징: 사람의 유전 연구 방법으로, 특정 형질의 우열 관계와 유전자의 전달 경로 등을 알 수 있음.

핵심 내용
파악하기

1 윗글에서 알 수 있는 사실이 <u>아닌</u> 것은?

① 사람의 유전을 연구하는 방법

② 성염색체에 의한 유전의 사례

③ A, B, O 유전자 간의 우열 관계

④ 사람의 유전 연구가 어려운 까닭

⑤ 사람이 부모에게 물려받는 유전 형질

세부 내용
파악하기

2 윗글의 내용과 일치하는 것은?

① 보조개가 없는 사람의 유전자형은 DD, Dd이다.

② 혈액형은 멘델의 유전 원리가 그대로 적용된다.

③ 특정 형질은 부모 세대를 건너뛰고 유전될 수 있다.

④ 엄지가 뒤로 젖혀지는 사람의 유전자형은 TT뿐이다.

⑤ 혈액형의 표현형은 세 가지이고, 유전자형은 여섯 가지이다.

세부 내용
추론하기

고난도

3 ㉠에 대한 설명으로 적절하지 <u>않은</u> 것은?

① O형인 아들이 태어났다면 엄마의 유전자형은 AO일 것이다.

② O형인 아들이 태어났다면 아빠의 유전자형은 BO일 것이다.

③ 엄마의 유전자형이 AA이면 혈액형이 O형인 아들은 태어날 수 없다.

④ 아빠의 유전자형이 BB이면 혈액형이 O형인 아들은 태어날 수 없다.

⑤ 엄마와 아빠의 유전자형이 각각 AO, BO이면 총 3개의 혈액형이 나타날 수 있다.

사례에
적용하기

 4 윗글의 내용으로 보아, <보기>의 밑줄 친 부분에 들어갈 말로 가장 적절한 것은?

┌─ 보기 ┐

선생님: 정상인 남자와 보인자인 여자 사이에서 딸 두 명과 아들 두 명이 태어났어요. 아들과 딸이 정상일 확률과 적록 색맹일 확률은 어떻게 될까요?

학생: _____

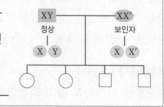

① 아들이 정상일 확률은 50%입니다.

② 아들이 정상일 확률은 100%입니다.

③ 딸이 적록 색맹일 확률은 50%입니다.

④ 딸이 적록 색맹일 확률은 100%입니다.

⑤ 딸과 아들이 모두 정상일 확률은 50%입니다.

🎺 **개념 한눈에 보기**

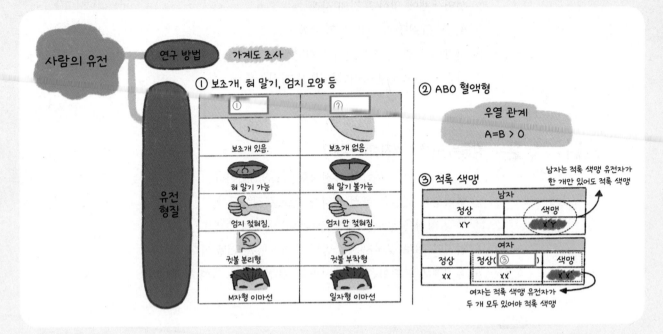

📖 **교과 개념 사전**

#유전 형질 [유전] [형질]
생식 세포 가운데 부모의 형질을 자손에게 전하는 물질.

#상염색체 유전 [상염색체] [유전]
상염색체(생물의 염색체 가운데 성염색체가 아닌 보통 염색체)에 위치하는 대립 유전자에 의해 형질이 결정되는 유전으로, 성별에 따라 형질이 나타나는 빈도에 차이가 없다.

#성염색체 유전 [성:념색체] [유전]
성염색체(남녀의 성별을 결정하는 데 관여하는 염색체로, 여성은 X 염색체 두 개를, 남성은 X 염색체 하나와 Y 염색체 하나를 가짐.)에 있는 대립 유전자에 의해 형질이 결정되는 유전으로, 성별에 따라 형질이 나타나는 빈도가 다르다.

#보인자 [보:인자]
겉으로는 나타나지 않아 정상인과 차이가 없지만 유전 질환을 일으키는 열성 대립 유전자를 가지고 있어서 자손에게 그 유전자를 전달할 수 있는 사람.

#가계도 조사 [가계도/가게도] [조사]
특정 유전 형질을 가지는 집안의 가계도를 분석하여 그 형질의 유전 방식을 연구하는 방법.

교과 개념 확인 **Quiz** 🔍

다음 물음에 답하시오.

❶ 보조개, 혀 말기, 엄지가 젖혀지는 모양 등은 사람이 부모로부터 물려받은 ☐☐ ☐☐에 해당한다.

❷ 사람의 유전은 특정 형질을 지닌 집안을 대상으로 ☐☐☐ ☐☐를 하는 등 간접적인 연구 방법을 사용한다.

❸ AB형인 아버지와 O형인 어머니 사이에서 자녀가 태어난다면 모든 종류의 혈액형이 나타날 수 있다. ○ ¦ X

❹ 적록 색맹 유전은 성염색체 유전에 해당한다. ○ ¦ X

❺ 부모로부터 각각 하나의 염색체를 물려받아 유전이 이루어지는 것은 상염색체 유전이나 성염색체 유전 모두 같다. ○ ¦ X

내 몸은 어떻게 자라는 걸까?

STEP 1 교과 개념 🧴 생각 열기

📋 **무엇을 배울까?**

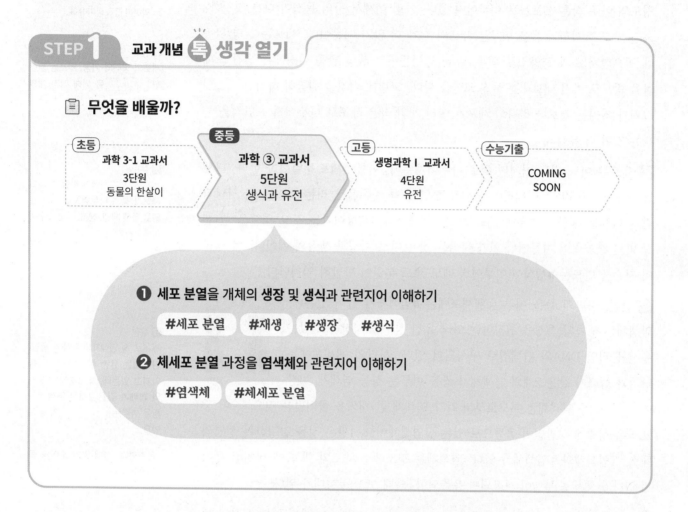

초등	중등	고등	수능기출
과학 3-1 교과서 3단원 동물의 한살이	과학 ③ 교과서 5단원 생식과 유전	생명과학 Ⅰ 교과서 4단원 유전	COMING SOON

❶ **세포 분열**을 개체의 생장 및 생식과 관련지어 이해하기

#세포 분열 　#재생 　#생장 　#생식

❷ **체세포 분열** 과정을 염색체와 관련지어 이해하기

#염색체 　#체세포 분열

❓ **생각해 보기** 어떻게 아기 때보다 키가 3배, 몸무게가 10배 넘게 늘어날 수 있었을까?

1 코끼리나 토끼와 같은 다세포 생물의 몸은 형태나 기능이 다양한 세포로 이루어져 있다. 그러나 코끼리가 토끼보다 몸집이 큰 것은 그 몸을 구성하는 세포의 크기가 커서가 아니다. 대부분 동물의 몸은 10~100㎛(마이크로미터, 백만분의 1미터) 정도의 아주 작은 세포들로 이루어져 있다. 그럼 어째서 둘의 몸집이 다른 것일까? 그건 바로 코끼리의 몸을 이루는 세포의 수가 더 많기 때문이다. 세포는 생명 활동에 필요한 산소와 영양소를 외부로부터 받아들이고 생명 활동 과정에서 생긴 노폐물을 밖으로 다시 내보내는 물질 교환을 한다. 그런데 이것을 원활히 하려면 세포의 크기가 커지는 것보다 하나의 세포가 여러 개의 작은 세포로 나누어져 표면적을 늘리는 것이 더 유리하다.

2 세포는 어느 정도 커지면 둘로 나누어지는데, 이를 **#세포 분열**이라 한다. 단세포 생물인 아메바나 박테리아는 세포 분열이 곧 자손을 늘리는 것이지만, 사람과 같은 다세포 생물의 경우는 세포 분열이 **#재생**과 **#생장**이라는 주요 역할을 한다. 상처 난 손가락이 아물거나 키가 자라는 것은 바로 재생과 생장의 예이다. 또 생물이 자손을 만드는 **#생식**이 이루어질 때도 세포 분열이 활발히 일어난다.

3 한편, 사람의 몸을 이루는 체세포에는 **#염색체**가 들어 있는데, 염색체는 생물의 특징을 결정하는 여러 유전 정보를 저장하고 있는 유전 물질인 DNA와 단백질로 구성되어 있다. 사람의 체세포에는 크기와 형태가 같은 2개의 염색체가 쌍을 이루는 상동 염색체 23쌍이 있다. 상동 염색체는 부모로부터 각각 염색체 한 개씩을 물려받은 것으로, 이 중 22쌍은 성별에 상관없이 공통으로 있는 상염색체이고, 1쌍은 성을 결정하는 성염색체로, X염색체와 Y염색체가 있다. 염색체는 평소에는 세포의 핵 속에 실처럼 풀어져 있다가 체세포 분열이 시작되면 응축되어° 막대 모양의 형태가 된다.

상동 염색체

염색 분체

염색체   염색체

4 **#체세포 분열**은 하나의 체세포가 둘로 나누어지는 것으로, 체세포 분열 전의 세포인 모세포 하나가 동일한 유전 정보와 염색체 수를 가지는 2개의 딸세포°로 분열하는 과정을 통해 이루어진다. 체세포가 분열하기 전인 간기에는 세포의 핵막이 뚜렷한 형태를 보이며 유전 물질이 복제되어 그 양이 두 배로 늘어난다. 세포 분열이 시작되는 전기에는 핵막이 사라지고 두 가닥의 염색 분체로 이루어진 막대 모양의 염색체가 모습을 나타내며, 중기에는 염색체가 세포의 중앙에 나란히 배열된다. 그리고 후기에는 두 가닥의 염색 분체가 분리되어 1개씩 세포의 양쪽 끝으로 이동하며, 말기에는 핵막이 나타나면서 2개의 핵이 만들어진다. 이어서 세포질 분열이 일어나는 단계가 되면 염색체가 핵 안에서 풀어진다. 이렇게 만들어진 딸세포 2개는 다시 시간이 흐르면서 어느 정도 커지면 모세포가 되어 같은 과정을 반복하게 되는데, 이러한 반복을 통해 우리의 몸은 재생과 생장을 한다.

전개 방식
파악하기

1 윗글에 사용된 설명 방식으로 가장 적절한 것은?

① 세포의 물질 교환 과정을 사례를 들어 설명하고 있다.

② 사람과 동물의 세포 분열 과정을 비교하여 설명하고 있다.

③ 체세포 분열의 과정을 단계에 따라 차례로 설명하고 있다.

④ 세포의 종류를 일정한 기준에 따라 나누어 설명하고 있다.

④ 다세포 동물과 단세포 동물의 생김새를 대조해 설명하고 있다.

세부 내용
파악하기

2 윗글의 내용과 일치히지 <u>않는</u> 것은?

① 모세포와 딸세포는 동일한 유전 정보를 가지고 있다.

② 하나의 세포가 둘로 나누어지는 것을 세포 분열이라고 한다.

③ DNA에는 생물의 특징을 결정하는 유전 정보가 저장되어 있다.

④ 단세포 동물의 재생, 생장, 생식은 세포 분열을 통해 이루어진다.

⑤ 사람은 어머니와 아버지로부터 상동 염색체의 쌍 중 각각 하나씩을 물려받는다.

세부 내용
추론하기

고난도

3 윗글을 통해 파악할 수 있는 내용으로 적절하지 <u>않은</u> 것은?

① X염색체와 Y염색체는 성별을 결정하는 염색체이다.

② 분열을 막 끝낸 세포는 분열 직전 세포에 비해 크기가 작다.

③ 상처 난 곳에 살이 재생되는 것은 체세포 분열로 인한 결과이다.

④ 영양소 흡수를 위해서는 세포 분열로 표면적을 작게 할수록 유리하다.

⑤ 호랑이와 고양이의 몸집이 다른 것은 체세포의 개수에 차이가 있기 때문이다.

사례에
적용하기

4 윗글을 바탕으로 <보기>의 그림을 이해한 내용으로 적절하지 <u>않은</u> 것은?

┌ 보기 ┐

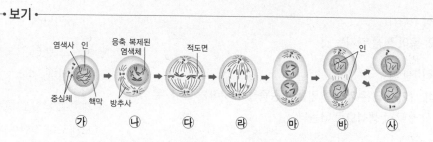

체세포는 위의 〈그림〉과 같이 순차적인 세포 분열의 과정을 통해 그 개수를 늘려나간다.

① ㉮와 달리 ㉿는 하나의 세포에서 유전 물질의 양이 두 배로 늘어나는 단계이다.

② ㉯는 핵막이 사라지는 단계이고, ㉺는 새로운 핵막이 나타나는 단계이다.

③ ㉮는 모세포이고 ㉿는 세포 분열의 결과로 만들어진 딸세포이다.

④ ㉣에서는 ㉰의 염색체에서 분리된 두 가닥의 염색 분체가 각각 양쪽 끝으로 이동한다.

⑤ ㉯에서는 막대 모양의 염색체가 나타나고, ㉺에서는 염색체가 핵 안에서 풀어지게 된다.

개념 한눈에 보기

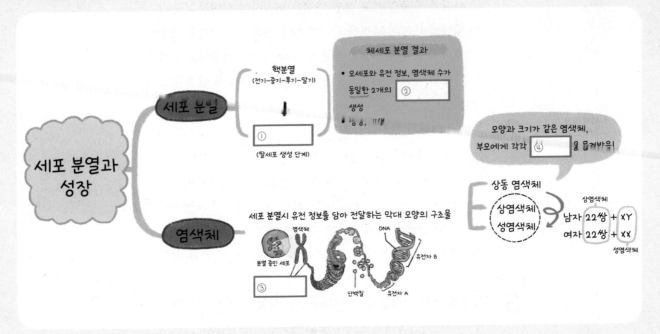

체세포 분열 결과
- 모세포와 유전 정보, 염색체 수가 동일한 2개의 ② ☐☐☐ 생성
- 생장, 재생

핵분열
(전기-중기-후기-말기)

① ☐☐☐☐
(딸세포 생성 단계)

세포 분열

세포 분열과 성장

염색체

세포 분열시 유전 정보를 담아 전달하는 막대 모양의 구조물

모양과 크기가 같은 염색체, 부모에게 각각 ④ ☐☐☐ 물려받음!

상동 염색체
상염색체
성염색체

상염색체
남자 22쌍 + XY
여자 22쌍 + XX
성염색체

염색체
분열 중인 세포
③ ☐☐☐
DNA
단백질
유전자 A
유전자 B

교과 개념 사전

#세포 분열 [세:포] [부녈]
일정한 크기에 도달한 세포가 두 개의 세포로 나누어지는 현상.

#재생 [재:생]
상실되거나 손상된 생물체의 한 부분에 새로운 조직이 생겨 다시 자라남.

#생장 [생장]
생물의 몸이 점점 커지는 것.

#생식 [생식]
생물이 자기와 닮은 개체를 만들어 종족을 유지하는 현상. 유성 생식과 무성 생식으로 나눈다.

#염색체 [염:색체]
생물의 종류나 성에 따라 그 수가 일정한 유전자의 집합체. 사람의 체세포에는 46개(23쌍)의 염색체가 들어 있으며, 이 중 22쌍은 남녀에게 공통적으로 들어가는 상염색체이고, 나머지 1쌍은 성을 결정하는 성염색체이다.

#체세포 분열 [체세포] [부녈]
사람의 몸을 구성하는 체세포가 둘로 나누어지는 과정으로, 생장, 재생, 생식이 이루어질 때 일어난다.

교과 개념 확인 Quiz

다음 물음에 답하시오.

❶ 사람의 체세포에 있는 염색체 중에서 ☐☐ ☐☐☐는 남성과 여성을 구분하는 역할을 한다.

❷ 다세포 생물은 세포 분열에 의해 세포의 크기가 늘어나서 몸집이 커진다.　　O | X

❸ 체세포 분열은 모세포 1개로부터 딸세포 2개가 형성된다.　　O | X

❹ 체세포 분열로 만들어진 딸세포의 염색체 수는 모세포의 절반이다.　　O | X

❺ 우리의 몸은 체세포 분열의 과정을 반복하며 ☐☐과 ☐☐이라는 중요한 역할을 수행한다.

우리는 어떻게 만들어졌을까?

STEP 1　교과 개념 톡 생각 열기

📋 **무엇을 배울까?**

초등	중등	고등	수능기출
과학 3-1 교과서 3단원 동물의 한살이	과학 ③ 교과서 5단원 생식과 유전	생명과학 I 교과서 4단원 유전	COMING SOON

❶ 유성 생식을 중심으로 생식 세포의 분열 과정 이해하기

#생식 세포　#수정　#감수 분열

❷ 수정란으로부터 개체가 형성되기까지의 과정 이해하기

#난할　#발생

❓ 생각해 보기　아이는 부모의 세포를 어떻게 나누어 가지는 것일까?

1 생물의 수명에는 한계가 있으므로 모든 생물은 그 종족을 유지하기 위해 자신과 닮은 자손을 만드는 생식을 한다. 생물은 ㉠무성 생식 또는 ㉡유성 생식을 통해 개체˚ 수를 늘리고 자신의 고유한 특징을 자손에게 전달한다. 아메바나 박테리아 같은 단세포 생물들에게서 흔히 나타나는 무성 생식은 암컷과 수컷의 **#생식 세포**, 즉 난자와 정자가 하나로 합쳐지는 **#수정**의 과정 없이 이루어지는 생식으로, 한 개체의 유전자가 세포 분열을 통해 고스란히 자손에게 전해진다. 무성 생식은 짧은 시간 내에 많은 수의 자손을 만들 수 있다는 장점이 있지만, 유전적 다양성이 부족하여 환경 변화에 해당 개체가 잘 적응하지 못하는 문제가 있다.

2 대부분의 다세포 생물은 수정의 과정을 거치는 유성 생식을 한다. 이때 생식 기관에서 만들어지는 생식 세포는 체세포가 가지는 염색체 수의 절반에 해당하는 염색체를 가진다. 생식 세포가 만들어질 때 염색체 수가 절반으로 줄어드는 **#감수 분열**이 일어나기 때문이다. 감수 분열은 분열하기 전 유전 물질(DNA)을 두 배로 복제한˚ 후 시작되며, 두 단계의 ㉮감수 분열을 통해 총 4개의 딸세포˚가 만들어진다. 먼저, 감수 1분열 단계에서는 크기와 모양이 같은 상동 염색체˚가 2개씩 붙어 있는 2가 염색체가 나타난다. 그리고 이것이 분리되어 2개의 딸세포가 만들어진다. 그래서 각 딸세포가 가지는 염색체 수는 체세포의 절반이 된다. 감수 1분열이 끝나면 유전 물질의 복제 없이 감수 2분열이 바로 시작된다. 이때에는 각 세포의 염색체가 두 가닥의 염색 분체˚로 분리되어 4개의 딸세포가 만들어진다.

3 감수 분열 결과 만들어진 딸세포는 정자, 난자와 같은 생식 세포가 된다. 그런데 감수 분열을 거쳐 만들어진 정자와 난자의 염색체 수는 체세포의 절반이므로 이들이 결합하여 수정란이 만들어지면 다시 체세포와 염색체 수가 같아진다. 수정란은 발생 초기에 빠르게 체세포 분열을 하여 세포 수를 늘린다. 수정란의 초기 세포 분열을 **#난할**이라고 하는데, 세포의 크기가 커지지 않고 세포 분열만 빠르게 반복하므로 난할을 거듭할수록 세포 각각의 크기는 점점 작아진다. 난할을 거친 배아˚는 자궁 안쪽 벽에 파고 들어가 착상˚을 하게 되는데 이때부터 모체로부터 양분을 공급받고 여러 조직과 기관을 형성하여 하나의 개체가 된다. 이렇게 수정란이 세포 분열을 거치며 하나의 개체가 형성되기까지의 과정을 **#발생**이라 한다.

4 유성 생식을 통해 형성된 자손은 유전적 다양성을 가질 수 있다. 생식 세포의 분열 과정에서 상동 염색체가 무작위˚로 배열되고 분리되므로 유전적으로 다양한 생식 세포가 만들어지기 때문이다. 암수의 수정 역시 무작위로 이루어지므로 수정란이 다양하게 형성되는 것도 유전적으로 다양한 자손을 만드는 데 도움이 된다. 이처럼 유전적 다양성이 높은 집단은 환경이 갑자기 변화할 때 이에 적응하여 살아남을 수 있는 개체가 존재할 확률이 높아진다.

1 문단
생식의 의의 및 무성 생식의 장단점: 생식은 ☐☐ 유지를 위한 수단이며, 그중 무성 생식은 짧은 시간에 많은 수의 번식이 가능하나, 자손의 ☐☐☐☐이 부족하다는 문제가 있음.

• 개체 하나의 독립된 생물체. 살아가는 데에 필요한 독립적인 기능을 갖고 있다.

2 문단
생식 세포가 만들어지는 과정: 두 단계의 ☐☐☐을 통해 염색체 수가 체세포의 절반인 ☐☐☐가 만들어짐.

• 복제하다 본디의 것과 똑같은 것을 만든다.
• 딸세포 세포 분열로 생긴 두 개의 세포.
• 상동 염색체 부모로부터 각각 한 개씩 물려받은, 모양도 같고 크기도 같은 한 쌍의 염색체.
• 염색 분체 하나의 염색체에서 생긴 각각의 분체.

3 문단
발생의 과정: 두 생식 세포의 결합으로 만들어진 ☐☐☐이 세포 수를 늘리는 ☐☐을 거쳐 하나의 개체로 자라남.

• 배아 난할을 시작한 이후의 개체. 사람의 경우는 7주가 넘어가면 태아라고 한다.
• 착상 수정된 배아가 자궁벽에 붙어 모체의 영양을 흡수할 수 있는 상태가 됨.

4 문단
유성 생식의 의의: ☐☐☐☐의 무작위 배열 및 분리, 암수의 무작위 수정으로 ☐☐☐을 가짐으로써 생존력이 높은 자손을 만들 수 있음.

• 무작위 조작 없이 일어날 수 있는 일의 확률이 같게 함.

핵심 내용 파악하기

1 윗글에 제목을 붙인다고 할 때, 가장 적절한 것은?

① 무성 생식, 복잡하지만 효율적인 생존법

② 무성 생식, 단점보다 장점이 많은 생식법

③ 유성 생식, 유전자 교환을 통한 개체 생성

④ 유성 생식, 종족 유지를 위한 최선의 선택

⑤ 유성 생식, 수정란의 감수 분열과 발생 과정

세부 내용 파악하기

2 ㉠과 ㉡에 대한 설명으로 가장 적절한 것은?

① ㉠보다 ㉡이 짧은 시간에 이루어질 수 있다.

② ㉠보다 ㉡이 많은 자손을 만드는 데 유리하다.

③ ㉡보다 ㉠이 다양한 유전자의 자손을 만들 수 있다.

④ ㉠과 ㉡은 모두 세포의 분열을 통해 자손을 만든다.

⑤ ㉠과 ㉡은 모두 수정의 과정을 통해 생식이 이루어진다.

세부 내용 추론하기

3 ㉮에 대한 설명으로 적절하지 <u>않은</u> 것은?

① 감수 1분열과 감수 2분열의 결과 생식 세포는 4개가 만들어진다.

② 감수 2분열은 감수 1분열 후 복제의 과정을 거치지 않고 일어난다.

③ 감수 2분열이 이루어지기 전까지 세포 내 염색체의 수는 변함이 없다.

④ 감수 분열로 만들어진 딸세포의 염색체 수는 분열 전 세포의 절반이다.

⑤ 감수 분열로 만들어진 생식 세포는 다른 성별의 생식 세포와 결합한다.

사례에 적용하기

4 윗글을 바탕으로 <보기>를 이해한 내용으로 적절하지 <u>않은</u> 것은?

┌─ 보기 ──────────────────────────────────

　19세기 말 바이스만은 무성 생식을 하는 종은 유리한 형질을 만드는 돌연변이가 없다면 환경의 변화에 살아남지 못할 수 있지만, 유성 생식을 하는 종은 암수의 유전자가 함께 자손에게 전해지므로 유전적 다양성이 높아져 환경 변화에 잘 적응할 수 있다고 주장했다. 한편 윌리엄스는 진딧물은 봄, 여름에는 무성 생식을 하지만 겨울이 오기 전에는 유성 생식을 하는 것을 보고, 생물이 예측 가능한 환경에서는 무성 생식을, 환경에 변화가 있을 때는 유성 생식을 한다고 주장했다. 또 변화된 환경의 적응을 위해 다양한 개체를 생산하는 것이 유리하다고 보고, 다양한 개체의 생산을 복권 당첨에 비유했다.

└──

① 지구상에는 무성 생식과 유성 생식이 모두 이루어지는 생물도 있다.

② 무성 생식은 수정을 거치지 않으므로 환경 변화에 대한 적응력이 떨어진다.

③ 윌리엄스는 수정란이 세포 분열을 통해 개체가 되는 것을 복권 당첨에 비유했다.

④ 바이스만은 서로 다른 염색체의 수정이 유전적 다양성을 높일 수 있다고 보았다.

⑤ 바이스만과 윌리엄스는 유성 생식의 필요성을 환경 변화와 관련지어 설명하였다.

🔲 개념 한눈에 보기

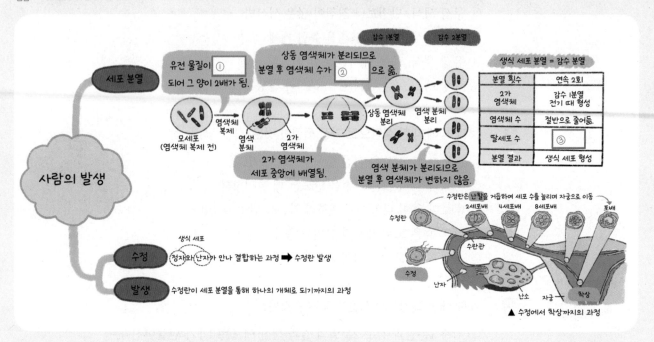

📖 교과 개념 사전

#생식 세포[생식] [세:포]
생식에 관계하는 세포. 수컷의 정세포 또는 정자, 암컷의 난세포 또는 난자로, 체세포와 염색체 수가 다르다.

#수정 [수정]
암수의 생식 세포가 하나로 합쳐져 결합하는 현상. 동물은 정자와 난자가 합쳐져 수정란을 이룬다.

#감수 분열 [감:수] [부녈]
염색체의 수가 반으로 줄어드는 세포 분열. 생식 세포, 즉 난자나 정자가 형성될 때 일어나며, 감수 1분열과 감수 2분열의 과정을 거친다. 생식 세포 분열이라고도 한다.

#난할 [난:할]
수정란의 초기 세포 분열로, 난할이 거듭될수록 세포 수는 많아지고 세포 하나의 크기는 점점 작아진다.

#발생 [발쌩]
수정란이 세포 분열을 통해 일정한 형태와 기능을 갖춘 하나의 개체로 되기까지의 과정.

교과 개념 확인 Quiz 🔍

다음 물음에 답하시오.

❶ 생식 세포는 생식을 위해 생식 기관에서 ☐☐ ☐☐☐을 통해 만들어진 세포이다.

❷ 감수 1분열이 일어나는 과정에서 상동 염색체 한 쌍이 결합한 ☐☐ ☐☐☐가 형성된다.

❸ 감수 1분열과 감수 2분열을 거친 생식 세포의 염색체 수는 체세포의 절반에 해당한다.
○ | ×

❹ 개체의 생식을 위해 세포 분열이 이루어진 정자와 난자를 가리켜 수정란이라고 한다.
○ | ×

❺ 난할이 거듭될수록 세포 하나의 크기가 급격히 커진다.
○ | ×

❻ 수정란이 세포 분열을 거쳐 하나의 개체로 만들어지기까지의 과정을 ☐☐이라 한다.

이번 주에 배운 핵심 교과 개념을 확인해 볼까요?

본문에 수록된 교과 개념에 대한 자세한 풀이를

일차별로 묶어 부록에 담았어요.

부록 페이지를 찾아가서 이번 주에 배운

핵심 교과 개념을 다시 한번 복습해 보세요!

INDEX

MEMO

메가스터디
중학 국어 독해
비문학
과학개념

정답과 해설

메가스터디BOOKS

메가스터디
중학 국어독해
비문학
과학개념

정답과 해설

돌은 돌고 돌아 돌이 돼요

| 구성 |

1 지각의 개념과 암석의 종류
• 지각의 개념: 암석 으로 이루어진 지구의 표면
• 암석의 종류: 생성 과정 에 따라 화성암, 퇴적암, 변성암으로 나뉨.

2 화성암 의 생성과 분류
• 화성암의 생성: 마그마 가 식어서 굳어져 생김.
• 화성암의 분류: 마그마가 식는 속도에 따라 화산암 과 심성암 으로 나뉨.

3 퇴적암과 변성암의 생성과 특징
• 퇴적암 의 생성과 특징: 퇴적물이 바다나 호수 밑에 쌓인 후 굳어져서 생김. 층리 가 나타나며 화석 이 만들어짐.
• 변성암 의 생성과 특징: 암석이 높은 열이나 압력을 받아 그 구조와 성질이 변하여 생김. 엽리 가 나타나며 광물 결정이 큼 .

4 암석의 순환
암석은 한 번 생성된 다음에도 주변 환경의 변화에 따라 끊임없이 다른 암석으로 변화함.

| 주제 | 암석의 종류와 암석의 순환

STEP 2 교과 개념 지문 독해 · 본문 012쪽

1 ⑤   2 ④   3 ②

1 핵심 내용 파악하기   답 ⑤

1문단을 통해 지각을 이루는 암석이 생성 과정에 따라 화성암, 퇴적암, 변성암의 세 종류로 나뉜다는 것을 알 수 있다. 그러나 세 종류의 암석 중에서 가장 큰 비율을 차지하는 암석이 무엇인지는 이 글을 통해 알 수 없다.

2 세부 내용 추론하기   답 ④

3문단의 '퇴적암이 생성될 때 종류나 크기가 다른 퇴적물이 여러 겹으로 쌓여 굳어지면 줄무늬 모양의 층리가 만들어진다.'에서 크기가 다른 퇴적물이 쌓여서 굳어지면 층리가 형성됨을 알 수 있다.

오답 챙기기
① 2문단에서 현무암은 화성암 중 화산암에 속한다고 하였고, 화산암은 마그마가 지표에서 빠르게 식어서 생성된다고 하였다.

---

② 4문단에서 퇴적암이 지하 깊은 곳으로 이동하여 높은 열과 압력을 받으면 변성암이 된다고 하였다.

③ 2문단에서 화성암은 마그마가 식는 속도에 따라 화산암과 심성암으로 나뉜다고 하였는데, 두 암석은 색깔이 아니라 광물 결정의 크기에 차이가 있다.

⑤ 3문단에서 변성 작용은 암석이 높은 열이나 압력을 받아 암석의 구조와 성분, 성질 등이 변하는 과정을 말한다고 하였다. 따라서 암석들은 퇴적 작용이 아니라, 변성 작용으로 인해 성질이 변한다.

3 사례에 적용하기   답 ②

3문단에서 암석이 높은 열을 받아 변성암이 될 때 암석 속의 광물이 녹았다 식으면서 다시 결정을 만드는 재결정화가 일어나기 때문에 변성암을 이루는 광물 결정의 크기가 원래의 암석보다 더 크다고 하였다. 따라서 변성 암인 규암은 원래의 암석인 사암보다 암석을 이루는 광물 결정의 크기가 클 것이다.

오답 챙기기
① 퇴적암의 특징은 퇴적물 속에 생물의 유해나 흔적이 함께 쌓이면 화석이 만들어진다는 점이다. 따라서 퇴적암인 셰일과 사암에서 과거에 살았던 생물의 유해나 흔적을 발견할 수도 있다.

③ 변성 작용은 암석이 높은 열이나 압력을 받아 암석의 구조와 성질 등이 변하는 것이다. 따라서 퇴적암인 셰일과 셰일이 변화한 변성암인 편암을 이루는 주요 광물이 다른 것은 변성 작용 때문이라 할 수 있다.

④ 암석의 순환은 암석이 주변 환경의 변화에 따라 다른 암석으로 변하는 것을 말한다. 따라서 퇴적암인 셰일과 사암이 각각 편마암과 규암으로 변하는 것도 암석의 순환이라 할 수 있다.

⑤ 변성암은 엽리가 나타난다. 따라서 변성암인 편마암을 관찰하면 암석을 누르는 힘의 수직 방향으로 나타나는 줄무늬를 발견할 수 있다.

STEP 3 교과 개념 핵심 정리 · 본문 014쪽

• **개념 한눈에 보기**
① 변성암 ② 퇴적암 ③ 화성암 ④ 순환

• **교과 개념 확인 Quiz**
❶ ○ ❷ × ❸ 마그마 ❹ 퇴적암 ❺ 열, 압력

Tip ❷ 화산암은 지표로 분출된 마그마가 빠르게 식으면서 만들어진다.

2 **화산 활동이 자주 일어나는 곳이 있다고?**

| 구성 |

1 화산 활동과 화산 분출물
화산 활동은 마그마가 지각을 뚫고 나오는 현상으로,
마그마 와 화산 가스 , 화산 쇄설물 이 분출됨.

2 화산 활동이 주는 피해
농작물의 생장에 지장을 주고 기후 에 영향을 미침. 또한 산불과 지진 , 산사태를 발생시킴.

3+**4** 화산 활동의 과학적 가치
• 화산 활동의 과학적 가치 ①: 지각의 변동에 관한 정보 제공 - 화산대 와 지진대 가 판의 경계와 일치하는 사실은 판 구조론의 주장을 뒷받침해 줌.
• 화산 활동의 과학적 가치 ②: 화석 연구에 중요한 역할을 함.

| 주제 | 화산 활동의 부정적 영향과 과학적 가치

STEP 2 교과 개념 지문 독해 · 본문 016쪽

1 ④ **2** ⑤ **3** ③ **4** ③

1 핵심 내용 파악하기 답 ④

3문단을 통해 판의 경계에서 화산이 자주 일어난다는 것을 알 수 있으나, 화산 활동이 가장 활발하게 일어난 시기가 언제인지는 이 글을 통해 알 수 없다.

2 세부 내용 파악하기 답 ⑤

3문단에서 '그의 대륙 이동설은 대륙을 이동시키는 힘이 무엇인지는 설명하지 못했기 때문에 과학계에서 인정받지 못했다.'라고 하였다. 따라서 베게너는 대륙 이동의 원동력을 제시하지 못했다고 할 수 있다.

오답 챙기기

① 2문단에서 화산 폭발의 충격으로 지진과 산사태가 일어나면 대규모의 인명 피해가 발생하기도 한다고 하였다.

② 3문단에서 남아메리카와 아프리카 대륙의 빙하의 흔적이 잘 연결된다고 하였으므로, 아프리카 대륙에서 빙하의 흔적을 발견할 수 있다.

③, ④ 2문단에서 화산 활동으로 분출된 화산 쇄설물이 햇빛을 가리면서 농작물의 생장에 지장을 주거나 지구 전체의 기후에 영향을 미치기도 한다고 하였다.

3 세부 내용 추론하기 답 ③

죽은 생명체가 화석이 되기 위해서는 유해가 망가지거나 분해되지 않고 잘 보존되어야 한다. 화석은 생물의 유해나 흔적이 지층에 남아 있는 것이므로 만약 죽은 생명체가 쉽게 분해되어 사라져 버리면 화석이 만들어지지 않을 것이다. ㉠의 뒤 문장에서 죽은 생명체가 퇴적물에 덮였을 때보다 화산재에 덮였을 때 화석으로 발견될 확률이 높다고 하였는데, 이는 퇴적물보다는 화산재에 덮여 있을 때 생물체의 몸이 분해되지 않고 잘 남아 있다는 것을 의미한다. 따라서 ㉠의 이유는 화산재에 의해 생물의 유해가 잘 보존되기 때문이다.

4 사례에 적용하기 답 ③

3문단에서 화산이 자주 일어나는 화산대나 지진이 자주 발생하는 지진대가 판의 경계와 거의 일치한다고 하였다. 즉, 화산 활동은 판의 중앙보다는 판의 경계에서 활발하게 발생함을 알 수 있다. 따라서 태평양판의 중앙 부분보다 가장자리에서 화산 활동이 자주 일어난다는 반응은 적절하다.

오답 챙기기

① 베게너는 대륙이 갈라지고 이동한다는 대륙 이동설을 주장하였다. 따라서 현재 대륙의 분포가 과거와 다르다고 생각했을 것이다.

② 바다의 한가운데에도 판의 경계가 있으므로 바다의 한가운데에서도 지각 변동이 나타날 것이다.

④ 북아메리카 대륙의 서쪽 지역은 판의 경계에 속하지만, 동쪽 지역은 판의 경계에서 멀다. 따라서 북아메리카 대륙은 서쪽 지역보다 동쪽 지역이 지진으로부터 안전할 것이다.

⑤ 판은 각각 다른 방향과 속도로 이동하면서 서로 멀어지거나 모여들고, 때로는 부딪친다. 따라서 태평양판과 남극판은 방향과 속도가 모두 다를 것이다.

STEP 3 교과 개념 핵심 정리 · 본문 018쪽

• 개념 한눈에 보기
① 화산 활동 ② 대륙 이동설 ③ 화석 ④ 판 ⑤ 지진대

• 교과 개념 확인 **Quiz**
1 마그마 **2** ○ **3** 지각 변동 **4** × **5** ○
Tip **4** 판은 각각 다른 방향과 속도로 이동한다.

통통 튀어 오르게 만드는 힘은 무엇일까?

| 구성 |

2 중력 의 개념과 특징
중력은 지구 와 물체 사이에 서로를 끌어당기는 힘으로, 지구를 비롯하여 우주에 있는 모든 천체 는 중력을 지님.

3 무게와 질량의 차이
중력의 크기인 무게 는 장소에 따라 달라지지만, 질량 은 물체의 고유한 양으로 장소가 달라져도 변하지 않음.

1 번지 점프에 숨어 있는 과학 원리
중력 과 탄성력

4 탄성력 의 개념과 특징
탄성력은 탄성 을 지닌 물체가 본래의 모양으로 되돌아가려는 힘으로, 외부의 힘의 방향과 반대 방향으로 작용하며 물체의 변형 정도가 클수록 커짐.

| 주제 | 중력과 탄성력의 개념 및 특징

STEP 2 교과 개념 **지문 독해** · 본문 020쪽

1 ④   2 ④   3 ⑤   4 ②

1 핵심 내용 파악하기   답 ④

2문단에서 모든 천체는 중력을 지니고 있지만 중력의 크기는 천체마다 각각 다르다고 설명하고 있을 뿐, 그 까닭은 제시하지 않고 있다.

오답 챙기기

① 3문단에서 무게와 질량의 차이점을 설명하고 있다.
② 2문단에서 중력이 작용하는 방향을, 4문단에서 탄성력이 작용하는 방향을 설명하고 있다.
③ 1문단에서 번지 점프에는 중력과 탄성력의 과학 원리가 숨어 있다고 설명하고 있다.
⑤ 2문단에서 달의 중력이 지구의 중력의 1/6 정도 된다고 설명하고 있다.

2 세부 내용 추론하기   답 ④

번지 점프를 할 때 떨어지다가 튕겨 올라가는 것은 고무줄의 탄성에 의한 탄성력 때문이고, 다시 아래로 떨어지는 것은 지구의 중력 때문이다. 따라서 공중에서 오르내리는 상황이 반복되는 것은 탄성력과 중력이 모두 작용하고 있기 때문이지, 중력이 줄어들고 있기 때문은 아니다.

오답 챙기기

①, ⑤ 팽팽해진 줄이 반동으로 튕겨 오르는 것을 통해, 번지 점프에 사용하는 고무줄이 탄성을 지니고 있다는 것과, 이 탄성 때문에 탄성력이 나타났다는 것을 알 수 있다.
② 중력은 지구의 중심을 향해 작용한다. 따라서 번지 점프대에서 뛰면 아래로 떨어지게 되는 것은 지구의 중력 때문이다.
③ 탄성력은 물체가 본래 모양으로 돌아가려는 힘이다. 따라서 공중에서 오르내리는 상황이 멈추게 된 것은 고무줄의 탄성력이 약해졌기 때문이다.

3 세부 내용 파악하기   답 ⑤

3문단의 '질량이 2배가 되면 무게도 2배가 되는 것처럼 같은 장소에서 잰 물체의 무게는 질량에 비례한다.'에서 확인할 수 있다.

4 사례에 적용하기   답 ②

탄성력은 외부의 힘에 의해 변형된 물체가 원래 모양으로 되돌아올 때 발생하는 힘이다. 자동차의 타이어는 고무로 되어 있으므로 탄성력을 지닌다. 하지만 타이어의 탄성력은 도로의 충격을 흡수하고 진동을 줄이는 역할을 할 뿐이다. 자동차가 미끄러지지 않도록 하는 힘은 탄성력이 아니라 마찰력이다.

오답 챙기기

① 볼펜 안에 들어 있는 용수철은 볼펜 심을 나오게 하거나 들어가게 하는 역할을 한다. 볼펜 안에 들어 있는 용수철이 줄어들거나 원래 상태로 되돌아가는 과정에서 탄성력이 작용한다.
③ 화살을 활시위에 걸어서 뒤쪽으로 강하게 당기면 활과 활시위가 변형되면서 탄성력이 발생한다.
④ 다이빙대는 다이빙 선수가 발로 누르는 힘 때문에 아래로 휘어질 때 본래 상태로 돌아가려는 탄성력이 발생한다.
⑤ 농구공은 바닥에 부딪힐 때 순간적으로 찌그러졌다 펴지는 탄성력이 발생하면서 위로 튀어 오르게 된다.

STEP 3 교과 개념 **핵심 정리** · 본문 022쪽

• 개념 한눈에 보기
 ① 중력 ② 지구 ③ 질량 ④ 탄성력 ⑤ 힘

• 교과 개념 확인 **Quiz**
 ❶ 중력 ❷ × ❸ 질량 ❹ 힘 ❺ ○ ❻ ×
 Tip ❷ 중력이 다른 곳에서는 무게가 달라진다.
 ❻ 질량은 장소가 달라져도 그 값이 변하지 않는다.

2일차 ≫물리학

2 운동을 못 하도록 방해하는 힘

|구성|

2 마찰력의 개념과 마찰력의 방향
마찰력은 접촉하는 두 물체 사이에서 물체의 운동을 방해 하는 힘으로, 물체의 운동 방향과 반대 방향으로 작용함.

3 +4 마찰력의 크기
- 마찰력의 크기에 영향을 주는 요소 ①: 접촉면의 거칠기 가 마찰력의 크기에 영향을 줌.
- 마찰력의 크기에 영향을 주는 요소 ②: 물체의 무게 가 마찰력의 크기에 영향을 줌.

1 마찰력의 중요성
빙판길에 모래나 흙을 뿌려 미끄럼 사고를 줄일 수 있는 이유는 마찰력 과 관련됨.

5 마찰력의 이용
물체의 운동 과 관련하여 마찰력을 작게 해야 할 때와 마찰력을 크게 해야 할 때가 있음.

|주제| 마찰력의 개념과 작용 원리

STEP 2 교과 개념 🙂 **지문 독해** · 본문 024쪽

1 ④   2 ④   3 ③

1 세부 내용 파악하기 답 ④

3문단의 '어떤 면과 접촉된 물체가 움직일 때, 접촉된 곳의 돌출 부분이 서로 긁히면서 마찰력이 발생한다. 그래서 물체의 표면이 거칠수록 마찰력이 커지게 되는 것이다.'라는 설명에서, 마찰력의 크기는 물체 표면의 거칠기 정도에 비례한다는 것을 알 수 있다.

오답 챙기기

① 1~2문단을 통해 빙판길에 모래나 흙 같은 것을 뿌리면 마찰력이 높아지기 때문에 빙판길보다 흙길을 쉽게 걸어갈 수 있음을 확인할 수 있다.

② 5문단의 '물체를 계속 운동하게 하려면 마찰력을 줄여야 한다.'에서 확인할 수 있다.

③ 2문단의 '마찰력은 물체의 운동 방향과 반대 방향으로 작용하기 때문에 물체의 운동을 방해하는 것이다.'에서 확인할 수 있다.

⑤ 2문단의 '접촉하는 두 물체 사이에서 물체의 운동을 방해하는 힘을 마찰력이라고 한다.'와 3문단의 '어떤 면과 접촉된 물체가 움직일 때, 접촉된 곳의 돌출 부분이 서로 긁히면서 마찰

력이 발생한다.'에서 확인할 수 있다.

2 사례에 적용하기 답 ④

볼펜의 손잡이 부분에 고무를 덧대면 마찰력이 높아져서 손으로 볼펜을 잡을 때 잘 미끄러지지 않는다. 이는 3문단의 '고무나 사포 등은 마찰력이 상대적으로 크기 때문에 잘 미끄러지지 않는다.'라는 설명을 통해 알 수 있다.

오답 챙기기

① 역도 선수가 맨손으로 역기를 들면 미끄러울 수 있으나, 역기를 들기 전에 손에 송진 가루를 묻히면 역기의 손잡이를 들 때 필요한 마찰력을 높여 미끄럽지 않게 할 수 있다.

② 5문단에서 마찰력을 줄이기 위해서는 접촉면을 매끄럽게 만들어야 한다고 하면서 기름을 칠한 사례를 제시하였는데, 놀이공원의 물 미끄럼틀에 물을 흘려보내는 것은 기름을 바른 것과 같이 접촉면을 매끄럽게 만들어 더 잘 미끄러지게 한 것이다. 따라서 미끄럼틀에 물을 흘려보내는 것은 미끄러질 때의 마찰력을 줄이기 위해서임을 알 수 있다.

③ 미끄럼 방지 패드는 물체의 미끄럼을 방지하는 기능을 한다. 미끄럼은 마찰력이 적을 때 일어나는 현상이므로 이를 방지하는 미끄럼 방지 패드는 발을 디딜 때의 마찰력을 높인다.

⑤ 5문단에서 자전거 페달의 톱니와 체인 사이에 기름을 칠해 마찰력을 줄인 사례를 통해, 부품끼리 닿아 움직이는 부분에 윤활유를 바르면 기계가 운동할 때 발생하는 마찰력이 줄어듦을 알 수 있다.

3 사례에 적용하기 답 ③

3~4문단에 따르면, 물체가 접촉한 면이 거칠수록, 물체의 무게가 무거울수록 마찰력이 커지며, 접촉면의 면적은 마찰력에 아무런 영향을 주지 않는다. 따라서 ㉯는 마찰력을 크게 만드는 조건에 해당하지 않으므로 어떤 숫자가 와도 마찰력의 크기와는 관련이 없다. 따라서 무게 ㉮가 가장 무겁고, 책상의 표면이 거친(㉰) ③의 조건에서 마찰력이 가장 크다.

STEP 3 교과 개념 🙂 **핵심 정리** · 본문 026쪽

- **개념 한눈에 보기**
  ① 마찰력 ② 크기 ③ 접촉면 ④ 반대

- **교과 개념 확인** Quiz🔍
  ❶ 운동 ❷ 반대 ❸ ✕ ❹ ○ ❺ ○
  Tip ❸ 접촉면의 면적은 마찰력에 아무런 영향을 주지 않는다.

| 구성 |

1 + **2** 생물 다양성의 개념과 특징
• 생물 다양성의 개념: 한 지역 에 살고 있는 생물의 다양한 정도.
생물의 다양성이 높을수록 생태계 가 안정적으로 유지됨.
• 변이 와 생물 다양성의 관계: 같은 종류의 생물 사이에서 나타나는 생김새나 특성의 차이인 변이 는 생물 다양성에 영향을 줌.

3 + **4** 생물 분류의 방법과 목적
• 생물을 분류 하는 방법: 일정한 기준에 따라 무리를 나눔. '계 → 문 → 강 → 목 → 과 → 속 → 종 '의 단계로 갈수록 범위가 좁아짐.
• 생물을 분류하는 목적 : 생물 사이의 가깝고 먼 관계 를 파악하기 위해서임.

| 주제 | 생물 다양성의 의미 및 생물 분류의 방법과 목적

STEP 2 교과 개념 🌱 지문 독해 · 본문 028쪽

1 ⑤   2 ④   3 ④   4 ③

1 핵심 내용 파악하기
답 ⑤

1문단에서 생태계의 복원은 생물 다양성을 지키는 것과 밀접한 관련을 맺고 있다고 언급하고 있지만, 생태계가 다양하게 나타나는 이유는 설명하고 있지 않으므로 적절하지 않다.

2 세부 내용 파악하기
답 ④

3문단에서 '식물계와 동물계에 속한 생물은 모두 핵막이 있는 다세포 생물'이라고 하였다. 따라서 세포의 수와 핵막의 유무로 동물계와 식물계를 구분하기는 어렵다.

오답 챙기기

① 3문단에서 자연 상태에서 생식 능력이 있는 자손을 낳을 수 있는가 없는가에 따라 종을 분류한다고 하였다.
② 2문단에 제시된 곤충의 예를 통해서 알 수 있다.
③ 3문단에서 계에서 종으로 갈수록 분류의 범위가 좁아진다고 하였는데, 이는 반대로 종에서 계로 갈수록 분류된 생물의 범위가 넓어진다는 의미이다.
⑤ 4문단에서 분류된 생물들이 지닌 특징을 비교해 보면 생물 사이의 가깝고 먼 관계를 알 수 있다고 하였다.

3 세부 내용 추론하기
답 ④

1문단에서 생물 다양성은 한 지역에 살고 있는 생물의 다양한 정도를 말한다고 하였고(ⓒ), 생태계의 복원은 생물 다양성을 지키는 것과 밀접한 관련을 맺고 있다고 하였다. 따라서 생태계가 다양할수록 지구 전체의 생물 다양성을 높일 수 있다(ⓐ). 그리고 2문단에서 생물 사이에서 나타나는 생김새와 특성의 차이인 변이도 생물 다양성과 연관이 있다고 하였다. 따라서 같은 종류의 생물에서 생김새나 특성이 달라도 생물 다양성에 영향을 준다(ⓓ).

4 사례에 적용하기
답 ③

2문단의 예로 제시된 곤충은 그 색이 환경에 더 가까운 것들만 살아남았다. 그리고 〈보기〉에서 B 섬에서는 짧고 단단한 부리를 지닌 새들만 계속 살아남았고, C 섬에서도 긴 부리를 지닌 새들만 계속 살아남았다. 따라서 B 섬과 C 섬의 새들은 먹이를 먹기에 알맞은 부리를 지닌 것들만 살아남은 것이지, 먹이로 인해 부리 모양 자체에 변화가 생긴 것은 아니다.

오답 챙기기

① B 섬에서는 딱딱한 씨앗을 먹기에 알맞은 짧고 단단한 부리를 지닌 새들이 살아남은 것으로 보아, 긴 부리를 지닌 새들은 환경에 적응하지 못했을 것이다.
② B 섬과 C 섬의 새들은 다른 섬의 새들과 교류하지 않은 채 오랜 시간이 흐르면서 다른 종으로 바뀌었으므로, 현재 C 섬의 새들은 A 섬에 살던 조상 새들과 종이 다를 수 있을 것이다.
④ B 섬과 C 섬에서 살아남은 새들의 자손들은 그 특성이 더 강한 부리를 지닌 것들이 살아남았다고 하였으므로, 부리의 특성이 자손에게 전달되었을 것이다.
⑤ B 섬과 C 섬의 새들은 교류하지 않고 오랜 시간이 흐르면서 부리 모양, 즉 특징의 차이가 커져 다른 종이 된 것이다.

STEP 3 교과 개념 🌱 핵심 정리 · 본문 030쪽

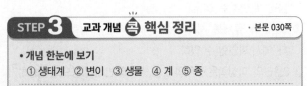
• **개념 한눈에 보기**
① 생태계 ② 변이 ③ 생물 ④ 계 ⑤ 종

• **교과 개념 확인 Quiz**
❶ ✕ ❷ 생태계 ❸ ○ ❹ ✕ ❺ ○ ❻ 공통점
Tip ❶ 같은 종류의 생물에서 생김새나 모양이 다른 것은 변이이다.
❹ 생물 분류의 가장 기본 단위는 종이고, 가장 큰 단위는 계이다.

| 구성 |

2 + 3 생물 다양성의 중요성
• 생물 다양성이 중요한 이유 ①: 생물 다양성이 높아야 생태계를 안정적으로 유지 할 수 있음.
• 생물 다양성이 중요한 이유 ②. 생물 다양성이 인간에게 다양한 혜택 을 줌.

1 생물 종의 멸종과 생물 다양성 의 관계
한 종의 생물이 사라지면 생물 다양성에 위기 가 옴.

4 + 5 생물 다양성의 위기와 보전
• 생물 다양성이 감소 하는 원인: 서식지 파괴, 마구잡이식 채집과 사냥, 외래 생물의 유입, 환경 오염과 기후 변화
• 생물 다양성을 보전 하는 방법: 개발 자제, 법률 강화, 고유 생물 지키기, 환경 오염 줄이기

| 주제 | 생물 다양성의 중요성과 보전 방법

STEP 2 교과 개념 🌋 지문 독해 · 본문 032쪽

1 ② 　　2 ⑤ 　　3 ⑤ 　　4 ①

1 핵심 내용 파악하기　　답 ②

3문단에서 생물 다양성이 인간에게 주는 혜택을 설명하고 있지만, 이 글에서 생물 다양성의 학문적 가치에 대해서는 다루고 있지 않다.

2 세부 내용 추론하기　　답 ⑤

3문단의 '다양한 종의 식물이 약재로 사용'된다는 내용을 통해 식물에서 의약품 재료를 얻을 수 있음을 알 수 있다. 그런데 3문단에서 미생물인 푸른곰팡이에서 얻은 페니실린이 의약품의 재료가 된다고 하였으므로 미생물에서도 의약품 재료를 얻을 수 있음을 확인할 수 있다.

오답 챙기기

① 3문단의 '산이나 바다처럼 다양한 생물로 이루어진 생태계는 관광 자원이 되어 휴식과 안정을 취할 수 있게 해 준다.'를 통해 알 수 있다.

② 4문단의 '외래 생물로 인해 고유 생물이 살아가기 힘들어졌다.'를 통해 알 수 있다.

③ 4문단에서 생물 다양성이 감소되는 원인으로 환경 오염을 들고 있는데, 일회용품이나 에너지를 너무 많이 사용하면 환경

오염을 일으킬 수 있으므로 생물 다양성에 영향을 줄 수 있다.

④ 4문단에서 무분별한 개발로 서식지가 파괴되는 것을 생물 다양성이 감소하는 원인으로 제시한 것을 통해 알 수 있다.

3 사례에 적용하기　　답 ⑤

자동차 대신 자전거를 이용하는 것은 환경 오염을 줄이기 위해 개인이 실천할 수 있는 일이다. ①~④는 국가나 기업이 생물 다양성의 보전을 위해 할 수 있는 일이다.

수능쩍먹
4 사례에 적용하기　　답 ①

〈보기〉에서 생태계는 금속 조각판을 못으로 이어 만든 비행기와 같다고 하였다. 따라서 생태계인 ⓑ와 ⓒ가 '비행기'에 대응한다면, 하나의 생태계를 구성하는 생물인 ⓐ는 비행기를 구성하고 있는 '못'에 대응한다고 할 수 있다.

오답 챙기기

② ⓑ에 ⓐ가 추가되어도 '꿀벌, 메뚜기, 개구리, 뱀'으로 구성되므로, ⓒ보다 생물의 종류가 다양하지 않고 먹이 사슬도 복잡하지 않다.

③ 〈보기〉에서 '주춧돌종'은 비행기가 무너지기 직전의 마지막 못과 같은 역할을 하는 생물종이라고 하였다. ⓑ에서 '메뚜기'가 사라지면 생태계가 무너지지만, ⓒ에서는 '메뚜기'가 사라져도 생태계가 무너지지 않는다. 따라서 ⓒ가 아닌 ⓑ에서 '메뚜기'가 주춧돌종의 역할을 한다고 볼 수 있다.

④ ⓒ는 다양한 생물로 이루어진 생물 다양성이 높은 생태계이므로, 무너지기 직전의 비행기 상태와 같다고 보는 것은 적절하지 않다.

⑤ ⓑ에서 메뚜기의 멸종이 개구리의 멸종으로 이어지고, 다시 뱀의 멸종으로 이어져 생태계가 사라지는 것이므로, 한 생물종의 멸종은 생태계 유지에 영향을 준다고 할 수 있다.

STEP 3 교과 개념 🌋 핵심 정리 · 본문 034쪽

• **개념 한눈에 보기**
① 생태계　② 외래 생물　③ 보전　④ 멸종

· ·

• **교과 개념 확인 Quiz**
❶ 생태계　❷ ○　❸ ○　❹ ×　❺ 개인

Tip ❹ 인간에게 해로운 생물도 생태계 유지를 위해 필요하므로, 이들의 멸종도 막아야 한다.

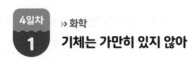

4일차
1 기체는 가만히 있지 않아
» 화학

| 구성 |

1 기체의 구성
기체는 눈에 보이지 않을 정도로 매우 작은 입자로 이루어져 있음.

2 입자의 운동과 관련된 현상
기체의 확산과 증발 현상

3 확산의 개념과 확산에 영향을 주는 요인
확산은 입자가 스스로 운동하여 멀리 퍼져 나가는 현상으로, 온도, 입자의 질량, 물질의 상태, 일어나는 장소에 따라 정도가 달라짐.

4 증발의 개념과 증발 현상의 사례
증발은 액체가 점점 줄어들거나 사라지는 현상으로, 액체 입자가 액체의 표면에서 떨어져 나와 기체로 바뀌어 공기 중으로 날아감.

| 주제 | 입자의 운동 현상인 기체의 확산과 증발 현상

STEP 2 교과 개념 😋 지문 독해 · 본문 036쪽

1 ②	2 ④	3 ②	4 ③

1 핵심 내용 파악하기 🔑 ②

이 글에서는 작은 입자로 이루어진 기체의 성질을 입자의 운동과 관련지어 설명하고 있다. 입자의 운동에는 기체 입자가 스스로 운동하여 멀리 퍼져 나가는 확산과 액체 입자가 기체로 바뀌는 증발 현상이 있다.

2 세부 내용 파악하기 🔑 ④

3문단에서 물질을 이루고 있는 입자가 스스로 운동하여 멀리 퍼져 나가는 현상을 확산이라고 하였다. 4문단에 따르면, 액체 입자가 운동하며 기체로 바뀌는 것은 증발이다.

오답 챙기기

① 1문단의 '모든 물질을 거의 눈에 보이지 않을 정도로 아주 작은 입자로 이루어져 있'다고 한 내용에서 알 수 있다.
② 2문단의 '물질을 이루는 입자는 가만히 정지해 있지 않고 스스로 끊임없이 움직'인다고 한 내용에서 알 수 있다.
③ 3문단의 '확산은 온도가 높을수록, 입자의 질량이 작을수록 잘 일어'난다고 한 내용에서 알 수 있다.
⑤ 4문단에서 저울의 숫자가 줄어든 것은 아세톤 입자가 기체로 바뀌어 공중으로 날아갔기 때문이라고 한 내용에서 알 수 있다.

3 세부 내용 추론하기 🔑 ②

1문단의 내용을 통해 기체는 눈에 보이지 않지만 우리 주변에 존재하며 여러 가지 역할을 하고 있다는 것을 알 수 있다. 하지만 이 글을 통해 입자의 운동으로 인해 멀리 떨어진 곳의 사물을 볼 수 있다는 내용은 확인할 수 없다.

오답 챙기기

① 1문단에 따르면, 나뭇잎을 흔드는 바람을 통해 기체의 움직임을 알 수 있다. 그런데 기체는 입자로 구성되어 있으므로 바람의 움직임은 입자의 운동이 일어나고 있음을 보여 준다.
③ 4문단에 따르면, 액체 입자가 액체 표면에서 떨어져 나와 기체로 바뀌어 공기 중으로 날아가는 것은 증발이다.
④ 3문단에 따르면, 액체 속보다는 기체 속에서, 기체 속보다는 진공 속에서 일어날 때 입자의 확산 속도가 더 빨라진다.
⑤ 3문단에 따르면, 같은 물질이라도 고체일 때보다 기체 상태일 때 입자의 확산이 더 활발해진다.

4 사례에 적용하기 🔑 ③

〈보기〉의 향수 입자 모형은 입자의 운동을 나타내고 있다. 향수의 액체 입자는 시간이 흐르며 스스로 운동하여 기체로 바뀌고(증발), 바뀐 기체 입자는 공기 중으로 멀리 퍼져 나가게 된다(확산). 그런데 고무풍선을 세게 누를수록 더 납작해지는 것은 압력에 따른 기체의 부피 변화를 보여 주는 것으로, 기체의 확산이나 증발 현상과는 관련이 없다.

오답 챙기기

①, ④ 기체가 공기 중에서 확산되어 일어나는 현상이다.
② 빵에 들어 있는 수분이 증발되어 딱딱해진다.
⑤ 염전에서 바닷물을 증발시켜 소금을 얻을 수 있다.

STEP 3 교과 개념 😋 핵심 정리 · 본문 038쪽

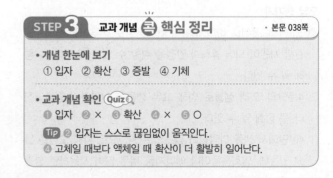

• **개념 한눈에 보기**
① 입자 ② 확산 ③ 증발 ④ 기체

• **교과 개념 확인** Quiz
❶ 입자 ❷ × ❸ 확산 ❹ × ❺ ○
Tip ❷ 입자는 스스로 끊임없이 움직인다.
❹ 고체일 때보다 액체일 때 확산이 더 활발히 일어난다.

하늘 높이 올라간 풍선이 터지는 이유는?

| 구성 |

1 기체의 압력 의 개념
일정한 면적에 작용하는 기체의 힘

2 압력과 부피의 관계 · 보일 법칙
온도 가 일정할 때, 기체 부피와 압력은 반비례 관계에 있음.

3 온도와 부피의 관계 · 샤를 법칙
압력이 일정할 때, 온도 가 높아지면 기체의 부피는 일정하게 증가 함.

4 보일 법칙과 샤를 법칙으로 설명 가능한 사례
기체의 압력 , 부피 , 온도 의 관계로 인해 다양한 현상이 일어남.

| 주제 | 기체의 압력, 부피, 온도로 인해 일어나는 다양한 현상

STEP 2 교과 개념 지문 독해 · 본문 040쪽

1 ⑤ 　　2 ④ 　　3 ⑤ 　　4 ④

1 핵심 내용 파악하기　　답 ⑤

1문단에서 일정한 면적에 작용하는 기체의 힘이 기체의 압력임을 설명하고 있지만, 기체의 종류에 따라 압력의 크기가 어떻게 다른지는 이 글에서 설명하고 있지 않다.

2 세부 내용 추론하기　　답 ④

3문단에서 온도가 낮아지면 기체 입자의 움직임이 둔해져 기체의 부피가 줄어든다는 내용을 확인할 수 있다.

오답 챙기기

① 1문단에 따르면, 일정한 면적에 작용하는 기체의 힘이 기체의 압력이다. 따라서 일정한 면적에 작용하는 기체의 힘이 클수록 기체의 압력이 높다.

② 1문단에 따르면, 기체의 압력은 기체가 있는 모든 방향에서 작용한다.

③ 3문단의 샤를 법칙에 따르면, 압력이 일정할 때 기체의 온도와 부피가 비례한다. 따라서 기체의 온도와 부피의 비례 관계는 압력의 크기에 영향을 받는다.

⑤ 2문단에 따르면, 고무풍선이 날아오를수록 부풀어 오르는 것은 기체 입자의 크기가 점점 커져서가 아니라 풍선 안의 기체의 부피가 커졌기 때문이다.

3 사례에 적용하기　　답 ⑤

3문단의 내용을 통해 샤를 법칙은 압력이 일정할 때, 온도가 높아지면 기체의 부피는 일정한 비율로 증가함을 나타내는 법칙임을 확인할 수 있다. ⑤의 '잠수부가 내쉰 공기방울은 수면에 가까워질수록 커'지는 것은 물의 압력이 작아져 공기방울의 부피가 커지는 현상으로, 2문단에서 설명한 '보일 법칙'과 연관 있는 사례이다.

오답 챙기기

① 온도가 높아지면서 수증기의 부피가 증가하여 냄비 뚜껑이 들썩이는 현상이다.

② 여름엔 온도가 높아 기체의 부피가 늘어나기 때문에 미리 타이어의 공기압을 낮춰 두는 것이다.

③ 풍등의 연료에 불을 붙이면 온도가 올라가 풍등 안의 기체의 부피가 늘어나 공중으로 떠오르게 된다.

④ 뜨거운 물 안에서 탁구공 안 공기의 부피가 늘어나 찌그러진 부분이 펴진다.

4 사례에 적용하기　　답 ④

2문단에 따르면, 밀폐 용기 속 기체의 부피가 작아질수록 기체 입자 간의 충돌 횟수가 많아진다. 〈보기〉의 그래프에서 B보다 C가 부피가 작으므로, B보다 C에서 기체 입자들이 충돌하는 횟수가 더 많을 것이다.

오답 챙기기

① 〈보기〉의 그래프는 기체의 부피가 압력에 반비례함을 보여 준다.

② 기체 입자의 운동은 압력이 아닌 온도의 크기에 따라 달라지는데, 〈보기〉의 그래프는 온도가 일정한 상황에서 측정된 것이므로 어느 지점에서 기체 입자의 운동이 더 활발한지는 알 수 없다.

③ 기체 입자 사이의 거리는 기체의 부피가 커질수록 멀어지므로 기체 입자 사이의 평균 거리가 가장 먼 것은 A이다.

⑤ 기체의 부피가 클수록 기체 입자 간의 거리가 멀어지면서 기체 입자가 운동할 수 있는 공간이 넓어진다. A에서 C로 갈수록 기체의 부피가 작아지므로, 기체가 운동할 수 있는 공간은 줄어든다.

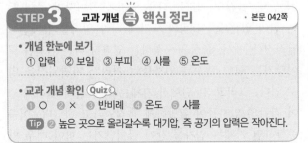

STEP 3 교과 개념 핵심 정리 · 본문 042쪽

• 개념 한눈에 보기
　① 압력　② 보일　③ 부피　④ 샤를　⑤ 온도

• 교과 개념 확인 Quiz
　❶ ○　❷ ×　❸ 반비례　❹ 온도　❺ 샤를
　Tip ❷ 높은 곳으로 올라갈수록 대기압, 즉 공기의 압력은 작아진다.

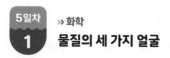

5일차 »화학
1 물질의 세 가지 얼굴

| 구성 |

2 + 3 물질의 세 가지 상태
- 입자들의 배열에 따라 고체, 액체, 기체로 존재함.
- 고체, 액체, 기체의 차이점

1 고체와 액체의 차이
어떤 물질이 녹으면 액체, 굳으면 고체임.

	고체	액체	기체
입자 배열	규칙	불규칙	매우 불규칙
입자 간 거리	가까움	고체보다 멂	매우 멂

4 + 5 물질의 상태 변화
- 상태 변화의 개념 및 종류: 상태 변화는 온도나 압력의 변화에 따라 물질의 상태가 변하는 것으로, 융해, 응고, 기화, 액화, 승화가 있음.
- 상태 변화가 일어날 때의 특성: 물질의 질량이나 성질은 변하지 않지만 부피의 변화가 일어남.

| 주제 | 물질의 상태와 상태 변화의 종류 및 특성

STEP 2 교과 개념 지문 독해 · 본문 044쪽

| 1 ⑤ | 2 ⑤ | 3 ③ | 4 ② |

1 세부 내용 파악하기 답 ⑤

2문단의 '하나의 물질이 상황에 따라 상태가 변하기도 한다. 하지만 겉모양만 달라질 뿐이지 구성 입자의 종류나 개수는 같다.'를 통해 물질의 상태가 변하더라도 그 물질을 구성하는 입자의 종류는 달라지지 않음을 알 수 있다.

2 세부 내용 추론하기 답 ⑤

2문단의 '물질의 입자는 다른 입자를 끌어당겨 묶어 두는 힘이 있는데, 이 힘의 크기에 따라 입자들의 배열이 달라진다.'에서, 물질을 구성하는 입자가 다른 입자를 끌어당기는 힘이 셀수록 입자들의 거리가 가까워짐을 알 수 있다. 그리고 3문단에서 기체는 입자 간의 거리가 멀어 각각의 입자들이 활발하게 움직인다고 하였다. 이를 종합하면 기체는 입자들 간에 끌어당기는 힘이 매우 약

해서 입자 간의 거리가 멀고, 그 결과 각각의 입자들이 활발하게 움직일 수 있다.

3 사례에 적용하기 답 ③

망치로 내리친 벽돌이 잘게 부서지는 것은 큰 고체 덩어리가 작은 고체 덩어리로 바뀌는 것이므로 상태 변화의 예로 보기에 적절하지 않다.

오답 챙기기
① 고체가 액체로 변하는 현상인 융해에 해당하는 예이다.
② 액체가 기체로 변하는 현상인 기화에 해당하는 예이다.
④ 기체가 고체로 변하는 현상인 승화에 해당하는 예이다.
⑤ 액체가 고체로 변하는 현상인 응고에 해당하는 예이다.

4 사례에 적용하기 답 ②

㉯는 입자들의 배열이 불규칙적이고 입자 간의 거리가 ㉰보다 가까운 것으로 보아, 액체 상태를 나타낸다. 그리고 ㉰는 입자들의 배열이 매우 불규칙적이고 입자 간의 거리가 가장 먼 것으로 보아, 기체 상태를 나타낸다. 3문단에 따르면, 액체는 담긴 그릇에 따라 모양이 변하고 기체는 모양이 쉽게 변한다. 따라서 ㉯와 ㉰는 모두 일정한 모양을 지니지 않는다.

오답 챙기기
① ㉮는 고체 상태를, ㉯는 액체 상태를 나타낸다. 3문단에 따르면, 고체는 서로 자리를 바꾸는 정도로 움직일 수 있는 액체와 달리 제자리에서만 진동할 정도로 움직인다.
③ ㉰는 기체 상태를, ㉮는 고체 상태를 나타낸다. 3문단에 따르면, 기체는 모양이 거의 일정한 고체와 달리 모양이 쉽게 변한다.
④ ㉮는 고체 상태를, ㉯는 액체 상태를 나타낸다. 5문단에 따르면, 물질의 상태 변화가 일어나더라도 그 물질의 성질은 변하지 않는다.
⑤ ㉯는 액체 상태를, ㉰는 기체 상태를 나타낸다. 5문단에 따르면, 액체가 기체로 변하면 해당 물질의 부피가 늘어난다.

STEP 3 교과 개념 핵심 정리 · 본문 046쪽

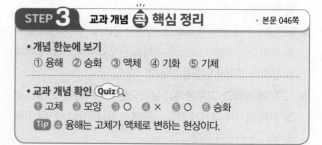

- **개념 한눈에 보기**
  ① 융해 ② 승화 ③ 액체 ④ 기화 ⑤ 기체

- **교과 개념 확인 Quiz**
  ❶ 고체 ❷ 모양 ❸ ○ ❹ × ❺ ○ ❻ 승화
  Tip ❹ 융해는 고체가 액체로 변하는 현상이다.

에스키모는 왜 이글루 바닥에 물을 뿌릴까?

| 구성 |

2+3 상태 변화와 열에너지
• 물질의 상태 변화에 따른 열에너지의 변화: 물질의 상태 변화가 일어날 때 물질이 열에너지를 흡수하거나 방출함.
• 물질의 상태 변화와 열에너지의 관계: 물질을 가열하거나 냉각하여 열에너지를 증가시키거나 감소시키면 물질의 상태 변화가 일어남.

1 이글루의 난방
이글루 바닥에 물을 뿌리면 이글루의 내부 온도가 높아짐.

4 열에너지를 흡수하는 상태 변화
융해, 기화, 승화가 있으며, 각 과정에서 물질이 융해열, 기화열, 승화열을 흡수함.

5 열에너지를 방출하는 상태 변화
응고, 액화, 승화가 있으며, 각 과정에서 물질이 응고열, 액화열, 승화열을 방출함.

| 주제 | 물질의 상태 변화에 따른 열에너지의 방출과 흡수

STEP 2 교과 개념 😊 지문 독해 · 본문 048쪽

1 ⑤ 2 ① 3 ⑤ 4 ③

1 전개 방식 파악하기 답 ⑤

4~5문단에서 열에너지의 변화를 흡수와 방출로 나누어 설명하고 있다. 하지만 각각의 장점과 단점을 분석하고 있지는 않다.

오답 챙기기

① 1문단에서 에스키모의 사례를, 4문단과 5문단에서 각각 열에너지를 흡수하는 예와 방출하는 예를 들어 관련 내용의 이해를 돕고 있다.

② 1문단에서 '어떻게 이런 일이 가능한 걸까?'라는 질문을 던져 내용에 대한 독자의 흥미를 유발하고 있다.

③ 2문단에서 열에너지의 개념을 정의하여 이어지는 내용에 대한 이해를 돕고 있다.

④ 3문단에서 물질은 상태가 변해도 그 물질을 구성하는 입자는 변하지 않기 때문에 가열이나 냉각을 통해 원래 상태로 되돌릴 수 있음을 인과의 설명 방법을 활용하여 제시하고 있다.

2 세부 내용 파악하기 답 ①

3문단에 따르면, 상태 변화가 일어난 물질도 가열이나 냉각을 통해 원래 상태로 되돌릴 수 있다.

오답 챙기기

② 4문단의 '물질이 열에너지를 흡수하면 주변의 온도가 낮아진다.'라는 설명에서 확인할 수 있다.

③ 2문단의 '일반적으로 기체는 액체보다 액체는 고체보다 많은 열에너지를 가지고 있다.'라는 설명에서 확인할 수 있다.

④ 1문단의 '우리는 더운 여름철에 주변을 시원하게 만들려고 바닥에 찬물을 뿌리곤 한다.'라는 설명에서 확인할 수 있다.

⑤ 5문단에 따르면, 물질이 기체에서 액체로 변할 때 액화열을 방출하여 주변의 온도가 높아진다.

3 세부 내용 추론하기 답 ⑤

5문단을 고려할 때, 이글루 안의 온도가 높아지려면 열에너지를 방출해야 한다. ㉠을 구체적으로 설명하면, 영하의 기온일 때 이글루의 바닥에 물(액체)을 뿌리면 그 물이 얼어붙으면서(고체) 열에너지(응고열)를 방출하는데, 이 때문에 이글루 내부의 온도가 높아지는 것이다.

오답 챙기기

①, ② 이글루 내부의 온도가 영하이므로 물이 증발하지는 않을 것이다.

③, ④ 물이 얼어붙는 현상은 액체가 고체로 변하는 것이므로 승화나 액화가 아니다. 따라서 승화열이나 액화열을 방출하지 않는다.

4 사례에 적용하기 답 ③

4문단을 고려할 때, 기온이 높을 때 물속에서 놀다가 물 밖으로 나오면 물놀이를 할 때보다 춥게(ⓐ) 느껴진다. 이는 몸에 묻은 물이 바깥의 높은 기온 때문에 수증기로 기화(ⓑ)하면서 주변의 열에너지를 흡수(ⓒ)하기 때문이다.

STEP 3 교과 개념 😊 핵심 정리 · 본문 050쪽

• 개념 한눈에 보기
① 흡수 ② 방출 ③ 융해열 ④ 액화열 ⑤ 낮아짐 ⑥ 높아짐

• 교과 개념 확인 Quiz
❶ 열에너지 ❷ ○ ❸ ○ ❹ ○ ❺ × ❻ 흡수
Tip ❺ 열에너지를 방출하면 주변의 온도가 높아진다.

물속에서는 왜 다리가 짧아 보일까?

| 구성 |

2 + 3 빛의 직진과 반사
- 광원의 개념과 빛의 성질: 광원 은 스스로 빛을 내는 물체이며, 광원에서 나온 빛은 직진 하다가 물에 부딪히면 반사 됨.
- 빛의 반사와 물체의 색을 인식하는 원리: 물체에서 반사 되어 나온 빛의 색을 그 물체의 색으로 인식함.

1 빛 의 중요성
빛이 없으면 일상생활이 거의 불가능해짐.

4 빛의 합성
특정한 빛을 섞으면 새로운 색을 만들 수 있음.

5 빛의 굴절
빛이 직진하다가 성질이 다른 물질을 만나면 경계면 에서 진행 방향이 꺾임.

| 주제 | 빛의 경로와 여러 가지 성질

STEP 2 교과 개념 😀 지문 독해 · 본문 054쪽

1 ①   2 ②   3 ④   4 ④

1 핵심 내용 파악하기 📖 ①

2문단에서 광원이 스스로 빛을 내는 물체라고 언급하고 있지만, 광원이 어떤 원리로 빛을 만드는지는 설명하고 있지 않다.

오답 챙기기

② 3문단의 '대부분의 물체는 태양광의 빛 중에서 일부만 흡수하고 나머지는 반사한다. 이때 물체에서 반사되어 나온 빛의 색을 우리는 그 물체의 색으로 인식한다.'에서 알 수 있다.

③ 이 글에서는 광원에서 나온 빛이 직진하는 성질이 있으며, 반사, 합성, 굴절의 성질도 있음을 설명하고 있다.

④ 4문단의 '영상 장치는 삼원색 빛의 밝기를 조절하여 다양한 색을 만들어 낸다.'에서 알 수 있다.

⑤ 5문단의 '망원경이나 콘택트렌즈, 안경 등은 빛의 이런 성질을 이용하여 눈의 한계를 보완하는 도구이다.'에서 알 수 있다.

2 세부 내용 파악하기 📖 ②

4문단에 따르면, 빛의 삼원색을 균등하게 합성하면 검은색이 아니라 흰색이 된다.

3 세부 내용 추론하기 📖 ④

2문단에 따르면, 광원에서 나온 빛이 직진하다가 어떤 물체에 부딪히면 반사되는데, 물체에서 반사된 빛이 우리의 눈에 들어오면서 우리가 그 물체를 인식하게 된다. 이를 ㉠에 적용하면 광원서 나와 직진하던 빛이 얼굴에 부딪혀 반사되어 거울 쪽으로 직진하고 이 빛이 거울에 부딪혀 반사되면서 우리의 눈으로 들어오는 것이다.

🔬 4 사례에 적용하기 📖 ④

3문단의 '물체가 빛을 전혀 반사하지 않으면 우리는 물체의 색을 검은색으로 인식하고, 물체가 모든 색의 빛을 다 반사하면 흰색으로 인식한다.'를 통해, 양쪽의 빨대가 빛을 조금도 반사하지 않는다면 우리 눈에는 두 빨대 모두 흰색이 아니라 검은색으로 보일 것임을 알 수 있다.

오답 챙기기

① 1문단과 2문단의 내용에서, 만약 어떠한 광원도 존재하지 않는다면 물체의 존재 여부와 무관하게 우리의 눈에는 아무것도 보이지 않을 것임을 알 수 있다. 따라서 광원이 없다면 왼쪽이나 오른쪽의 상황 모두 우리의 눈으로는 인식할 수 없게 된다.

② 오른쪽의 컵에 담긴 빨대는 왼쪽과 달리 물속에서 잘린 것처럼 보인다. 이는 5문단의 '빛이 굴절되면 물체가 왜곡되어 보인다.'라는 설명을 통해, 빛이 굴절되면서 나타나는 현상임을 알 수 있다.

③ 5문단을 참고하면, 오른쪽의 컵에 담긴 빨대가 왼쪽과 달리 잘린 것처럼 왜곡되게 보이는 것은 공기 중에서 직진하던 빛이 성질이 다른 물질인 물을 만나면서 진행 방향이 꺾이어 굴절되었기 때문임을 알 수 있다.

⑤ 2문단에 따르면, 물체에 반사된 빛이 우리 눈에 들어오면서 우리는 그 물체를 인식할 수 있다. 그리고 5문단에 따르면, 물체에서 반사된 빛이 굴절되면 그 물체가 왜곡되어 보인다. 따라서 왼쪽의 컵에 담긴 빨대가 제 모양대로 보이는 것은 빨대에 비친 빛이 굴절 없이 반사되었기 때문이라고 할 수 있다.

STEP 3 교과 개념 😀 핵심 정리 · 본문 056쪽

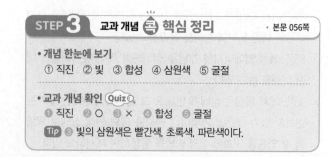

- **개념 한눈에 보기**
  ① 직진 ② 빛 ③ 합성 ④ 삼원색 ⑤ 굴절

- **교과 개념 확인 Quiz**
  ❶ 직진 ❷ ○ ❸ × ❹ 합성 ❺ 굴절
  Tip ❸ 빛의 삼원색은 빨간색, 초록색, 파란색이다.

소리는 어떤 방식으로 전달될까?

| 구성 |

1 파동과 매질의 개념
파동은 한 곳에서 발생한 진동이 퍼져 나가는 현상이고, 매질은 파동을 전달하는 물질임.

2 파동의 종류
매질의 진동 방향과 파동의 진행 방향이 서로 수직이면 횡파, 매질의 진동 방향과 파동의 진행 방향이 같으면 종파.

3 파동과 관련된 여러 개념
파장은 마루(골)에서 마루(골)까지의 거리, 진폭은 진동의 중심에서 마루(골)까지의 거리, 진동수는 매질의 한 점이 1초 동안 진동하는 횟수를 가리킴.

4 소리의 특징
진폭, 진동수, 파형에 따라 각각 소리의 크기, 소리의 높낮이, 음색이 달라짐.

| 주제 | 파동의 개념과 종류 및 특징

STEP **2** 교과 개념 🖐 지문 독해 · 본문 058쪽

1 ②   2 ④   3 ①   4 ⑤

1 전개 방식 파악하기   답 ②

ㄱ. '진동', '파동', '파동의 전파', '매질' 같은 중요 용어의 개념을 제시하여 내용에 대한 이해를 돕고 있다.

ㄹ. 수면 위에 돌멩이 한 개를 던진 상황과 스포츠 경기장에서 관중들이 파도타기 응원을 하는 상황을 활용하여 진동과 파동의 개념을 알기 쉽게 설명하고 있다.

2 세부 내용 파악하기   답 ④

2문단에 따르면, 지진파의 S파는 횡파이고, 지진파의 P파는 종파이다. 따라서 지진으로 인해 발생하는 파동이 모두 횡파에 속하는 것은 아니다.

3 세부 내용 추론하기   답 ①

2문단에 따르면, 빛을 포함한 전자기파는 다른 파동과 달리 매질이 없어도 전파된다. 따라서 진공 상태라도 빛은 전파될 것이다.

오답 챙기기

② 3문단의 '매질의 한 점이 1초 동안 진동하는 횟수를 진동수라고 하며, 단위로는 Hz(헤르츠)를 사용한다.'라는 설명에서, 진동수가 20Hz인 파동의 매질은 1초 동안 20번 진동함을 알 수 있다.

③ 1문단에서 수면에 파동이 생겨도 물 자체는 이동하지 않은 채 위아래로만 출렁이기 때문에 수면 위의 물체도 제자리에서 위아래로만 움직인다고 설명하고 있다.

④ 2문단에 따르면, 휴대 전화는 발신자의 목소리인 음파를 전자기파로 바꾸어 수신자에게 보내 준다. 그런데 전자기파는 횡파이므로, 휴대 전화는 발신자의 목소리를 횡파인 전자기파로 바꾸어 수신자에게 전파한다고 볼 수 있다.

⑤ 4문단에서 파형이 다르면 음색이 달라진다고 하였고, 악기마다 파형이 달라 음색이 다르다고 하였으므로, 진동수와 진폭이 같아도 파형, 즉 파동의 모양이 다르면 음색이 다르다.

4 사례에 적용하기   답 ⑤

㉮와 ㉯는 모두 소리의 파동을 나타낸 것인데, 2문단에 따르면 소리의 파동인 음파는 대표적인 종파이다. 종파는 파동의 진행 방향과 매질의 진동 방향이 동일하므로, ㉮와 ㉯는 모두 매질의 진동 방향과 같은 방향으로 파동이 진행된다.

오답 챙기기

① 3문단의 '진동수가 작을수록 주기와 파장은 길어진다.'로 보아, ㉮의 진동수가 ㉯의 진동수보다 작음을 알 수 있다.

② 4문단의 '큰 소리가 작은 소리보다 진폭이 크고'로 보아, ㉮보다 진폭이 큰 ㉯가 ㉮보다 소리의 크기가 클 것임을 알 수 있다.

③ 3문단의 '진동의 중심에서 마루 또는 골까지의 거리를 진폭이라고 하고'로 보아, ㉯의 진폭이 ㉮의 진폭보다 더 큼을 알 수 있다.

④ 4문단의 '높은 소리가 낮은 소리보다 진동수가 크다.'를 통해, 진동수가 ㉮보다 큰 ㉯가 ㉮보다 소리의 높낮이가 높을 것임을 알 수 있다.

STEP **3** 교과 개념 🖐 핵심 정리 · 본문 060쪽

• 개념 한눈에 보기
  ① 파동 ② 매질 ③ 종파 ④ 진폭 ⑤ 진동수

• 교과 개념 확인 Quiz
  ❶ × ❷ 횡파 ❸ ○ ❹ 파장 ❺ ×
  Tip ❶ 매질은 파동을 따라 이동하지 않고 제자리에서 진동만 한다.
  ❺ 매질의 한 점이 1초 동안 진동하는 횟수를 진동수라고 한다.

원소와 원자, 분자는 어떻게 다르지?

| 구성 |

1 원소의 개념
더 이상 분해되지 않는, 물질을 이루는 기본 성분

2 원소의 종류를 구별하는 방법
불꽃 반응과 스펙트럼 분석

3 원자의 개념과 구조
원자는 물질을 이루는 입자로, (+)전하를 띠는 원자핵과 (−)전하를 띠는 전자로 이루어짐.

4 분자의 개념과 특징
분자는 원자가 보통 두 개 이상 결합한 입자로, 물질의 성질을 나타내는 가장 작은 입자임.

| 주제 | 원소, 원자, 분자의 개념과 특징

STEP 2 교과 개념 지문 독해
· 본문 062쪽

| 1 ⑤ | 2 ④ | 3 ④ | 4 ⑤ |

1 전개 방식 파악하기
답 ⑤

1문단에서 원소의 개념과 예를, 3문단에서 원자의 개념과 예를, 4문단에서 분자의 개념과 예를 제시하고 있다.

2 세부 내용 파악하기
답 ④

3문단에서 원자는 중심에 하나의 원자핵이 있고 그 주위를 전자들이 돌고 있는데 원자를 구성하는 원자핵의 (+)전하량과 전자들의 총 (−)전하량이 같기 때문에 원자가 중성을 띤다고 설명하고 있다. 즉 원자핵과 전자의 개수가 아니라 전하량이 같기 때문에 중성을 띠는 것이다. 참고로 모든 원자는 모든 원자핵은 1개이지만 전자의 개수는 원자마다 다르다.

오답 챙기기
① 2문단에서 같은 색깔의 불꽃 반응을 나타내는 원소들을 구별하기 위해 도입된 방법이 스펙트럼 분석이라고 하였다.
② 4문단에서 산소 분자를 산소 원자로 분리하면 산소 기체로서의 성질을 잃는다고 하였다.
③ 4문단에서 같은 종류의 원자로 구성되더라도 분자를 이루는 원자의 개수나 배열이 다르면 서로 다른 분자라고 하였다.
⑤ 2문단에서 대부분의 금속 원소는 종류에 따라 고유한 불꽃색을 나타낸다고 하였다.

3 세부 내용 추론하기
답 ④

3문단에서 원소를 이루는 작은 입자들을 원자라고 하였고, 4문단에서 독립된 입자로 존재하여 물질의 성질을 나타내는 가장 작은 입자를 분자라고 하였다. 따라서 물질의 성질을 나타내는 가장 작은 입자는 원자가 아니라 분자에 대한 설명이다.

4 사례에 적용하기
답 ⑤

2문단에서 리튬과 스트론튬처럼 같은 색깔의 불꽃 반응을 나타내는 원소들을 구별하기 위해 스펙트럼 분석이 도입되었다고 하였다. 그리고 리튬의 불꽃색이 빨간색이라는 내용과 리튬과 스트론튬이 같은 색의 불꽃 반응을 나타낸다는 내용을 통해 스트론튬의 불꽃색도 빨간색임을 알 수 있다. 〈보기〉에서는 물질 X에 불을 붙였더니 노란색과 빨간색 불꽃이 모두 나타났다고 했으므로, 물질 X의 스펙트럼을 분석한 이유는 노란색 불꽃이 아니라, 빨간색 불꽃이 나타났기 때문이라고 할 수 있다.

오답 챙기기
① 〈보기〉에서 물질 X의 불꽃색은 노란색과 빨간색이라고 하였다. 구리 원소의 불꽃색은 청록색이므로 물질 X에 구리 원소는 존재하지 않는다.
② 〈보기〉에서 물질 X의 불꽃을 분광기로 관찰했을 때 나타난 스펙트럼에 나타나는 선의 위치, 색깔이 각각 원소 A와 원소 B의 스펙트럼에 나타난 선과 같다고 하였으므로 원소 A와 원소 B는 물질 X에 포함된 원소라고 할 수 있다.
③ 〈보기〉에서 원소 A와 원소 B의 스펙트럼에 나타난 선은 각각 1개와 4개였고, 그 위치가 모두 달랐다고 하였으므로 이들과 일치하는 물질 X의 스펙트럼에 나타난 선의 개수는 총 5개라 할 수 있다.
④ 2문단에서 나트륨의 불꽃색이 노란색이라고 하였고, 물질 X의 불꽃색으로 노란색이 나타났으므로, 물질 X의 스펙트럼에는 나트륨의 스펙트럼에 나타나는 선들이 있다고 할 수 있다.

STEP 3 교과 개념 핵심 정리
· 본문 064쪽

• 개념 한눈에 보기
① 원소 ② 스펙트럼 ③ 원자 ④ 전자 ⑤ 성질 ⑥ 산소 분자

• 교과 개념 확인 Quiz
❶ ○ ❷ 불꽃 반응 ❸ 원자핵, 전자 ❹ 중성 ❺ ✕
Tip ❺ 같은 종류의 원자로 구성되더라도 분자를 이루는 원자의 개수나 배열이 다르면 서로 다른 물질이다.

| 구성 |

1 이온의 개념과 종류
이온은 전자의 이동으로 선하를 띠게 된 입자로, (+)전하를 띠는 양이온, (−)전하를 띠는 음이온으로 나뉨.

2 양이온과 음이온의 이동
양이온은 (−)극 쪽으로, 음이온은 (+)극 쪽으로 이동함.

3 + 4 앙금 생성 반응
• 앙금 생성 반응과 예: 앙금 생성 반응은 수용액 속의 양이온과 음이온이 반응하여 앙금이 생성되는 현상으로, 이온의 존재 여부를 확인할 수 있음.
• 실생활 속 앙금 생성 반응의 예: 조개 껍데기, 진주, 석회 동굴의 종유석, 공장 폐수의 중금속 제거, 수돗물에 포함된 염화 이온 확인

| 주제 | 이온의 종류와 특징 및 앙금 생성 반응의 원리

STEP 2 교과 개념 지문 독해
· 본문 066쪽

1 ⑤   2 ⑤   3 ②   4 ①

1 핵심 내용 파악하기
답 ⑤

3문단에서 앙금 생성 반응의 결과로 여러 색의 앙금이 생성될 수 있다는 점을 설명하고 있다. 그러나 이온의 크기와 앙금 색깔이 어떤 관계인지는 설명하고 있지 않다.

2 세부 내용 파악하기
답 ⑤

1문단에서 전자를 잃어 (+)전하를 띠게 된 이온을 양이온, 전자를 얻어 (−)전하를 띠게 된 이온을 음이온이라고 한다고 하였다. 따라서 전기적으로 중성인 원자가 다른 원자로부터 전자를 받으면 음이온이 된다.

오답 챙기기

① 3문단에서 앙금 생성 반응은 수용액 속의 이온이 반응하여 물에 녹지 않는 앙금을 생성하는 것이라고 하였다.

② 1문단에서 원자는 원자핵의 (+)전하량과 전자들의 (−)전하량이 같으면 전하를 띠지 않는 중성이 된다고 하였다.

③ 3문단에서 앙금 생성 반응이 나타났는지를 확인하면 이온의 존재 여부를 확인할 수 있다고 하였다.

④ 1문단에서 전자를 얻으면 (−)전하량이 많아져 (−)전하를 띠게 된다고 하였다.

3 세부 내용 추론하기
답 ②

3문단의 내용을 통해 ㉠은 이온이 들어 있는 수용액에 전류를 흘려 주면 양이온은 (−)극으로, 음이온은 (+)극으로 이동하며 전기가 통한다는 것을 확인하는 실험임을 수 있다. 따라서 ㉠은 전기가 통하는 현상을 통해 나트륨 이온과 염화 이온이 전하를 띠고 있음을 보여 준다고 할 수 있다.

오답 챙기기

① 나트륨 이온은 양이온이다. 따라서 전자를 잃어 (+)전하를 띠는 이온이다.

③ 염화 이온은 음이온이기 때문에 전류를 흘려 주면 (+)극으로 이동한다.

④ 나트륨 이온은 (+)전하를 띠는 양이온이고 염화 이온은 (−)전하를 띠는 음이온이다. 이 둘 모두 전하를 띠므로 전기적으로 중성이 아니다.

⑤ 2문단에서 같은 종류의 전하를 띠는 물질은 서로 밀어내고, 다른 종류의 전하를 띠는 물질은 서로 끌어당긴다고 설명하고 있다.

4 사례에 적용하기
답 ①

〈보기〉의 첫 번째 예는 보일러 관 속에서 칼슘 이온(Ca^{2+})이 탄산 이온($CO_3{}^{2-}$)과 반응하여 앙금 생성 반응이 일어난 사례이다. 4문단에서 탄산 이온($CO_3{}^{2-}$)과 칼슘 이온(Ca^{2+})이 반응하여 흰색 앙금이 생성된다고 하였다. 따라서 보일러 관 속의 고체는 흰색이다.
〈보기〉의 두 번째 예는 염화 이온(Cl^-)과 은 이온(Ag^+)이 반응하여 앙금 생성 반응이 일어난 사례이다. 3문단에서 염화 이온(Cl^-)이 은 이온(Ag^+)과 반응하여 흰색 앙금이 생성된다고 하였다. 따라서 은반지를 상하게 하는 앙금은 흰색이다.

STEP 3 교과 개념 핵심 정리
· 본문 068쪽

• 개념 한눈에 보기
① 이온   ② 음이온   ③ 전하   ④ 앙금 생성 반응

• 교과 개념 확인 Quiz
❶ ○   ❷ 전자, 전하   ❸ ×   ❹ 이온   ❺ ○
Tip ❸ 이온이 들어 있는 수용액에 전류를 흘려 주면 양이온은 (−)극으로 이동한다.

>> 물리학
찌릿찌릿, 정전기는 왜 생기는 걸까?

| 구성 |

1 정전기의 사례
빗으로 머리를 빗거나 스웨터를 벗을 때 머리카락이 위로 치솟음.

2 + 3 정전기의 원인과 특징
• 대전과 전기의 개념: 두 물체가 접촉하면 물체가 전하를 띠는 대전 현상이 나타나 전기가 발생함.
• 정전기의 개념 및 특징: 정전기는 전하가 한곳에 머물러 있는 현상으로, 전하를 띤 물체는 서로 밀고 당기는 힘이 작용함.

4 전류와 전압의 개념
전류는 전하의 흐름이고, 전압은 전류를 흐르게 하는 힘임.

5 저항의 개념 및 옴의 법칙
저항은 전류의 흐름을 방해하는 정도이며, 옴의 법칙은 전류의 세기가 전압에 비례하고 저항에 반비례한다는 법칙임.

| 주제 | 전기의 여러 가지 성질

STEP **2** 교과 개념 지문 독해 · 본문 070쪽

1 ⑤   2 ④   3 ①   4 ③

1 전개 방식 파악하기   답 ⑤

이 글에서 원자를 원자핵과 전자로 나누어 설명하는 분석의 방법은 사용되었으나, 대상의 종류를 나누는 분류의 방법은 사용되지 않았다.

2 세부 내용 파악하기   답 ④

3문단에 따르면, 정전기는 대전된 물체의 전하가 다른 곳으로 이동하지 않은 상태라고 하였으므로, 마찰에 의해 두 물체 사이에 정전기가 이동한다는 설명은 적절하지 않다. 마찰에 의해 이동하는 것은 정전기가 아니라, 전자이다.

3 세부 내용 추론하기   답 ①

2문단의 '일반적으로 머리카락을 비롯한 모피 종류는 전

자를 쉽게 잃고, 플라스틱 종류는 전자를 쉽게 얻는다.'로 보아, ㉠에서 머리카락은 전자를 잃고 플라스틱 빗은 전자를 얻게 됨을 알 수 있다. 이 결과로 머리카락은 (+)전하를, 플라스틱 빗은 (−)전하를 띠게 될 것이다.

오답 챙기기

② 2문단에서 '물체가 전하를 띠는 현상'이 대전이라고 하였다.

③ 2문단의 '성질이 서로 다른 두 물체가 접촉하면 한 물체에서 다른 물체로 전자가 이동한다.'에서 확인할 수 있다.

④ 3문단에 따르면, 다른 종류의 전하가 대전되어 있으면 서로 끌어당기는 힘이 작용한다. 빗과 머리카락이 마찰하면 둘은 서로 다른 전하를 띠게 되므로 서로 끌어당기는 힘이 작용한다.

⑤ 2문단에 따르면, 물질을 구성하는 원자는 (+)전하의 양과 (−)전하의 양이 같아서 전기적으로 중성이다. 이런 상태에서 성질이 다른 물체와 접촉하면 대전이 된다. 따라서 ㉠의 상황 이전은 접촉하기 전이므로 전기적으로 중성인 상태이다.

4 사례에 적용하기   답 ③

수도꼭지는 수돗물의 양을 조절하는 장치이므로 전지가 아니라 전류의 흐름을 방해하는 저항에 해당한다고 볼 수 있다. 전지의 전압에 의해 전류가 흐른 것처럼 펌프를 통한 수압에 의해 물이 흘렀다는 점에서 전지에 해당하는 것은 〈보기〉의 '펌프'이다.

오답 챙기기

① 전지와 전선을 포함하여 전류가 흐르는 통로를 회로라고 한다. 수도 시설은 전류에 해당하는 물이 흐르는 시설이므로 회로에 해당한다.

② 전선은 전자가 이동하는 연결 통로 역할을 하므로, 물이 흐르는 수도관이 전선에 해당한다.

④ 전자가 전선을 통해 운반하는 전하의 흐름을 전류라고 한다. 따라서 수도관을 흐르는 물은 전류에 해당한다.

⑤ 전압은 전류를 흐르게 하는 힘이다. 수도관에 물이 흐르게 한 힘은 수압, 즉 물의 높이 차이이므로 ⓔ는 전압에 해당한다.

STEP **3** 교과 개념 핵심 정리 · 본문 072쪽

• **개념 한눈에 보기**
  ① 대전 ② 전류 ③ 전압 ④ 저항 ⑤ 옴의 법칙

• **교과 개념 확인 Quiz**
  ❶ ○ ❷ 전자 ❸ ✕ ❹ 전류 ❺ ○

  Tip ❸ 원자를 구성하는 원자핵은 (+)전하를, 전자는 (−)전하를 띤다.

| 구성 |

1 자기력과 자기장의 개념
자석과 자석 간에 작용하는 힘을 자기력 이라 하고, 자기력이 작용하는 공간을 자기장 이라 함.

2 전류에 의한 자기장 형성
전류 가 흐르는 전선 주위에도 자기장이 형성되며, 전류의 이런 성질을 이용한 것이 전자석 임.

3+4+5 전동기의 개념과 원리
• 전동기의 개념: 전동기는 자석 과 전류 에 의한 자기장을 동시에 활용하여 회전력을 얻는 장치임.
• 전동기의 원리: 자석 속에 있는 전선에 전류를 흐르게 하면 전선은 전류와 자기장의 방향에 각각 수직 인 방향으로 힘을 받음.
• 전동기의 회전 원리: 전동기의 코일에 전류 가 흐르면 코일의 왼쪽과 오른쪽 부분이 받는 힘의 방향이 서로 반대 가 되어 코일이 회전함.

| 주제 | 자기장을 이용한 전동기의 작동 원리

STEP 2 교과 개념 📖 지문 독해 · 본문 074쪽

1 ⑤   2 ④   3 ⑤   4 ①

1 핵심 내용 파악하기 답 ⑤

1문단에서 자기력과 자기장을 설명한 뒤, 2문단에서 전류에 의해 생기는 자기장과 이를 활용하는 전자석을 설명하고 있다. 그리고 3문단에서 전자석이 사용되는 장치로 전동기를 소개한 뒤, 4~5문단에서 전동기의 원리를 설명하고 있다. 이를 종합하면 '전류에 의한 자기장과 이를 활용한 전동기의 원리'가 제목으로 가장 적절하다.

오답 챙기기

①, ② 1문단에서 언급되어 있지만, 이 제목은 부분적인 내용으로 글 전체의 내용을 포괄하지 못한다.

③ 1문단에서 지구가 큰 자석과 같다는 내용은 언급되어 있지만 지구 자기장이 인류에게 미치는 영향은 언급되지 않았다.

④ 2문단에서 전자석과 영구 자석의 차이점을 간략하게 언급하고 있지만, 장단점을 비교하지는 않았다.

2 세부 내용 파악하기 답 ④

2문단에서 전류가 흐르는 전선 주위에도 자석과 같은 자기장이 발생한다고 언급하고 있지만, 그 원인은 설명하지 않았다.

3 세부 내용 추론하기 답 ⑤

3문단에 따르면, 전동기는 자석에 의한 자기장과 전류에 의한 자기장을 동시에 활용하여 회전력을 얻는 장치이므로, 두 자기장을 함께 사용해야 큰 힘을 낼 수 있다.

오답 챙기기

① 3문단에서 세탁기와 휴대 전화, 전기차 등에 전동기가 들어갔다고 하였으므로, 일상의 전자 제품에 들어가는 전동기는 그 크기가 다양할 것이라고 추측할 수 있다.

② 3문단에서 전동기는 자석과 전류의 자기장을 활용하여 회전력을 얻는 장치라고 하였으므로, 회전력을 필요로 하는 휴대용 선풍기에도 전동기가 들어 있을 것이다.

③ 2문단에 따르면, 전자석은 전류가 흐를 때만 자석이 된다. 따라서 전류를 끊으면 자석의 성질이 사라지며 원래 상태로 돌아갈 것이다.

④ 3문단에 따르면, 전동기는 자석에 의한 자기장과 전류에 의한 자기장을 동시에 활용하는 장치이므로, 전류가 흐르는 전선에 자기장이 발생하지 않으면 전동기를 만들기 어려울 것이다.

4 사례에 적용하기 답 ①

1문단의 '자기장은 N극에서 S극으로 들어가는 방향으로 형성된다.'를 통해 〈보기〉의 전동기에서 자기장의 방향은 오른쪽에서 왼쪽으로 형성됨을 알 수 있다. 그리고 4문단의 설명과 〈그림〉을 적용할 때, ⓐ에서는 오른손의 네 손가락을 자기장의 방향(왼쪽)으로, 엄지손가락을 전류의 방향(뒤쪽)으로 맞추어야 한다. 이때 ⓐ가 받는 힘의 방향은 손바닥이 향하는 방향인 위쪽이 된다. ⓒ에서는 오른손의 네 손가락을 자기장의 방향(왼쪽)으로, 엄지손가락을 전류의 방향(앞쪽)으로 맞추어야 한다. 이때 ⓒ가 받는 힘의 방향은 손바닥이 향하는 방향인 아래쪽이 된다. 한편, 4문단에서 전류의 방향과 자기장의 방향이 평행이면 힘을 받지 않는다고 하였으므로, 전류와 자기장의 방향이 서로 반대지만 평행을 이루는 ⓑ는 힘을 받지 않는다.

STEP 3 교과 개념 📖 핵심 정리 · 본문 076쪽

• **개념 한눈에 보기**
① 자기장   ② 자석   ③ 전류

• **교과 개념 확인 Quiz** 🔍
❶ ✕   ❷ 자기장   ❸ 전류   ❹ ○   ❺ 회전력
Tip ❶ 자기력은 자석 자체에서 발생하며, 전류가 흐르는 전선에서도 발생한다.

지구야, 네가 움직여서 그런 거야

| 구성 |

1 지구의 자전과 공전
자전은 지구가 자전축을 중심으로 하루에 한 바퀴씩 도는 운동이고, 공전은 지구가 태양의 둘레를 1년에 한 바퀴씩 도는 운동임.

2 지구의 자전으로 나타나는 현상
태양과 달, 별 등의 천체가 동쪽에서 서쪽으로 움직이는 것처럼 보임. → 천체의 일주 운동

3 지구의 공전으로 나타나는 현상
별자리를 기준으로 태양의 위치가 조금씩 바뀌기 때문에 우리가 계절마다 다른 별자리를 볼 수 있음. → 태양과 별의 연주 운동

| 주제 | 지구의 운동과 그에 따라 나타나는 천체의 운동

STEP 2 교과 개념 지문 독해 · 본문 078쪽

1 ③   2 ④   3 ①

---

1 핵심 내용 파악하기 답 ③

1문단과 3문단을 통해 지구가 태양을 중심으로 하여 태양의 둘레를 공전함을 알 수 있을 뿐, 지구가 태양 주위를 공전하는 이유는 이 글을 통해 알 수 없다.

오답 챙기기

① 1문단에서 지구의 자전은 지구가 자전축을 중심으로 스스로 하루에 한 바퀴씩 도는 것이라고 하였고, 지구의 공전은 지구가 태양을 중심으로 하여 태양의 둘레를 1년에 한 바퀴씩 도는 것이라고 하였다.

② 3문단에서 태양이 서쪽에서 동쪽으로 하루에 약 1°씩 별자리 사이를 이동하여 1년 후에 처음의 자리로 되돌아오는 것처럼 보이는 태양의 겉보기 운동을 태양의 연주 운동이라고 하였다. 이를 통해 태양의 연주 운동 속도는 약 1°/일이고, 방향은 서쪽에서 동쪽임을 알 수 있다.

④ 2문단에서 자전에 의한 천체의 일주 운동으로 태양과 달, 별이 매일 동쪽에서 떠서 서쪽으로 지는 것을 보게 된다고 하였다. 이를 통해 지구의 자전으로 인해 천체의 일주 운동이 나타남을 알 수 있다.

⑤ 3문단에서 지구의 공전에 의해 태양이 보이는 위치가 달라지기 때문에 우리가 계절마다 다른 별자리를 볼 수 있다고 하였다.

---

2 세부 내용 파악하기 답 ④

3문단에서 태양의 겉보기 운동을 태양의 연주 운동이라고 하였고, 이는 태양이 실제로 이동하는 것이 아니라 지구가 태양 주위를 공전하기 때문에 나타나는 현상이라고 하였다.

오답 챙기기

① 1문단에서 지구는 남극과 북극을 이은 가상의 자전축을 중심으로 스스로 하루에 한 바퀴씩 돈다고 하였다.

② 2문단에서 천체의 일주 운동은 실제로 천체가 움직이는 것이 아니라 지구의 자전 때문에 나타나는 현상이라고 하였다.

③ 2문단에서 태양과 달, 별이 매일 동쪽에서 떠서 서쪽으로 진다고 하였다. 따라서 달은 하루를 주기로 하여 동쪽에서 서쪽으로 일주 운동을 한다고 할 수 있다.

⑤ 3문단에서 8월 자정에 남쪽 하늘에서 볼 수 있는 별자리는 염소자리라고 하였다. 이를 통해 여름날 밤 열두 시에 남쪽 하늘에서는 염소자리를 관측할 수 있음을 알 수 있다.

---

3 사례에 적용하기 답 ①

3문단에서 태양이 황도를 따라 연주 운동을 할 때 태양과 같은 방향에 있는 별자리는 태양과 함께 뜨고 지기 때문에 관측하기가 어렵고, 태양의 반대쪽에 있는 별자리는 한밤중에 남쪽 하늘에서 관측할 수 있다고 하였다. 3월 자정에 남쪽 하늘에서 볼 수 있는 별자리가 사자자리라는 3문단의 내용을 고려할 때, 3월에 태양과 함께 뜨고 지는 별자리는 사자자리의 반대편(9월)에 있는 물병자리이다. 그리고 태양은 황도를 따라 서쪽에서 동쪽으로 연주 운동을 하고, 대체로 한 달에 하나의 궁을 지나간다고 하였으므로, 6월에 태양과 함께 뜨고 지는 별자리는 물병자리에서 시계 반대 방향으로 3칸 이동한 황소자리(ㄱ)이며 6월 한밤중에 남쪽 하늘에서 관측할 수 있는 자리는 황소자리의 반대쪽(12월)에 있는 별자리인 전갈자리(ㄴ)이다.

STEP 3 교과 개념 핵심 정리 · 본문 080쪽

• **개념 한눈에 보기**
  ① 자전 ② 일주 ③ 공전 ④ 연주 ⑤ 별자리

• **교과 개념 확인 Quiz**
  ❶ 자전축 ❷ 동, 서 ❸ ✕ ❹ 태양 ❺ ○ ❻ 황도
  Tip ❸ 태양의 연주 운동은 지구의 공전에 의해 나타나는 현상이다.

9일차 ≫ 지구과학

2 기운 센 태양은 지구를 힘들게 해

| 구성 |

> **1 태양의 활동**
> 태양은 많은 양의 빛과 에너지를 태양계 있는 모든 행성에 공급해 줌.

> **2 태양의 활동과 태양의 대기**
> 태양의 활동이 활발할수록 흑점의 개수가 증가하고, 홍염이나 플레어가 자주 발생하며, 코로나의 크기가 커짐.

> **3 태양의 활동이 지구에 미치는 영향**
> 태양의 활동이 활발해지면 강한 태양풍으로 인해 자기 폭풍이 발생하여 전기·통신과 관련된 제품이나 시스템에 장애가 생기고, 오로라가 발생함.

> **4 태양 활동의 피해 예방 방안**
> 태양의 변화를 실시간으로 관측하고 우주 환경의 변화를 예보함.

| 주제 | 태양의 활동이 활발할 때 지구에 나타나는 현상

STEP 2 교과 개념 지문 독해 · 본문 082쪽

1 ①　　**2** ③　　**3** ①　　**4** ④

1 전개 방식 파악하기 　　답 ①

1문단과 3문단에서 각각 '그렇다면 태양이 내보내는 에너지의 양은 언제나 같을까?', '그렇다면 태양 활동이 활발할 때, 지구에는 어떠한 현상이 나타날까?'라는 질문을 던지고 이후 이 질문에 대한 답을 하는 제시하는 방식으로 내용을 전개하고 있다.

2 핵심 내용 파악하기 　　답 ③

1문단에서 태양은 태양계에서 스스로 빛을 내는 유일한 천체라고 언급하고 있을 뿐, 태양이 스스로 빛을 내는 원리가 무엇인지는 설명하고 있지 않다.

오답 챙기기

① 3문단에서 플레어가 나타나 코로나의 온도가 급격히 높아지면 태양풍이 발생한다고 하였다.

② 1문단에서 태양은 내부에서 만들어 낸 많은 양의 빛과 에너지를 우주 공간으로 내보내 태양계에 있는 모든 행성에 공급해 주는 역할을 한다고 하였다.

④ 2문단에서 태양의 대기층인 채층에서 홍염과 플레어가 나타난다고 하였다.

⑤ 4문단에서 태양의 활동으로 인한 피해를 예방하기 위해 태양에 나타나는 변화를 실시간으로 관측하고, 우주 날씨 예측 센터를 구축하여 우주 기상에 대한 정보를 세계 곳곳에 전달한다고 하였다.

3 세부 내용 추론하기 　　답 ①

2문단에서 플레어는 흑점 부근의 채층에서 짧은 시간 동안 나타나는 강력한 폭발이라고 하였다. 그런데 채층은 태양의 대기층이므로 플레어가 태양 내부에서 일어난다는 이해는 적절하지 않다.

오답 챙기기

② 1문단에서 식물은 태양에서 얻은 빛과 에너지를 이용하여 광합성을 하고, 이를 통해 산소와 양분을 얻는다고 하였다.

③ 3문단에서 태양에서 나온 전기 입자들의 흐름인 태양풍이 자기 폭풍을 일으키면 통신 관련 시스템에 장애가 생긴다고 하였다.

④ 2문단에서 태양의 활동이 활발할수록 광구에 나타나는 반점인 흑점의 개수가 증가한다고 하였다.

⑤ 3문단에서 지구 자기장은 태양풍을 막아 지구를 보호하지만, 태양이 평소보다 강한 태양풍을 내보내면 지구 자기장이 갑자기 불규칙해지는 자기 폭풍이 발생한다고 하였다.

4 사례에 적용하기 　　답 ④

(가)는 태양의 가장 바깥쪽 대기층인 코로나이고, (나)는 광구와 코로나 사이의 대기층인 채층의 물질이 코로나까지 솟아오르는 홍염이다. 태양 활동이 활발해지면 코로나의 크기가 커지고 홍염이 자주 발생하는데, 이러한 현상은 주기적으로 나타난다. 그리고 이때 지구에서는 오로라가 평소보다 더 넓은 지역에서, 더 자주 일어난다.

STEP 3 교과 개념 핵심 정리 · 본문 084쪽

> • 개념 한눈에 보기
> ① 활발　② 흑점　③ 코로나　④ 자기 폭풍　⑤ 오로라
>
> • 교과 개념 확인 Quiz
> ① ○　② 홍염　③ ×　④ 태양풍　⑤ 오로라　⑥ ○
> Tip ③ 태양의 활동이 활발할수록 코로나의 크기가 커진다.

| 구성 |

2 이산화 탄소 의 흡수 과정
빛이 있을 때 기공 을 통해 공기 중의 이산화 탄소를 흡수함.

1 광합성 에 필요한 물질
빛에너지, 이산화 탄소 , 물

3+**4** 물의 이동 원리
• 광합성에 이용되는 물의 이동 원리 ① - 모세관 현상: 매우 가는 물관의 밀어 올리는 힘에 의해 물이 잎으로 이동함.
• 광합성에 이용되는 물의 이동 원리 ② - 증산 작용: 기공을 통해 잎의 물이 공기 중으로 나가면 물관에서 아래쪽 물 분자 를 끌어올리는 현상이 일어남.

| 주제 | 광합성에 필요한 세 가지 재료의 흡수·이동의 원리

STEP **2** 교과 개념 지문 독해 · 본문 086쪽

1 ④ **2** ⑤ **3** ① **4** ④

1 핵심 내용 파악하기 目 ④

1문단에서 식물이 광합성을 통해 스스로 양분을 만든다고 설명하고 있으나, 어떤 종류의 양분이 만들어지는지는 제시하지 않고 있다.

2 세부 내용 추론하기 目 ⑤

광합성은 빛이 있을 때 이루어지며, 식물은 이때 이산화 탄소를 흡수한다. 그런데 빛이 없는 밤에는 광합성이 이루어지지 않으므로, 밤보다 낮에 공기 중의 이산화 탄소를 더 많이 흡수할 것이라고 짐작할 수 있다.

오답 챙기기

① 3문단에서 이산화 탄소는 잎의 기공을 통해 흡수되지만, 물은 뿌리에서 흡수된다고 설명하고 있다.

② 1문단에서 광합성은 잎의 식물 세포에 있는 엽록체에서 일어나며, 엽록체에 있는 엽록소가 빛을 흡수한다고 하였으므로, 줄기에서는 빛을 흡수하지 않을 것임을 짐작할 수 있다.

③ 이 글을 통해 광합성에 빛에너지, 물, 이산화 탄소가 필요함을 알 수는 있으나, 어느 것이 더 중요한 역할을 하는지는 알 수 없다.

---

④ 2문단에서 공변세포의 수축과 팽창에 따라 기공이 열리고 닫힌다고 설명하고 있으므로, 기공이 열렸을 때와 닫혔을 때 공변세포의 모양이 다를 것임을 짐작할 수 있다.

3 세부 내용 파악하기 目 ①

4문단에서 광합성에 쓰이고 남은 물은 수증기 상태로 밖으로 빠져나가는데, 이때 식물 안의 물이 수증기 상태로 밖으로 빠져 나가는 작용이 증산 작용이라고 하고 있다. 모세관 현상은 관이 가늘수록 물이 올라가는 높이가 높아지는 현상으로, 물이 수증기 상태로 바뀌지는 않는다.

4 사례에 적용하기 目 ④

4문단에서 기공이 많이 열리면 증산 작용이 활발히 일어나고, 열린 기공을 통해 이산화 탄소도 많이 들어온다고 설명하고 있다. 따라서 (가)에서 많은 양의 물이 배출되는 증산 작용이 일어날 때에 열린 기공으로 이산화 탄소 또한 많이 들어올 것임을 짐작할 수 있으므로, 흡수되는 이산화 탄소의 양이 줄어든다는 반응은 적절하지 않다.

오답 챙기기

① 기공이 많이 열릴수록 증산 작용이 활발해지는데, 증산 작용이 활발해지면 배출되는 물의 양도 많아진다. (나)에서 10시에 비해 12시에 배출된 물의 양이 많은 것으로 보아, 10시보다 12시에 기공이 더 많이 열렸을 것으로 짐작할 수 있다.

②, ③ 4문단에서 기공이 많이 열려 증산 작용이 활발할 때 광합성도 활발해짐을 알 수 있다. 따라서 (나)에서 배출되는 물의 양이 많은 12시에서 14시 사이가 다른 시간에 비해 증산 작용과 광합성이 더 활발히 일어날 것임을 짐작할 수 있다.

⑤ 증산 작용이 일어나면 물관의 물 분자가 잎으로 계속 이동하게 되는데, 이때 뿌리에서 흡수된 물이 잎까지 계속 올라와 기공 밖으로 내보내지므로 (가)의 시험관 속 물의 양도 줄어들 것임을 짐작할 수 있다.

STEP **3** 교과 개념 핵심 정리 · 본문 088쪽

• **개념 한눈에 보기**
① 엽록체 ② 이산화 탄소 ③ 기공 ④ 증산 작용 ⑤ 물

• **교과 개념 확인** Quiz
❶ 광합성 ❷ 엽록체 ❸ × ❹ ○ ❺ ○ ❻ 증산 작용
Tip ❸ 광합성이 일어날 때 기공에서 이산화 탄소가 들어오고 수증기가 나간다.

10일차
2 »생명과학
식물은 어떻게 숨을 쉬고 밥을 먹지?

|구성|

1 광합성과 산소의 관계 및 식물의 호흡의 개념
식물의 [광합성]으로 산소가 발생함. 식물의 호흡은 식물이 [산소]를 이용해 양분을 분해하여 [에너지]를 얻는 과정임.

2 광합성으로 만들어진 양분이 사용·저장되는 과정
광합성은 빛을 이용해 양분을 만드는 과정으로, 광합성으로 만들어진 양분이 [체관]을 통해 식물 전체로 이동하여 사용되고, 남은 것은 저장됨.

3+4 광합성과 호흡의 관계
• 광합성과 호흡의 차이점: 광합성은 낮에 [엽록체]에서, 호흡은 밤낮으로 식물의 [모든 세포]에서 이루어짐.
• 광합성과 호흡의 기체 교환: 낮에는 광합성으로 나온 [산소]의 일부는 호흡에 사용되고, 호흡으로 발생한 이산화 탄소는 모두 광합성에 이용됨. 밤에는 호흡만 일어나 산소를 흡수하고 이산화 탄소를 배출함.

|주제| 식물의 호흡과 광합성에 따른 양분의 생성과 사용

STEP 2 교과 개념 👅 지문 독해 · 본문 090쪽

| 1 ③ | 2 ④ | 3 ② | 4 ⑤ |

1 핵심 내용 파악하기 답 ③

1문단에서 호흡을 통해 생명 활동에 필요한 에너지를 얻는다고 설명하고 있으나, 그 에너지의 형태가 어떠한지에 대해서는 언급하고 있지 않다.

오답 챙기기

① 4문단에서 광합성으로 발생한 산소는 일부는 호흡에 이용되고 나머지는 공기 중으로 방출된다고 하였다.

② 1~2문단을 통해 식물이 광합성과 호흡을 하는 이유는 양분을 만들어 생명 활동에 필요한 에너지를 얻기 위해서임을 알 수 있다.

④ 3문단에서 식물의 호흡은 낮과 밤을 구분하지 않고 항상 이루어지며, 광합성은 주로 낮에 이루어진다고 하였다.

⑤ 2문단에서 체관은 식물의 양분이 이동하는 통로라고 하였다.

2 핵심 내용 파악하기 답 ④

3문단의 '호흡은 생명 활동과 관련되므로 낮과 밤을 구분하지 않고 항상 이루어'진다는 내용에서 알 수 있다.

오답 챙기기

① 밤에 식물에서 이산화 탄소가 나온다고 했을 뿐, 하루 동안에 이산화 탄소를 얼마나 내뿜는지는 설명하지 않았다.

② 양분을 만드는 활동인 광합성이 주로 낮에 이루어진다고 했을 뿐, 햇빛이 없을 때 양분을 어떻게 만드는지는 언급하지 않았다.

③ 포도당이 녹말로 바뀌어 엽록체에 저장되었다가, 밤이 되면 설탕으로 바뀐다고 했을 뿐, 그 원리는 설명하지 않았다.

⑤ 광합성으로 얻은 양분이 식물 속 곳곳에 저장된다고 했을 뿐, 양분이 뿌리에 저장되는 식물에 어떤 것이 있는지는 설명하지 않았다.

3 세부 내용 파악하기 답 ②

3문단에서 ㉠ '광합성'은 '잎의 엽록체에서 일어'나고, ㉡ '호흡'은 '뿌리, 줄기, 잎 등 식물의 모든 세포에서 일어난다.'라고 설명하고 있다.

4 사례에 적용하기 답 ⑤

식물의 호흡에 필요한 양분을 만드는 과정은 광합성이다. 광합성은 물과 이산화 탄소로부터 포도당과 산소를 만들어 내는 과정이므로, ⓐ는 이산화 탄소, ⓑ는 포도당, ⓒ는 산소이고, ⓓ는 녹말, ⓔ는 설탕이다. 그런데 2문단의 '주로 밤이 되면 다시 물에 잘 녹는 설탕으로 바뀌어 체관을 통해 식물의 여러 곳으로 운반된다.'로 보아, ⓔ는 낮이 아닌 밤에 체관을 통해 운반된다.

오답 챙기기

① 4문단에 따르면, 낮에 식물의 호흡으로 발생한 이산화 탄소는 광합성에 사용되기도 한다.

② 광합성으로 만들어진 포도당은 녹말로 바뀌어 엽록체에 저장된다.

③ 호흡은 산소를 이용하여 에너지를 얻는 과정이다. 또 체관을 통해 운반된 양분(설탕)은 호흡으로 에너지를 얻는 데 사용되므로, 산소(ⓒ)와 설탕(ⓔ)은 호흡 활동에 이용된다.

④ 녹말은 물에 잘 녹지 않고, 설탕은 물에 잘 녹는다.

STEP 3 교과 개념 🔑 핵심 정리 · 본문 092쪽

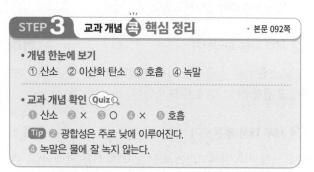

• 개념 한눈에 보기
① 산소 ② 이산화 탄소 ③ 호흡 ④ 녹말

• 교과 개념 확인 Quiz
❶ 산소 ❷ × ❸ ○ ❹ × ❺ 호흡
Tip ❷ 광합성은 주로 낮에 이루어진다.
❹ 녹말은 물에 잘 녹지 않는다.

| 구성 |

1 우리 몸의 구성 단계와 특성
우리 몸을 구성하는 기본 단위는 세포이며, 우리 몸의 기관계는 서로 연결되어 있음.

2 소화계와 순환계의 기능
• 소화계의 기능: 우리 몸의 에너지원이 되는 영양소를 받아들임.
• 순환계의 기능: 영양소와 산소를 운반함.

3 소화계의 작용 과정
음식이 입 → 위 → 소장을 거치면서 소화 효소에 의해 분해되고, 분해된 영양소는 소장에서 흡수됨.

4 순환계의 작용 과정
심장이 수축과 이완을 반복하여 혈액을 동맥 → 모세 혈관 → 정맥으로 이동시키면서 산소와 영양소를 운반함.

| 주제 | 소화계와 순환계의 기능과 작용 과정

STEP **2** 교과 개념 🔅 지문 독해 · 본문 096쪽

1 ③　　2 ⑤　　3 ①　　4 ③

1 전개 방식 파악하기　　답 ③

이 글은 소화계와 순환계의 기능에 대해 설명하고 있을 뿐, 소화계와 순환계의 기능에 대한 상반된 관점은 소개하고 있지 않다.

오답 챙기기
① 3문단에서 소화의 개념을 제시하고 있다.
② 2문단에서 사람이 살아가기 위해 필요한 것이 무엇인지 물은 뒤 그에 대한 답을 제시하고 있다.
④ 1문단에서 우리 몸의 구성을 자동차의 구성에 빗대어 설명하고 있다.
⑤ 3문단과 4문단에서 각각 소화계와 순환계의 작용 과정을 진행 순서에 따라 설명하고 있다.

2 세부 내용 파악하기　　답 ⑤

1문단에서 각 기관계는 서로 연결되어 있어 함께 있어야 생명 활동을 할 수 있다고 하였다.

3 세부 내용 추론하기　　답 ①

3문단에서 아밀레이스는 녹말을, 트립신은 단백질을, 라

이페이스는 지방을 분해한다고 하였다. 여기서 하나의 소화 효소는 한 종류의 영양소를 분해함을 알 수 있다.

오답 챙기기
② 3문단에서 입에서는 침 속의 아밀레이스가 탄수화물을 분해하고, 위에서는 염산과 펩신이 단백질을 분해한다고 하였다.
③ 3문단에서 소장의 시작 부분인 십이지장에서 단백질과 지방이 분해된 뒤 소장 안쪽 벽의 융털을 통해 흡수된다고 하였다.
④ 3문단에서 이자액에는 탄수화물, 단백질, 지방을 분해하는 아밀레이스, 트립신, 라이페이스가 모두 들어 있다고 하였다.
⑤ 3문단을 통해 음식물이 입에서 소장으로 이동하는 동안 소화 효소에 의해 음식물이 더 작게 분해되고 있음을 알 수 있다.

4 사례에 적용하기　　답 ③

〈보기〉를 통해 폐순환은 심장에서 나온 혈액이 폐에 이산화 탄소를 내보내고 폐에서 산소를 받아 심장으로 들어오는 순환이고, 온몸 순환은 심장에서 나온 혈액이 조직 세포에 산소와 영양소를 공급해 주고, 조직 세포에서 이산화 탄소와 노폐물을 받아 심장으로 들어오는 순환임을 알 수 있다. 따라서 폐순환은 온몸 순환과 달리 혈액이 산소를 받아 심장으로 들어온다.

오답 챙기기
① 우리 몸의 조직 세포에 산소와 영양소를 공급하고 이산화 탄소와 노폐물을 받아 심장으로 들어오는 것은 온몸 순환이다.
② 4문단에서 혈액은 심장의 끊임없는 수축과 이완에 의해 순환된다고 하였고, 〈보기〉에서 심장이 수축하면서 폐순환과 온몸 순환이 시작됨을 확인할 수 있다.
④ 〈보기〉에서 폐순환은 폐의 모세 혈관에서 이산화 탄소와 산소의 교환이 일어나며, 온몸 순환은 온몸의 모세 혈관에서 산소와 이산화 탄소의 교환이 일어남을 확인할 수 있다.
⑤ 4문단에서 심방은 정맥과 연결되어 혈액을 받아들이고 심실은 동맥과 연결되어 심장에서 혈액을 내보낸다고 하였다. 〈보기〉에서도 폐순환과 온몸 순환은 모두 심방은 정맥과, 심실은 동맥과 연결되어 있다.

STEP **3** 교과 개념 🔅 핵심 정리 · 본문 098쪽

• **개념 한눈에 보기**
① 기관계 ② 소화계 ③ 소장 ④ 순환계 ⑤ 모세 혈관

• **교과 개념 확인 Quiz**
❶ 기관 ❷ 소화계 ❸ ○ ❹ ○ ❺ ✕
Tip ❺ 혈액이 조직 세포에 운반하는 것은 영양소와 산소이다.

11일차 » 생명과학

2 사람은 어떻게 숨을 쉬고 노폐물을 내보낼까?

| 구성 |

1 호흡의 원리
들숨을 통해 산소를 받아들이고 날숨을 통해 이산화 탄소를 내보냄.

2+3 호흡계와 호흡 운동
• 호흡계에서의 기체 교환: 산소는 폐포 → 모세 혈관 → 조직 세포로, 이산화 탄소는 조직 세포 → 모세 혈관 → 폐포로 이동함.
• 호흡 운동의 원리: 가로막과 갈비뼈의 움직임 → 흉강의 부피 변화 → 흉강과 폐의 압력 변화로 호흡 운동이 일어남.

4+5 배설계와 배설 작용
• 배설계의 기능 : 영양소를 분해할 때 만들어진 노폐물을 몸 밖으로 내보냄.
• 배설계의 배설 과정: 노폐물이 콩팥의 네프론에서 여과, 재흡수, 분비를 거쳐 오줌으로 내보내짐.

| 주제 | 호흡계와 배설계의 기능과 작용 과정

STEP 2 교과 개념 지문 독해 · 본문 100쪽

1 ②   2 ③   3 ⑤   4 ⑤

1 핵심 내용 파악하기   답 ②

4~5문단에서 배설과 배설계의 작용 과정을 설명하고 있으나, 배설 작용을 방해하는 요소는 이 글에 제시되어 있지 않다.

2 세부 내용 파악하기   답 ③

3문단을 통해 호흡 작용은 가로막과 갈비뼈의 움직임에 의해 일어나며, 폐는 스스로 움직이지 못한다는 것을 확인할 수 있다.

오답 챙기기

④ 5문단을 통해 노폐물이 콩팥에서 여과, 재흡수, 분비의 과정을 거쳐 배설되는 과정을 확인할 수 있다.

⑤ 2문단을 통해 조직 세포에 있는 이산화 탄소는 모세 혈관의 혈액을 통해 폐포로 전달되는 것을 확인할 수 있으며, 1문단을 통해 날숨이 일어날 때 이산화 탄소가 몸 밖으로 나가는 것을 알 수 있다.

3 세부 내용 추론하기   답 ⑤

폐에서 조직 세포로 산소가 이동하고, 조직 세포에서 폐로 이산화 탄소가 이동한다. 따라서 폐에서 조직 세포로 이어지는 혈관에는 산소가, 조직 세포에서 폐로 이어지는 혈관에는 이산화 탄소가 많다.

오답 챙기기

① 3문단에서 흉강의 부피가 커지면 흉강과 폐의 압력은 낮아진다고 했으므로 흉강의 부피는 흉강과 폐의 압력에 반비례한다.

② 1문단에서 창문이 닫혀 있는 공간에서 졸음이 쏟아지는 것은 사람들이 숨을 쉬며 내뱉는 이산화 탄소가 늘어나고, 사람들이 들이마실 산소의 양이 줄어들기 때문이라고 하였다.

③ 4문단의 '콩팥, 오줌관, 방광, 요도 등의 배설 기관으로 이루어진 배설계'라는 내용을 통해, 대장은 배설계에 해당하지 않음을 알 수 있다.

④ 혈액 속 노폐물을 걸러내는 데 사구체와 보먼주머니가 중요한 역할을 함을 알 수는 있으나, 어느 것의 역할이 더 중요한지는 이 글을 통해서는 알 수 없다.

4 사례에 적용하기   답 ⑤

5문단을 통해 동맥과 연결된 ㉠은 사구체, ㉠의 주변에 있는 ㉡은 보먼주머니, ㉡과 연결된 ㉢은 세뇨관, ㉢ 주위의 ㉣은 모세 혈관임을 알 수 있다. 그런데 4문단에서 요소는 콩팥에서 걸러져 몸 밖으로 나간다고 했으므로 오줌에 요소가 포함되어 있지 않다는 이해는 적절하지 않다.

오답 챙기기

①, ② 5문단에서 ㉠(사구체)는 ㉡(보먼주머니)보다 압력이 높으며, 이 압력 차이로 크기가 작은 물질이 물과 함께 보먼주머니로 여과된다고 하였다. 따라서 분자의 크기가 큰 물질은 ㉡으로 이동하지 못하며, 물은 압력 때문에 ㉡으로 이동한다.

③ 5문단에서 포도당, 아미노산과 같이 우리 몸에 필요한 성분은 ㉢(세뇨관)에서 ㉣(모세 혈관) 속으로 재흡수된다고 하였다.

④ 5문단에서 ㉠(사구체)에서 ㉡(보먼주머니)로 여과되지 못했던 노폐물은 ㉣(모세 혈관)에서 ㉢(세뇨관)으로 분비된다고 하였다.

STEP 3 교과 개념 핵심 정리 · 본문 102쪽

• 개념 한눈에 보기
① 폐포 ② 호흡 ③ 배설계 ④ 네프론

• 교과 개념 확인 Quiz
❶ 호흡계 ❷ ○ ❸ 배설계 ❹ ○ ❺ 네프론

|구성|

> **2 물질의 특성 ① - 밀도**
> 물질의 밀도는 고유한 값으로, 같은 물질인 경우 모양이나 크기에 관계없이 일정하므로 물질을 구분하는 기준이 됨.

> **1 물질의 종류**
> 한 종류의 물질로만 이루어진 순물질과 둘 이상의 순물질이 섞여 있는 혼합물

> **3 물질의 특성 ② - 용해도**
> 온도와 용매가 같을 때 용해도는 일정한 값을 나타내므로 물질의 종류에 따라 달라지는 용해도는 물질을 구분하는 기준이 됨.

> **4 물질의 특성 ③ - 녹는점, 어는점, 끓는점**
> 순물질의 녹는점, 어는점, 끓는점은 일정하나, 혼합물은 성분 물질의 혼합 비율에 따라 달라지므로 이 둘을 구분할 수 있는 기준이 됨.

|주제| 물질의 특성을 이용한 순물질과 혼합물의 구분

STEP 2 교과 개념 지문 독해 · 본문 104쪽

| 1 ④ | 2 ① | 3 ③ | 4 ⑤ |

---

1 핵심 내용 파악하기 답 ④

4문단에서 물질의 특성으로 녹는점, 어는점, 끓는점을 설명하고 있기는 하지만, 각각의 정의를 밝히고 있지 않다.

오답 챙기기

① 1문단에서 한 종류의 물질로만 이루어진 것을 순물질, 둘 이상의 순물질이 섞여 있는 것을 혼합물이라고 하였다.

② 1문단에서 물질의 특성으로 밀도, 용해도, 녹는점, 어는점, 끓는점 등이 있다고 하였다.

③ 2문단에서 물질의 고유한 양인 질량을 부피로 나눈 값이 밀도라고 한 내용(질량÷부피=밀도)에서 확인할 수 있다.

⑤ 3문단에서 기체는 온도가 높을수록, 압력이 낮을수록 용해도가 감소한다고 한 내용에서 알 수 있다.

2 세부 내용 파악하기 답 ①

1문단에서 흰 우유를 현미경으로 들여다 보면 물에 녹지 않는 단백질이나 지방, 무기염류 등이 각각의 성질을 지닌 채로 불균일하게 섞여 있다고 하였다.

---

3 세부 내용 추론하기 답 ③

2문단에서 백금 반지와 은반지를 구별하는 데 도움이 되지 않는 크기나 무게는 물질의 특성으로 볼 수 없다고 하였다. 따라서 물질에서 파악할 수 있는 값이라고 해서 크기와 무게를 ㉠이라고 이해하는 것은 적절하지 않다.

오답 챙기기

① 물질의 특성은 그 물질만이 갖고 있는 고유한 성질이기 때문에 같은 종류의 물질은 동일한 특성이 나타난다.

② 4문단에서 녹는점, 어는점, 끓는점을 물질의 특성으로 소개하였다. 그리고 순물질과 달리 혼합물은 이것이 성분 물질의 혼합 비율에 따라 다양하게 나타난다고 하였다.

④ 2~3문단에 제시된 밀도와 용해도의 계산 방법, 4문단에서 설명한 녹는점, 어는점, 끓는점 등의 언급으로 보아 물질의 특성은 양에 관계없이 그 물질이 지닌 고유의 성질임을 알 수 있다.

⑤ 2문단에 제시된 백금 반지와 은반지의 사례에서 보듯 물질의 특성은 겉보기 성질이 유사한 두 물질을 구분하는 기준으로 활용할 수 있다.

---

4 사례에 적용하기 답 ⑤

〈보기〉는 용매가 물일 때 질산 나트륨, 질산 칼륨, 염화 칼륨, 염화 나트륨의 용해도를 나타낸 것이다. 물의 온도가 70℃를 초과할 때, 온도가 올라갈수록 질산 칼륨이 질산 나트륨보다 용해도가 높음을 확인할 수 있다.

오답 챙기기

① 20℃의 물에서 용해도가 가장 높은 것은 질산 나트륨이다.

② 물의 온도가 0℃일 때 질산 칼륨의 용해도는 20에 조금 못 미치지만, 물에 전혀 녹지 않은 것은 아니다.

③ 온도에 따라 용해도 변화가 가장 큰 것은 곡선의 기울기가 가장 급한 질산 칼륨이다.

④ 물의 온도가 40℃일 때 질산 칼륨의 용해도는 약 60이고, 염화 나트륨의 용해도는 약 40이다.

STEP 3 교과 개념 핵심 정리 · 본문 106쪽

• 개념 한눈에 보기
  ① 순물질 ② 온도 ③ 압력

• 교과 개념 확인 Quiz
  ❶ 순물질, 혼합물 ❷ ○ ❸ × ❹ 질량 ❺ 용해도 ❻ ×

  Tip ❸ 물은 한 종류의 물질로만 이루어진 순물질이다.
  ❻ 고체는 온도가 높을수록 용해도가 증가한다.

바닷물도 식수가 될 수 있어요

| 구성 |

혼합물의 분리 방법

1 끓는점 차이를 이용한 혼합물 분리 방법
액체 상태의 혼합물을 가열하면 끓는점이 낮은 물질이 먼저 끓어 나오는데 그 기체 물질을 냉각하여 순수한 액체를 얻음

2 밀도 차이를 이용한 혼합물 분리 방법
밀도가 작은 물질은 위로, 밀도가 큰 물질은 아래로 가라앉는 원리를 이용하여 서로 섞이지 않는 액체·고체 혼합물을 분리하는 방법

3 재결정을 이용한 혼합물 분리 방법
불순물이 포함된 고체 혼합물을 녹인 후 용액의 온도를 서서히 낮추어 순도 높은 결정을 얻는 방법

4 크로마토그래피를 이용한 혼합물 분리 방법
혼합물을 이루고 있는 성분 물질이 용매를 따라 이동하는 속도 차이를 이용하여 분리하는 방법

| 주제 | 물질의 특성을 이용하여 혼합물을 분리하는 다양한 방법

STEP 2 교과 개념 지문 독해 · 본문 108쪽

1 ⑤ 2 ④ 3 ④

1 세부 내용 파악하기 답 ⑤

2문단에서 고체 혼합물을 이루는 두 물질의 중간 정도 밀도를 지닌 액체를 활용해야 밀도가 큰 물질은 아래로, 작은 물질은 위로 이동하여 혼합물을 분리할 수 있다고 하였다.

오답 챙기기

① 1문단에서 물질의 끓는점 차이를 이용하여 순수한 물질을 얻어 내는 방식이 증류임을 설명하고 있다.

② 재결정은 온도에 따른 물질의 용해도 차이에 따라 순도 높은 물질을 얻는 방법이므로 천일염의 사례에서와 같이 용해도 차이가 큰 물질이 분리되어 나온다.

③ 3문단에서 재결정은 물질의 용해도 차이를 이용하여 불순물을 제거하고 순도 높은 결정을 얻는 방법이라고 하였다.

④ 4문단에서 '크로마토그래피를 이용하면 성질이 비슷한 물질로 이루어'진 혼합물을 분리할 수 있다고 설명하고 있다.

2 세부 내용 추론하기 답 ④

3문단에서 재결정은 고체 혼합물을 용매에 녹인 다음 용액을 서서히 냉각하여 순수한 물질을 얻는 방법이라고 하였다.

오답 챙기기

① 천일염을 물에 녹인 후 용해도 차이를 이용해 불순물을 제거하면 깨끗한 소금을 얻을 수 있는데, 이것은 ⓒ에 해당한다.

② ㉠이 아니라 크로마토그래피를 활용하여 양이 매우 적은 혼합물을 분리할 수 있다.

③ 물질을 가열할 때 기화되는 순수 물질을 모으는 방식은 ⓒ이 아니라 ㉠이다.

⑤ ⓒ은 고체 혼합물에서 소량의 불순물을 제거하고 순수한 물질을 얻을 때 사용한다.

3 사례에 적용하기 답 ④

2문단에서 유출된 기름의 예에서 보듯이 물과 기름은 밀도 차이를 이용해 분리할 수 있다. 이를 참고할 때, 〈보기〉는 서로 섞이지 않는 액체 혼합물을 밀도 차이를 이용하여 분리하는 실험이다. 탁한 술을 가열하면 물보다 에틸알코올이 먼저 기화되는 현상을 이용하여 맑은 술을 분리하는 것은 증류의 방법이다. ①, ②, ③, ⑤는 모두 밀도 차이를 활용한 방법이다.

STEP 3 교과 개념 핵심 정리 · 본문 110쪽

- **개념 한눈에 보기**
  ① 증류 ② 작으면 ③ 크면 ④ 용해도 ⑤ 용매

- **교과 개념 확인 Quiz**
  ❶ 끓는점 ❷ × ❸ 밀도 ❹ ○ ❺ × ❻ ○

  Tip ❷ 물의 끓는점이 소금의 끓는점보다 낮아 소금물에서는 물이 먼저 기화하고 소금이 남는다. 따라서 끓는점이 낮은 물질이 먼저 기화한다.
  ❻ 재결정 방식을 사용하면 용해도 차이가 큰 물질이 결정으로 나온다.

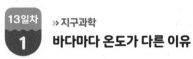

13일차 1 »지구과학
바다마다 온도가 다른 이유

| 구성 |

해수의 특성	■ 위도에 따른 해수의 수온 분포 저위도 에서 고위도 로 갈수록 도달하는 태양 에너지의 양이 줄어들어 표층 수온이 낮아짐.	❷ 깊이에 따른 해수의 수온 분포 태양 에너지와 바람의 영향에 따라 혼합층 – 수온 약층 – 심해층 으로 나뉨.
	❸ 해수의 염류와 염분 해수에 녹아 있는 염화 나트륨 등의 물질을 염류 라고 하며 해수 1,000g에 녹아 있는 염류의 총량을 g 수로 나타낸 것을 염분 이라고 함.	❹ 해수의 염분 분포에 영향을 주는 요인 강수량과 증발량의 차이, 담수의 유입, 해수가 녹거나 빙하가 녹는 정도 등이 해수의 염분 분포에 영향을 주지만, 해수에 녹아 있는 염류들 사이의 비율 은 어느 바다에서나 일정함.

| 주제 | 해수의 수온과 염분 분포에 영향을 주는 요소

STEP 2 교과 개념 지문 독해 · 본문 112쪽

1 ③   2 ④   3 ②   4 ⑤

1 핵심 내용 파악하기 답 ③

3문단에서 해수에 녹아 있는 염류의 종류로 염화 나트륨과 염화 마그네슘, 황산 마그네슘, 황산 칼슘 등을 언급하고는 있지만 이들의 쓰임을 설명하고 있지는 않다.

오답 챙기기

① 1문단에서 위도에 따른 해수의 온도를 설명하며 저위도에서 고위도로 갈수록 표층 수온이 낮아진다고 하였다.

② 2문단에서 수온은 수심에 따라 달라진다고 하였으며 깊이에 따라 혼합층, 수온 약층, 심해층의 수온 분포를 보인다고 하였다.

④ 4문단에서 오랜 세월 동안 바닷물이 끊임없이 움직이고 순환하여 서로 섞이므로 염분비 일정 법칙이 성립한다고 하였다.

⑤ 4문단에서 강수량과 증발량의 차이, 흘러드는 담수의 양, 해수가 얼거나 빙하가 녹는 정도 등이 염분 변화에 영향을 준다고 하였다.

2 세부 내용 파악하기 답 ④

2문단에서 수온이 급격히 낮아지는 수온 약층은 아래쪽

수온이 위쪽의 수온보다 낮아 해수가 잘 섞이지 않으므로 대류가 일어나지 않는다고 하였다. 그리고 이에 따라 혼합층과 심해층 간의 물질이나 에너지 교환을 차단하는 역할을 한다고 하였다.

3 세부 내용 추론하기 답 ②

4문단에서 흘러드는 담수의 양이 염분 분포에 영향을 준다고 하였다. 하천수나 지하수의 유입은 흘러드는 담수의 양이 증가하는 것으로 이 양이 적은 바다일수록 염분이 높게 나타날 것이다.

오답 챙기기

①, ④ 4문단에서 강수량과 증발량의 차이가 염분 분포에 영향을 준다고 하였다. 따라서 집중 호우로 강수량이 증발량보다 많은 여름철은 겨울철에 비해 염분이 낮게 나타날 것이다. 또한 건조한 기후로 증발량이 강수량보다 많은 지역일수록 염분은 높게 나타날 것이다.

③ 4문단에서 흘러드는 담수의 양이 염분 분포에 영향을 준다고 하였다. 따라서 담수의 유입이 있는, 강과 바다가 만나는 하구가 바다의 중앙부에 비해 염분이 낮게 나타날 것이다.

⑤ 4문단에서 해수는 얼면 염분이 높아지고, 빙하가 녹아 물로 변화하면 염분이 낮아진다고 하였다. 따라서 해빙이 일어나는 지역은 염분이 낮게, 결빙이 일어나는 지역은 염분이 높게 나타날 것이다.

4 사례에 적용하기 답 ⑤

〈보기〉는 염분 변화와 무관하게, 해수에 녹아 있는 염류들 사이의 비율은 일정하다는 염분비 일정 법칙을 실험한 결과이다. (가)는 담수의 유입으로, (나)는 증발로 물의 양이 달라져 염분(염류의 총량)은 달라졌지만, 염류들 사이의 비율(염분비)은 일정하게 유지되고 있다.

STEP 3 교과 개념 핵심 정리 · 본문 114쪽

• 개념 한눈에 보기
  ① 낮아짐 ② 혼합층 ③ 수온 약층 ④ 심해층 ⑤ 강수량 ⑥ 염류

• 교과 개념 확인 Quiz
  ❶ 태양 에너지 ❷ ○ ❸ ○ ❹ ○ ❺ 35 ❻ 비율

13일차 ②
» 지구과학

바닷물이 어딘가로 다 빠져나갔다고?

| 구성 |

① 해류의 개념과 구분
오랜 기간 동안 일정한 방향으로 흐르는 지속적인 해수의 [흐름]을 해류라고 하며, 상대적 [수온]에 따라 [난류]와 [한류]로 구분함.

② 우리나라 주변의 해류
[쿠로시오 해류]는 우리나라 난류의 근원으로, 황해 난류와 동한 난류를 이룸. 연해주 한류의 일부는 북한 한류를 이룸.

③ 조경 수역의 형성과 이동
조경 수역은 영양 염류와 용존 산소량이 많아서 플랑크톤이 풍부하고 좋은 [어장]이 형성되는데, 우리나라는 동해의 울릉도 근처에서 조경 수역을 이룸.

④ 조석 현상의 개념
조석은 밀물과 썰물에 의해 [해수면]이 주기적으로 높아졌다 낮아졌다 하는 현상으로, [만조]와 [간조]가 각각 하루에 두 번씩 발생함.

⑤ 조석 현상의 이용
만조와 간조 때 발생하는 해수면의 [높이 차]를 조차라고 하며, 조석 현상을 실생활에 활용할 수 있음.

| 주제 | 우리나라 주변 해류와 조석 현상

STEP 2　교과 개념 😊 지문 독해　· 본문 116쪽

1 ②　　2 ④　　3 ⑤　　4 ②

1 핵심 내용 파악하기　답 ②

이 글에서 해류와 조류의 차이, 해류가 이동하는 방향 등은 언급하고 있으나, 해류가 왜 발생하는지 그 원인에 대해서는 설명하고 있지 않다.

오답 챙기기

① 1문단에서 해류는 오랜 기간 동안 일정한 방향으로 흐르는 지속적인 해수의 흐름이라고 하였으며, 4문단에서 조류는 조석 현상에 의해 생기는 수평적인 바닷물의 흐름이라고 하였다.

③ 1문단에서 난류는 저위도에서 고위도로 흐르고, 한류는 고위도에서 저위도로 흐른다고 하였다.

④ 3문단에서 우리나라의 경우 동해의 울릉도 근처에서 동한 난류와 북한 한류가 만나 조경 수역을 이룬다고 하였다.

⑤ 3문단에서 우리나라의 조경 수역을 설명하면서, 겨울에는 북한 한류의 세력이 강하므로 조경 수역의 위치가 남하하고, 여름에는 동한 난류의 세력이 강하므로 조경 수역의 위치가 북상한다고 하였다.

2 세부 내용 파악하기　답 ④

2문단에서 쿠로시오 해류는 우리나라 난류의 근원이라고 하였다. 따라서 우리나라 주변을 흐르는 모든 해류의 근원이 아니다.

오답 챙기기

① 5문단에서 조차가 큰 서해안에서는 넓은 갯벌이 만들어진다고 하였다. 또한 간조 때 해수면이 낮아져 해저 지형이 바다 위로 노출되면 바닷길이 형성된다고 하였는데, 이는 썰물에 의한 현상이므로 조차가 큰 지역에서 볼 수 있다.

② 2문단에서 해류의 흐름은 주변 지역의 기온에 영향을 미쳐 난류가 흐르는 지역은 그렇지 않은 지역에 비해 기온이 높다고 하였다. 따라서 난류가 흐르는 해안은 같은 위도의 다른 지역보다 따뜻할 것이다.

③ 3문단에서 한류와 난류가 만나는 지역은 조경 수역을 이룬다고 하였다. 그리고 이곳에는 영양 염류와 용존 산소량이 많아 플랑크톤이 풍부하고 좋은 어장이 형성된다고 하였다.

⑤ 4문단에서 해수면의 높낮이가 달라지는 조석 현상에 의해 생기는 수평적인 바닷물의 흐름을 조류라고 하였다. 이는 바닷물이 들어왔다 빠져나가는 밀물과 썰물을 가리킨다.

3 세부 내용 추론하기　답 ⑤

ㄱ. 밀물은 육지 쪽으로 바닷물이 밀려 들어오는 것이므로 간조에서 만조 사이에 발생한다.

ㄴ. 만조에서 간조 사이에 바닷물이 빠져나가는 썰물이 발생하므로 해수면이 하강한다.

ㄷ. 조석에 의해 만조와 간조가 하루에 두 번씩 발생하므로 일정한 주기로 바닷물의 흐름이 변화한다.

4 사례에 적용하기　답 ②

A와 E는 만조, B는 썰물, C는 간조, D는 밀물이다. 따라서 B일 때는 물이 바다 쪽으로 빠져나가므로 낚시를 즐기기에 적합하지 않다.

STEP 3　교과 개념 😊 핵심 정리　· 본문 118쪽

· 개념 한눈에 보기
① 쿠로시오 해류　② 어장　③ 하루

· 교과 개념 확인 Quiz
❶ 난류, 한류　❷ 조경 수역　❸ ✕　❹ ○　❺ ○　❻ 조차

Tip ❸ 오랜 기간 동안 일정한 방향으로 흐르는 지속적인 해수의 흐름은 해류이다.

1 열은 어떤 방법으로 이동할까?

| 구성 |

1 온도와 입자의 운동 관계
온도가 [높은] 물체는 입자의 운동이 활발하고, 온도가 [낮은] 물체는 입자의 운동이 둔함.

2 여러 가지 열의 이동 방법
• 전도: 물질을 구성하는 입자들이 서로 [충돌]하며 열이 이동하는 현상
• [복사]: 열이 다른 물질을 거치지 않고 직접 이동하는 현상
• [대류]: 물질을 이루는 입자들이 직접 이동하며 열을 전달하는 현상

3 열의 이동과 열평형
온도가 다른 두 물체가 접촉하면 열이 온도가 높은 물체에서 낮은 물체 쪽으로 이동하며 두 물체 온도가 같아지는 [열평형]에 도달함.

4 열의 이동을 막는 단열
솜이나 스타이로폼, 알루미늄 등을 활용하여 열의 이동을 막음으로써 물체의 온도 [변화]를 줄임.

| 주제 | 열의 이동 방법과 열평형

STEP 2 교과 개념 🍜 지문 독해 · 본문 120쪽

1 ② 2 ② 3 ⑤ 4 ④

1 핵심 내용 파악하기 답 ②

전도는 입자 사이의 충돌에 의해 열이 전달되는 방식이다. 따라서 떨어져 있는 물체 사이에서는 전도에 의해 열이 이동할 수 없다.

오답 챙기기
① 3문단에서 열은 온도가 높은 물체에서 낮은 물체 쪽으로 이동한다고 하였으므로 열은 온도가 높은 곳에서 낮은 곳으로 이동한다.
③ 1문단에서 온도가 높아지면 물체를 구성하는 입자의 운동이 활발해진다고 하였을 뿐, 물체를 이루는 입자의 수는 언급하지 않았다.
④ 2문단에서 복사는 열이 다른 물질을 거치지 않고 직접 이동하는 현상이라고 하였다.
⑤ 2문단에서 대류는 물질을 이루는 입자들이 직접 이동하며 열을 전달하는 방식이라고 하였다.

2 세부 내용 추론하기 답 ②

단열은 열의 이동을 차단하여 물체의 온도 변화를 줄이는 방법이다. 단열이 잘 된 건물은 열의 이동이 잘 일어나지 않기 때문에 내부와 외부가 열형평을 이루기 어렵다.

오답 챙기기
① 1문단에서 물체의 온도가 높으면 그 물체를 구성하는 입자의 운동이 활발하고, 물체의 온도가 낮으면 입자의 운동이 둔해진다고 하였다.
③ 2문단에서 설명한 대류의 원리에 따라 에어컨은 위쪽에, 난로는 아래쪽에 설치하면 공기의 대류가 잘 일어나 효율적인 냉난방을 할 수 있다.
④ 4문단에서 알루미늄 소재는 단열재로 쓰인다고 하였다. 따라서 배달 가방의 안감을 알루미늄 소재로 만들면 열의 이동을 차단하여 음식을 따뜻하게 전달할 수 있을 것이다.
⑤ 3문단에서 온도가 높은 물체가 빼앗긴 열의 양만큼 온도가 낮은 물체가 열을 얻어서 열평형을 이룬다고 하였다.

3 사례에 적용하기 답 ⑤

㉠은 전도의 사례이다. ②은 쇠가 아닌 플라스틱으로 손잡이를 만들어 전도에 의한 열의 이동을 막은 사례이고, ①, ③, ④는 전도를 통해 열이 이동한 사례이다. 그러나 ⑤는 태양의 열이 직접 이동하여 눈을 녹인 복사의 사례이다.

🍜 수능 챙기기
4 사례에 적용하기 답 ④

진공은 어떠한 물질도 없는 상태를 말한다. 이는 열을 전달할 물질이 없다는 것을 의미한다. 따라서 기체 입자가 필요한 대류(ⓐ)와 고체 입자가 필요한 전도(ⓑ)는 일어날 수 없으므로 전도나 대류에 의한 열의 이동을 막을 수 있다. 그리고 은이나 알루미늄은 복사로 전달되는 열을 반사하는데, 보온병 내벽이 은으로 도금되어 있다고 하였으므로 복사(ⓒ)에 의한 열의 이동도 막을 수 있다.

STEP 3 교과 개념 🍜 핵심 정리 · 본문 122쪽

• **개념 한눈에 보기**
① 온도 ② 충돌 ③ 열 ④ 입자 ⑤ 고온 ⑥ 저온

• **교과 개념 확인 Quiz**🔍
❶ ○ ❷ ✕ ❸ ✕ ❹ ○ ❺ 단열 ❻ 열평형
Tip ❷ 다른 물질의 도움 없이 열이 직접 이동하는 것은 복사이다.
❸ 고체 입자가 서로 충돌하며 열이 이동하는 것을 전도라고 한다.

| 구성 |

1 물질의 온도 상승과 열량의 관계
물질의 종류에 따라 온도를 높이는 데 필요한 열량 이 다름.

2 비열 의 개념 및 특성
비열은 물질 1kg의 온도를 1℃ 높이는 데 필요한 열량 으로, 물질의 종류에 따라 고유한 값을 지님.

3 열팽창 의 개념
열 을 가할 때 물질을 이루는 입자의 운동이 활발해져 물체의 길이 또는 부피 가 늘어나는 현상을 의미함.

4 열팽창 현상을 활용한 바이메탈
바이메탈은 열팽창 정도가 다른 두 물질을 붙여 놓은 것으로, 일정한 온도 이상이 되면 팽창이 잘 안 되는 쪽으로 휘는 특성이 있음.

| 주제 | 비열과 열팽창에 대한 이해

STEP 2 교과 개념 지문 독해 · 본문 124쪽

1 ② 2 ④ 3 ① 4 ②

---

1 세부 내용 파악하기 답 ②

2문단의 '비열이 클수록 온도 변화는 작게 일어난다.'에서 비열과 온도 변화는 반비례함을 알 수 있다. 즉 비열이 작을수록 온도 변화는 크게 일어난다.

2 세부 내용 추론하기 답 ④

4문단에 따르면, 같은 조건에서 알루미늄이 철보다 약 2배 이상 팽창한다. 즉 철의 팽창률이 알루미늄보다 낮다. 바이메탈에 열을 가하면 팽창이 잘 안 되는 쪽으로 휘므로 철과 알루미늄을 붙여 만든 바이메탈에 열을 가하면 팽창률이 낮은 철 쪽으로 휘어진다.

오답 챙기기

① 2문단에 따르면, 어떤 물질 1kg의 온도를 1℃ 높이는 데 필요한 열량을 그 물질의 비열이라고 하며, 물의 비열은 1kcal/(kg·℃)이다. 따라서 물 1kg의 온도를 1℃ 높이는 데는 1kcal의 열량이 필요하다.

② 2문단에서 비열은 물질의 종류에 따라 고유한 값을 가진다고 하였고, 4문단에서 열팽창의 정도는 물질마다 다르다고 했으므로 비열과 열팽창 정도를 활용해 물질의 종류를 구분할 수 있다.

③ 3문단의 '철도의 선로 이음새에 틈을 만드는 것은 뜨거운 여름에 쇠로 된 선로가 열팽창으로 인해 휘는 상황을 대비하기 위한 것이다.'에서, 철길의 선로를 끊지 않고 길게 이어 만들면 더운 날에 선로가 휠 수 있다는 것을 알 수 있다.

⑤ 4문단의 '여러 가지 재료를 이용하여 건물이나 도로 등을 지을 때에는 각 재료의 열팽창률을 고려해야 한다.'와 '콘크리트와 철근은 열팽창 정도가 비슷하여 함께 사용해도 온도 상승에 따른 변형이 작기 때문에'라는 설명에서, 열팽창률 차이가 큰 재료들로 건물을 지으면 고온의 날씨에 건물이 변형될 위험이 있다는 것을 짐작할 수 있다.

3 세부 내용 추론하기 답 ①

2문단의 '만약 양은 냄비 대신 비열이 높은 뚝배기에 라면을 끓인다면 면이 늦게 익으며 퉁퉁 불어 버릴 것이다.'에서 양은 냄비의 비열이 뚝배기보다 작으며, 양은 냄비를 이용하면 상대적으로 빨리 면을 익힐 수 있다는 사실을 알 수 있다. 그리고 '비열이 클수록 온도 변화는 작게 일어난다.'라는 설명에서, 양은 냄비는 비열이 작아서 온도 변화가 크게 일어나 물이 끓는 속도가 빠르다는 것을 알 수 있다. 따라서 양은 냄비는 비열이 작기 때문에 물이 끓는 속도가 빨라져 면을 빨리 익힐 수 있다.

수능 찍먹
4 사례에 적용하기 답 ②

2문단에 따르면, 물의 비열(1)이 모래의 비열(0.19)보다 약 5배 정도 크다. 이를 통해 육지의 비열이 바다의 비열보다 작다는 것을 알 수 있다. 그리고 비열이 작을수록 온도 변화가 더 크게 일어나므로 햇볕이 내리쬐는 낮에는 육지의 온도가 바다보다 빨리 높아진다. 이 때문에 따뜻하게 데워진 육지의 공기가 상승하고, 공기가 빠져나간 공간으로 바다의 차가운 공기가 이동하면서 바다에서 육지로 해풍이 불게 된다.

STEP 3 교과 개념 핵심 정리 · 본문 126쪽

• 개념 한눈에 보기
① 열량 ② 비열 ③ 바이메탈

• 교과 개념 확인 Quiz
❶ ○ ❷ ○ ❸ 물 ❹ × ❺ ○ ❻ ×
Tip ❹ 비열이 클수록 온도 변화가 잘 일어나지 않는다.
❻ 바이메탈은 온도가 올라가면 열팽창률이 작은 쪽으로 구부러진다.

나무를 태우면 질량이 줄어들까?

| 구성 |

1 무게와 질량의 차이
무게는 어떤 물체에 작용하는 [중력의 크기]이고, 질량은 각각의 물체마다 가지고 있는 고유의 양임.

2 질량 보존의 법칙
화학 반응이 일어날 때 반응물의 총 질량과 생성물의 총 질량은 [같음].

3 질량 보존 법칙의 증명 ① - 앙금 생성 반응
염화 나트륨 수용액과 질산 은 수용액을 섞으면 [앙금]이 생성되나, 반응 전후 물질의 총 질량은 동일함.

4 질량 보존 법칙의 증명 ② - 연소 반응과 기체 발생 반응
• 연소 반응: 연소하면서 결합한 산소의 [질량]을 고려하면 반응 전후의 총 질량은 동일함.
• 기체 발생 반응: 공기 중으로 날아간 기체의 질량을 고려하면 반응 전후의 총 질량은 동일함.

5 화학 반응에서 물질의 질량이 보존되는 이유
화학 반응을 거치더라도 이온이나 원자의 배열만 달라질 뿐, 그 [종류]와 [개수]는 일정하게 유지됨.

| 주제 | 질량 보존의 법칙의 증명과 그 이유

STEP 2 교과 개념 **지문 독해** · 본문 128쪽

1 ③　　　2 ②　　　3 ⑤

1 전개 방식 파악하기　　답 ③

2문단에서 질량 보존의 법칙의 정의를 '화학 반응이 일어나기 전과 후 물질의 총 질량은 변하지 않는다는 것'이라고 밝히고, 질량 보존 법칙을 증명할 수 있는 구체적인 실험들을 제시하고 있다.

2 세부 내용 추론하기　　답 ②

밀폐된 장소는 물질의 이동이 차단된 닫힌 공간이다. 이곳에서 강철 솜을 태우면 강철 솜이 밀폐된 장소 안의 산소와 결합하여 산화 철이 만들어지는데, 이 연소 생성물(산화 철)과 반응물(강철 솜+산소)의 총 질량은 동일하다.

오답 챙기기
① 1문단에서 무게와 질량의 차이를 언급하였다. 중력에 따라 달라지는 값은 무게이고, 질량은 각각의 물체마다 가지고 있는 고유의

양이므로 어디에서 측정하더라도 그 값은 늘 일정하다고 하였다.
③ 3문단에서 앙금 생성 반응을 설명하며, 두 물질이 화학 반응을 일으켜 고체 앙금이 발생하였더라도 반응물과 생성물의 전체 질량은 동일하다고 하였다.
④ 5문단에서 물질은 핵 반응을 제외한, 어떤 화학 반응을 거치더라도 이온이나 원자의 배열만 달라질 뿐, 그 종류와 개수를 동일하게 유지하므로 질량 보존의 법칙이 성립한다고 하였다.
⑤ 2문단에서 라부아지에는 실험을 통해 질량 보존의 법칙을 알아냈다고 하였다. 라부아지에는 이 실험에서 밀폐된 용기 안에 있던 기체의 질량이 감소하고 붉은색의 새 물질이 생긴 것을 발견했다고 하였는데, 이를 통해 반응 시 결합한 기체의 질량만큼 새 물질의 질량이 증가했음을 알 수 있다. 따라서 라부아지에가 꽉 막히지 않은 용기로 실험을 했다면, 반응하면서 결합한 기체의 질량만큼 반응 후 물질의 질량이 증가했을 것이다.

3 사례에 적용하기　　답 ⑤

반응이 끝난 후 마개를 열면 삼각 플라스크 안에서 생성된 기체인 이산화 탄소가 밖으로 빠져나가게 된다. 따라서 빠져나간 이산화 탄소의 질량만큼 반응 후 질량은 작아진다.

오답 챙기기
① 마개가 있다면 반응 전 질량과 반응 후 질량이 같겠지만, 마개가 없다면 삼각 플라스크 안에 생성된 이산화 탄소가 밖으로 빠져나가므로 반응 후 질량은 반응 전보다 작게 나타난다.
② 삼각 플라스크의 마개를 열면 생성된 이산화 탄소가 밖으로 빠져나가므로 정확한 질량 변화를 예측하기가 어렵다. 〈보기〉의 실험은 질량 보존 법칙을 확인하기 위한 실험이므로, 마개를 닫은 상태로 실험해야 정확한 결과를 얻을 수 있다.
③ 기체 발생 반응에서도 질량 보존 법칙이 성립하므로 반응물인 (묽은 염산+달걀 껍데기)의 질량은 생성물인 (염화 칼슘+물+이산화 탄소)의 질량과 같다.
④ 반응이 끝난 후 마개를 열면 삼각 플라스크 안에서 생성된 기체인 이산화 탄소가 밖으로 빠져나가게 되므로 반응물인 (묽은 염산+달걀 껍데기)의 질량이 더 클 것이다.

STEP 3 교과 개념 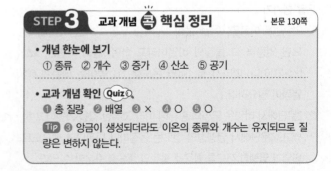 **핵심 정리** · 본문 130쪽

• **개념 한눈에 보기**
① 종류　② 개수　③ 증가　④ 산소　⑤ 공기

• **교과 개념 확인 Quiz**
❶ 총 질량　❷ 배열　❸ ✕　❹ ○　❺ ○

Tip ❸ 앙금이 생성되더라도 이온의 종류와 개수는 유지되므로 질량은 변하지 않는다.

| 구성 |

1 화학 반응에서의 에너지 출입
화학 반응에서 에너지의 출입이 일어나 발열 반응 과 흡열 반응
등이 나타나며, 반응물과 생성물의 에너지 차이로 발생하는 열을
반응열 이라고 함.

2 발열 반응의 개념과 사례
주변으로 에너지를 방출하는
화학 반응으로, 주변의 온도가
올라감 .
예 연료의 연소, 호흡, 손난로

3 흡열 반응의 개념과 사례
주변의 에너지를 흡수하는 화
학 반응으로, 주변의 온도가
낮아짐 .
예 식물의 광합성, 열분해

4 흡열 반응의 실험
염화 암모늄과 수산화 바륨이
반응하여 주변의 열 을 흡수
하는 과정에서 나무판의 물이 얾.

| 주제 | 화학 반응에서의 에너지의 출입

STEP 2 교과 개념 지문 독해 · 본문 132쪽

1 ④　　**2** ⑤　　**3** ⑤　　**4** ②

1 핵심 내용 파악하기　　답 ④

1문단에서 물질의 화학 반응이 일어나면 에너지의 출입이 발생한다고 하였다. 이어 2문단에서는 발열 반응의 개념과 사례를, 3~4문단에서는 흡열 반응의 개념과 사례를 설명하고 있으므로 '발열 반응과 흡열 반응의 개념 및 사례'가 이 글의 제목으로 가장 적절하다.

2 세부 내용 파악하기　　답 ⑤

4문단의 내용으로 보아, 염화 암모늄과 수산화 바륨의 반응은 흡열 반응이다. 두 물질의 반응할 때 주변의 열을 흡수하므로 나무판 위의 물이 얼어 비커와 나무판이 서로 달라붙게 된다고 하였다. 따라서 염화 암모늄과 수산화 바륨이 반응하면 비커의 내부에서 열이 방출되는 것이 아니라, 주변의 열을 흡수하게 된다.

오답 챙기기

① 1문단에서 반응열은 화학 반응이 일어날 때 방출하거나 흡수하는 열이라고 하였으므로 반응열은 발열 반응과 흡열 반응에서 모두 발생한다.

② 2문단에서 연료의 연소는 빛과 열에너지를 방출하는 대표적 발열 반응이라고 하였다.

③ 2문단에서 체내의 산소가 포도당과 반응하면 열에너지가 방출되는데 이 에너지는 체온을 유지하는 데 쓰인다고 하였다.

④ 3문단에서 탄산수소 나트륨은 주변에서 가해 준 열에너지를 흡수하면 분해되어 이산화 탄소 기체를 방출한다고 하였다.

3 세부 내용 추론하기　　답 ⑤

㉠은 발열 반응이고 ㉡ 흡열 반응이다. ㉠은 철 가루와 산소의 반응을 활용한 손난로처럼 반응물에 열을 가해 주지 않아도 에너지의 이동이 일어날 수 있다. ㉡은 탄산수소 나트륨의 열분해처럼 반응물에 열을 가해 주어야 하는 경우도 있지만, 염화 암모늄과 수산화 바륨의 반응에서처럼 열을 가해 주지 않아도 에너지의 이동이 일어날 수 있다.

4 사례에 적용하기　　답 ②

〈보기〉의 석고와 물이 만나 굳는 과정은 주변으로 에너지를 방출하는 발열 반응이다. 2문단에서 발열 반응이 일어날 때는 반응이 일어나는 쪽에서 주변으로 에너지를 방출하므로 주변의 온도가 높아진다고 하였다. 따라서 석고와 물이 반응하여 에너지를 방출하므로 붕대가 따뜻해졌을 것이라는 반응은 적절하다.

오답 챙기기

①, ⑤ 화석 연료의 연소와 〈보기〉는 모두 발열 반응이므로 반응이 일어나는 쪽에서 주변으로 에너지가 이동하였을 것이다.

③ 2문단에서 발열 반응이 일어날 때 반응물 내부의 화학 에너지가 열에너지로 전환되어 주변으로 빠져나간다고 하였다. 따라서 석고와 물이 반응할 때 역시 화학 에너지에서 열에너지로의 전환이 일어났을 것이다.

④ 〈보기〉의 석고와 물이 만나 굳는 과정에서 새로운 물질이 발생하였다는 정보는 찾아볼 수 없다.

STEP 3 교과 개념 핵심 정리 · 본문 134쪽

• 개념 한눈에 보기
① 연소　② 올라감　③ 열분해　④ 낮아짐

• 교과 개념 확인 Quiz
❶ 발열 반응　❷ ✕　❸ 광합성　❹ 흡열 반응
Tip ❷ 철 가루와 산소의 반응은 주변의 온도를 높이는 발열 반응이다.

| 구성 |

1 지구를 둘러싸고 있는 기권
기권은 지구 표면에서 약 1,000km까지 대기로 둘러싸여 있는 영역으로, 4개의 층으로 구분함.

2 기권의 층상 구조
기권은 높이에 따른 기온 변화를 기준으로 하여 대류권 – 성층권 – 중간권 – 열권으로 구분됨.

3 대기의 역할과 복사 평형
대기는 흡수한 태양 복사 에너지와 동일한 양의 지구 복사 에너지를 우주 공간으로 방출하여 복사 평형을 이룸으로써 지구의 평균 온도를 일정하게 유지함.

4 온실 효과와 지구 온난화
온실 기체가 지구 복사 에너지를 흡수했다가 지표로 재방출하는 과정에서 발생하는 온실 효과의 강화로 지구 온난화의 문제가 생겨남.

| 주제 | 기권과 지구의 온도

STEP 2 교과 개념 🏃 지문 독해 · 본문 138쪽

1 ③   **2** ⑤   **3** ③   **4** ①

1 핵심 내용 파악하기   답 ③

4문단에서 대기 중의 온실 기체가 지구 복사 에너지를 일부 흡수했다가 지표로 재방출하여 지구의 온도를 높이는 현상을 온실 효과라고 하였다. 그리고 온실 효과의 강화로 지구 온난화가 발생했다고 하였다. 그러나 이 글에서 온실 효과를 줄이기 위한 대응 방안은 설명하고 있지 않다.

2 세부 내용 파악하기   답 ⑤

태양 복사 에너지 중 자외선을 흡수하는 영역은 오존층이고, 이 오존층이 있는 기권은 높이 약 11km~50km 구간인 성층권이다. 열권은 태양 에너지를 직접 받아 높이 올라갈수록 기온이 높아지는 기권이다.

3 세부 내용 추론하기   답 ③

3문단에서 지구로 들어오는 태양 복사 에너지의 일부가 대기와 지표면에서 반사되어 우주 공간으로 빠져나간다고 하였다. 따라서 지구에 대기가 없다면, 반사되는 태양 복사

에너지가 줄어들어 결국 지구가 흡수하는 태양 복사 에너지의 양이 많아질 것이다. 따라서 ㉠일 때 지구가 흡수한 태양 복사 에너지의 양은 ㉡일 때보다 많다고 할 수 있다.

오답 챙기기

① ㉠과 같이 지구에 대기가 없다면 온실 기체에 의해 지구 복사 에너지가 흡수되었다가 지표로 재방출되는 온실 효과가 나타나지 않으므로 지구 복사 에너지는 우주 공간으로만 방출된다.

② ㉡과 같이 지구에 대기가 있을 때는 ㉠과 같이 대기가 없는 경우보다 복사 평형을 이루는 온도가 더 높다. 그러나 지구 복사 에너지를 더 많이 우주로 방출했기 때문이 아니라, 대기 중의 온실 기체가 지구 복사 에너지를 흡수했다가 지표로 재방출하여 온실 효과가 발생했기 때문이다.

④ ㉠과 같이 지구에 대기가 없다면 온실 효과가 발생하지 않는다고 하였다. 오히려 대기가 존재하는 ㉡의 상황에서 온실 효과가 증가하여 지구 온난화가 발생할 확률이 높다.

⑤ ㉡과 같이 지구에 대기가 있을 때는 ㉠과 같이 대기가 없는 경우보다 복사 평형을 이루는 온도가 더 높다. 그리고 최근 대기 중 온실 기체의 증가로 온실 효과가 강화되어 더 높은 온도에서 복사 평형이 이루어지고 있다고 하였다. 따라서 ㉡과 같이 지구에 대기가 있을 때 지구의 복사 평형 온도가 낮아진다는 설명은 적절하지 않다. 그리고 매년 지구의 복사 평형 온도가 어떻게 변화하는지는 이 글을 통해 알 수 없다.

4 사례에 적용하기   답 ①

지구 온난화로 영구 동토층이 녹으면 그 속에 녹아 있던 탄소가 온실 기체로 바뀐다고 하였다. 이는 이산화 탄소처럼 지구 복사 에너지를 흡수했다 지표로 재방출하는 물질이 증가하는 상황으로, 온실 효과가 강화되어 지구 온난화가 가속되는 현상이 일어날 것이다.

STEP 3 교과 개념 핵심 정리 · 본문 140쪽

• **개념 한눈에 보기**
① 온도 ② 지구 온난화

- - - - - - - - - - - - - - - - - - - -

• **교과 개념 확인** Quiz
❶ 기온 ❷ 오존층 ❸ ○ ❹ ○ ❺ ○ ❻ ×

Tip ❻ 산소는 온실 기체가 아니다. 온실 기체로는 수증기, 이산화 탄소, 메테인 등이 있다.

| 구성 |

1 기압과 바람
기압의 크기는 시간과 장소에 따라 달라지며, 두 지점 사이에 기압 차이가 발생하면 공기가 기압이 높은 곳에서 낮은 곳으로 이동하며 바람이 붊.

2 기단의 형성 및 영향
공기가 대륙이나 해양과 같은 넓은 장소에 오래 머무를 때 기단 이 형성되며, 우리나라도 기단의 영향으로 계절 에 따라 다양한 날씨가 나타남.

3 전선과 날씨
전선면이 지표면과 경계를 이루는 지점에서 전선 이 형성되며, 전선을 경계로 기온, 기압 등이 달라짐.

4 전선의 종류와 특징
차가운 기단과 따뜻한 기단의 이동 형태에 따라 한랭 전선 과 온난 전선 이 만들어지며 전선면의 기울기, 구름 모양, 강수 방식 등에서 차이를 보임.

5 우리나라의 장마
장마는 차가운 기단과 따뜻한 기단의 세력이 비슷하여 한곳에 오랫동안 머무르면서 정체 전선 이 형성된 것임.

| 주제 | 기압과 바람, 전선과 날씨의 관계

STEP 2 교과 개념 🍃 지문 독해 · 본문 142쪽

1 ④   **2** ③   **3** ③   **4** ①

1 핵심 내용 파악하기 답 ④

3문단에서 전선면이 지표면과 경계를 이루는 지점에서 전선이 형성된다고 언급하고 있을 뿐, 전선면이 지표면과 만나 경계를 이루는 이유가 무엇인지는 이 글에서 설명하고 있지 않다.

2 세부 내용 추론하기 답 ③

3문단에서 기단은 다른 지역으로 이동하며 성질이 다른 기단을 만나기도 한다고 하였으므로 발생하면서부터 소멸될 때까지 한자리에 고정되어 있는 것은 아니다.

오답 챙기기

① 2문단의 '지표면의 영향을 받아 기단이 형성된다.'로 보아, 대륙보다 해양에서 발생한 기단의 습도가 높을 것이다. 그리고 해양에서 발생한 북태평양 기단과 오호츠크해 기단은 모두 습한 특징을 지니고 있다.

② 2문단에서 기단은 공기가 넓은 대륙이나 해양에 오랫동안 머무르면서 지표의 영향을 받아 형성된다고 하였다. 그런데 바람은 공기의 흐름이므로 바람이 강하게 불면 기단이 발생하기 어려울 것이다.

④ 3문단에서 성질이 다른 두 기단이 만나는 경계로 전선면이 만들어지고, 전선면이 지표면과 만나 이루는 전선의 앞쪽과 뒤쪽 지역은 기온, 기압, 구름의 양, 강수량 등에서 큰 차이를 보인다고 하였다. 따라서 성질이 다른 두 기단이 만난 주변으로 날씨 변화가 나타날 것이다.

⑤ 5문단에서 세력이 비슷한 기단이 오랫동안 머무르면 따뜻한 공기가 찬 공기 위로 계속 상승하여 비구름을 만든다고 하였으므로 기단의 세력이 비슷하여 공기의 상승이 일어나면 비가 내릴 것이다.

3 세부 내용 추론하기 답 ③

㉠에서 계절풍은 해륙풍과 동일한 원리를 따른다고 하였다. 해륙풍의 원리를 대륙과 해양에 그대로 적용해 보자. 육지가 바다에 비해 더 빨리 가열되고 더 빨리 냉각되는 특성이 있는 것처럼 대륙도 해양에 비해 더 빨리 가열, 냉각되며 기압 차이가 생길 것이다. 즉, 여름에는 빨리 가열되는 대륙의 기압이 낮아져 해양에서 대륙으로 바람이 불고, 겨울에는 빨리 냉각되는 대륙의 기압이 높아져 대륙에서 해양으로 바람이 불게 된다.

4 사례에 적용하기 답 ①

(가)는 차가운 기단이 따뜻한 기단 쪽으로 이동할 때 생성된 한랭 전선을 보여 주는 그림이다. 전선면의 기울기가 급하고 수직 모양의 적운형 그림이 생긴 것을 통해 확인할 수 있다. 한랭 전선이 형성되면 전선 뒤 좁은 지역에 소나기가 내리게 된다. (나)는 따뜻한 기단이 차가운 기단을 타고 올라가면서 생성된 온난 전선을 보여 주는 그림이다. 전선면의 기울기가 완만하고 수평 모양의 층운형 구름이 생긴 것을 통해 확인할 수 있다. 온난 전선이 형성되면 전선 앞 넓은 지역에 지속적인 비가 내린다.

STEP 3 교과 개념 🍃 핵심 정리 · 본문 144쪽

• **개념 한눈에 보기**
 ① 높은 ② 낮은 ③ 풍향 ④ 전선면

• **교과 개념 확인** Quiz
 ❶ ✕ ❷ ○ ❸ ○ ❹ 습도 ❺ 북태평양 ❻ 장마
 Tip ❶ 기압은 시간과 장소에 따라 달라진다.

| 구성 |

1 물체의 운동
• 시간에 따라 물체의 위치가 변하는 현상
• 이동 거리 : 운동하는 동안 움직인 거리
• 속력: 일정한 시간 동안 이동한 거리로, 물체의 빠르기를 나타냄.

2 등속 운동의 개념
에스컬레이터나 무빙워크처럼 물체가 운동할 때 시간에 따라 속력이 일정한 운동

3 자유 낙하 운동의 개념
물체가 중력 만 받으면서 아래로 떨어지는 운동으로, 시간에 따라 속력이 일정하게 증가함.

4 질량이 다른 물체의 자유 낙하 운동
자유 낙하 운동하는 물체는 질량에 관계없이 1초에 9.8 m/s씩 일정하게 속력이 증가함.

| 주제 | 물체의 운동과 운동 종류

STEP 2 교과 개념 😛 지문 독해 • 본문 146쪽

1 ③   2 ①   3 ③

1 핵심 내용 파악하기 🗈 ③

3문단에서 공기 저항이란 물체의 운동을 방해하는 힘이라고 하였다. 그리고 4문단을 통해 공기가 있는 상태에서 낙하하는 쇠구슬과 깃털에 작용하는 공기 저항이 다름을 알 수 있다. 그러나 운동하는 물체가 공기 저항을 왜 받는지는 설명하고 있지 않다.

오답 챙기기

① 1문단의 '물리학에서는 시간에 따라 물체의 위치가 변할 때 운동한다고 하고'에서 알 수 있다.

② 2문단의 '지하철역이나 공항 등에 설치된 에스컬레이터와 무빙워크는 시간이 지나도 속력이 일정한 등속 운동을 하고 있다.'에서 알 수 있다.

④ 4문단의 쇠구슬과 깃털의 예시에서 공기가 있는 상태에서 떨어지는 물체에는 공기 저항과 중력이 함께 작용하며 진공 상태에서는 중력만이 작용한다는 것을 알 수 있다.

⑤ 3문단의 '사과의 움직임을 시간-속력 그래프로 나타내 보면 매초마다 9.8m/s씩 속력이 증가하는 모습을 볼 수 있는데'에서 알 수 있다.

2 세부 내용 추론하기 🗈 ①

1문단에 따르면 속력은 일정한 시간 동안 물체가 이동한 거리이다. 그런데 한 자리에 정지해 있는 물체는 이동 거리가 없으므로 속력은 0이다.

오답 챙기기

② 2문단에서 시간이 지나도 일정한 속력으로 움직이는 것을 등속 운동이라고 하였다. 이동 시간이 길어지면 이동 거리도 늘어날 것이므로 등속 운동을 하는 물체의 이동 거리는 시간에 비례한다.

③ 이 글에서 등속 운동을 하는 물체의 질량이 속력에 영향을 주는지에 대해서는 언급하고 있지 않다.

④ 3문단에서 물체가 중력만의 영향을 받아 아래로 떨어지는 운동을 자유 낙하 운동이라고 하였다. 따라서 자유 낙하 운동을 하는 물체에는 공기 저항이 작용하지 않는다.

⑤ 3문단에서 자유 낙하 운동을 하는 물체의 속력은 매초마다 9.8m/s씩 증가한다고 하였다. 따라서 자유 낙하 운동을 하는 물체의 속력은 바닥에 가까워질수록 증가할 것이다.

3 사례에 적용하기 🗈 ③

토끼의 0초에서 1초까지 속력은 4cm/s, 1초에서 2초까지 속력은 8cm/s, 2초에서 3초까지 속력은 10cm/s, 3초에서 4초까지 속력은 13cm/s, 4초에서 5초까지 속력은 15cm/s가 된다. 따라서 토끼의 속력은 0초에서 5초까지 계속하여 증가하고 있다.

오답 챙기기

① 거북이는 0초에서 5초까지 매초마다 10cm씩 일정하게 이동하고 있다.

② 토끼의 속력은 시간이 갈수록 점점 더 빨라지고 있으므로 0초에서 5초까지 토끼의 속력은 계속해서 변한다고 할 수 있다.

④ 0초에서 1초까지 토끼의 속도는 4cm/s인 데 비해 거북이의 속력은 10cm/s이다. 따라서 거북이가 토끼보다 빠르다.

⑤ 토끼와 거북이 모두 5초 동안 50cm를 이동하였으므로 둘의 평균 속력은 10cm/s로 같다.

STEP 3 교과 개념 😛 핵심 정리 • 본문 148쪽

• **개념 한눈에 보기**
① 거리   ② 일정한   ③ 중력   ④ 질량

• **교과 개념 확인 Quiz**
❶ 운동   ❷ ○   ❸ ×   ❹ 중력   ❺ 속력
Tip ❸ 운동하는 물체의 속력은 대부분 계속해서 변한다.

일을 하는데 어떻게 에너지가 생기지?

| 구성 |

1 과학에서의 일
물체에 힘을 작용하여 그 힘의 방향으로 물체를 이동시키는 것
• 일의 양 = 물체에 작용한 힘의 크기 × 물체가 힘의 방향으로 이동한 거리

2 중력에 대해 한 일과 중력이 한 일
• 중력에 대해 한 일 → 물체를 들어 올리는 일
= 물체의 무게(질량×9.8)×물체를 들어 올린 높이
• 중력이 한 일 → 물체의 자유 낙하 운동
= 물체에 작용하는 중력의 크기×물체가 낙하한 거리

3 에너지의 개념과 종류
일을 할 수 있는 능력을 에너지라고 하며, 이를 운동 에너지와 위치 에너지 등으로 구분할 수 있음.

4 일과 에너지의 관계
일과 에너지는 서로 전환 가능하며 물체의 에너지는 그 물체가 할 수 있는 일의 양과 같음.

| 주제 | 일과 에너지의 개념 및 관계

STEP **2** 교과 개념 🌱 **지문 독해** · 본문 150쪽

| **1** ⑤ | **2** ④ | **3** ② | **4** ③ |

1 전개 방식 파악하기 답 ⑤

1문단의 '일상에서와 달리 과학에서는 물체에 힘을 작용하여 그 힘의 방향으로 물체를 이동시킬 때 일을 한다고 말한다.'를 통해 일상에서의 '일'과 과학에서의 '일'의 의미상 차이를 알 수 있다. 그러나 이 글에서 두 가지 일의 공통점은 다루고 있지 않다.

2 세부 내용 파악하기 답 ④

4문단에 따르면, 물체가 외부에 일을 하면 그만큼 물체의 에너지는 감소한다.

3 세부 내용 추론하기 답 ②

3문단에 따르면, 기준면에 정지해 있는 물체는 기준면에서의 높이가 0이다. 또한 운동도 하지 않는 상태이므로 위치 에너지와 운동 에너지가 모두 0이 된다.

오답 챙기기

① 4문단을 통해 에너지가 큰 물체일수록 더 많은 일을 할 수 있음을 알 수 있다. 그러나 이 글에서 위치 에너지와 운동 에너지 중

어느 것이 더 많은 일을 할 수 있는지는 언급하고 있지 않다.

③ 3문단에 따르면, 운동 에너지는 그 물체의 질량에 비례하며 속력의 제곱에 비례하므로, 운동하는 물체의 속력이 2배가 되면 그 물체의 운동 에너지는 4배가 된다.

④ 4문단에서 물체가 외부에 일을 하면 그만큼 물체의 에너지가 감소한다고 한 내용을 통해, 물이 떨어지면서 물레방아를 돌리는 일을 한 만큼 물의 에너지가 줄어들 것임을 짐작할 수 있다.

⑤ 3문단에 따르면, 위치 에너지는 물체의 질량과 높이에 각각 비례한다. 따라서 질량이 동일하면 더 높은 곳에 있는 물체의 위치 에너지가 더 크다.

4 사례에 적용하기 답 ③

3문단에 따르면, 위치 에너지는 기준면으로부터 높은 위치에 있는 물체가 지니는 에너지이다. 춘향이 든 가방은 바닥보다 높은 곳에 있으므로 위치 에너지를 지니게 된다. 그러나 위치 에너지는 물체의 질량 및 높이와 관련 있을 뿐 이동 속력과는 아무런 상관이 없다.

오답 챙기기

① 3문단에 따르면, 위치 에너지는 기준면으로부터 높은 위치에 있는 물체가 지니는 에너지이다. 춘향이 든 가방은 바닥에서 50㎝ 높이에 있으므로 위치 에너지를 지닌다.

② 춘향이 처음에 가방을 들어 올릴 때는 힘이 위쪽으로 향하고, 가방의 이동 방향도 위쪽으로 향한다.

④ 2문단에 따르면, 물체를 위로 들어 올린 경우 일의 양은 물체의 무게(N)에 물체를 들어 올린 높이(m)를 곱하여 구한다. 그리고 물체의 무게는 질량(kg)에 9.8을 곱한 값이다. 가방이 땅에서 50㎝ 높이, 즉 0.5m 높이에 있고, 가방의 무게가 2kg이므로 일의 양은 '(2kg × 9.8) × 0.5m = 9.8J'이 된다.

⑤ 1문단에 따르면, 물체를 힘의 작용 방향으로 이동시킬 때 일을 한 것이다. 그런데 춘향이 가방을 들고 있었으므로 가방에 작용한 힘은 위쪽이지만 가방의 이동 방향은 앞쪽이 되어 서로 수직이 된다. 이는 가방을 힘의 작용 방향으로 이동시킨 것이 아니므로 일의 양이 0이 된다. 즉 일을 한 것이 아니다.

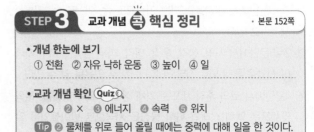

STEP **3** 교과 개념 🌱 **핵심 정리** · 본문 152쪽

• **개념 한눈에 보기**
 ① 전환 ② 자유 낙하 운동 ③ 높이 ④ 일

• **교과 개념 확인 Quiz**
 ① ○ ② × ③ 에너지 ④ 속력 ⑤ 위치
 Tip ② 물체를 위로 들어 올릴 때에는 중력에 대해 일을 한 것이다.

서로 다른 눈·코·입의 역할

| 구성 |

2 눈의 구조와 감각 인식 과정
빛 → 각막 → 수정체 → 유리체 → 망막의 시각 세포 → 시각 신경 → 뇌

1 자극과 감각 기관 의 개념
자극 은 생물에 작용하여 반응을 일으키게 하는 환경 변화를, 감각 기관은 이러한 자극을 받아들이는 기관을 의미함.

3 귀의 구조와 감각 인식 과정
소리 → 귓바퀴 → 외이도 → 고막 → 귓속뼈 → 달팽이관의 청각 세포 → 청각 신경 → 뇌

4 코와 혀의 감각 인식 과정
• 코: 기체 상태의 화학 물질 → 후각 상피 의 후각 세포 → 후각 신경 → 뇌
• 혀: 액체 상태의 화학 물질 → 유두 → 맛봉오리의 맛세포 → 미각 신경 → 뇌

5 피부의 감각 인식 과정
피부 자극 → 피부의 감각점 → 감각 신경 → 뇌

| 주제 | 인체의 감각 기관이 감각을 인식하는 과정

STEP 2 교과 개념 지문 독해 · 본문 154쪽

1 ②   2 ⑤   3 ④   4 ①

1 핵심 내용 파악하기   답 ②

이 글은 눈, 귀, 코, 혀, 피부 등 감각 기관의 종류별 구조와 각각이 감각을 인식하는 과정을 설명하고 있다.

2 세부 내용 파악하기   답 ⑤

2문단에 따르면, 눈에서 빛 자극을 받아들이는 시각 세포는 망막에 분포하고 있다.

오답 챙기기

① 3문단에서 귓속뼈 뒤에 있는 전정 기관과 반고리관이 몸의 균형을 유지한다고 했으므로 적절하다.

② 2~5문단에서 감각을 느끼는 기관으로 눈, 귀, 코, 혀, 피부를 제시하고 있다.

③ 2~5문단에서 시각, 청각, 후각, 미각, 피부 감각은 모두 자극이 신경을 통해 뇌로 전달되어야 느낄 수 있음을 알 수 있다.

④ 4문단에서 코의 후각 세포는 기체 상태의 화학 물질을, 혀의 맛세포는 액체 상태의 화학 물질을 자극으로 받아들임을 알 수 있다.

---

3 세부 내용 추론하기   답 ④

2문단에서 주변이 밝으면 홍채가 넓어지면서 동공의 크기가 작아져 빛의 양을 줄인다고 했다. 따라서 홍채를 줄여 동공을 크게 해야 받아들이는 빛의 양을 늘릴 수 있다. 홍채와 동공을 모두 넓힌다는 추론은 적절하지 않다.

오답 챙기기

① 5문단에서 매운맛과 떫은맛을 받아들이는 통점과 압점은 피부 감각의 감각점이라고 하였으므로, 매운맛과 떫은맛은 미각이 아니라 피부 감각으로 느낀다는 것을 추론할 수 있다.

② 2문단에 따르면 시각 세포가 빛 자극을 받아들이고, 이 자극이 시각 신경을 통해 뇌로 전달되어야 물체를 볼 수 있게 된다.

③ 5문단에서 피부의 감각점인 촉점, 통점, 온점, 냉점, 압점은 각각 가벼운 접촉, 아픔, 따뜻함, 차가움, 압력이라는 감각을 받아들인다고 했으므로 피부의 감각점이 달라지면 받아들이는 감각의 종류도 달라진다.

⑤ 2문단에서 가까운 거리의 물체를 볼 때 수정체가 두꺼워진다고 했으므로, 수정체의 두께 조절 기능이 떨어지면 가까운 물체가 잘 안 보이는 현상이 생길 수 있다고 추론할 수 있다.

4 사례에 적용하기   답 ①

일반 이어폰은 고막의 진동을 이용하고, 뼈 전도 이어폰은 뼈와 피부의 진동을 이용하여 소리를 전달한다. 따라서 진동을 통해 소리를 전달한다는 점은 동일하다.

오답 챙기기

② 청각 신경은 소리를 증폭시키는 것이 아니라 이미 증폭된 진동을 자극으로 받아들이는 역할을 한다.

③ 뼈 전도 이어폰은 고막을 통하지 않고 뼈와 피부를 통해 진동을 청각 세포에 바로 전달하므로 적절하지 않다.

④ 뼈 전도 이어폰은 이어폰에서 나오는 소리와 외부 소리를 같이 듣게 되므로 일반 이어폰보다 소리 전달이 잘 안 될 수 있다.

⑤ 소리의 진동이 달팽이관의 청각 세포를 거쳐 뇌에 전달되므로, 청각 세포에 이상이 있으면 소리를 듣기 어렵다.

STEP 3 교과 개념 핵심 정리 · 본문 156쪽

• 개념 한눈에 보기
① 빛 ② 소리 ③ 기체 ④ 액체

• 교과 개념 확인 Quiz
❶ ○ ❷ × ❸ 후각 ❹ ○ ❺ 피부 감각
Tip ❷ 귓바퀴에 모인 소리가 외이도를 지나 고막을 진동시킨다.

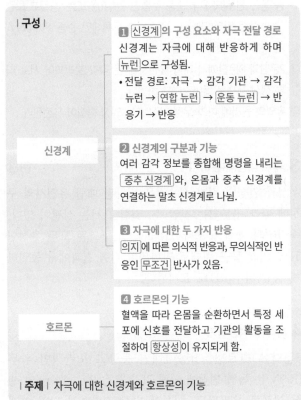

18일차 ≫생명과학

2 우리 몸은 자극에 어떻게 반응할까?

| 구성 |

신경계

1 신경계의 구성 요소와 자극 전달 경로
신경계는 자극에 대해 반응하게 하며 뉴런으로 구성됨.
• 전달 경로: 자극 → 감각 기관 → 감각 뉴런 → 연합 뉴런 → 운동 뉴런 → 반응기 → 반응

2 신경계의 구분과 기능
여러 감각 정보를 종합해 명령을 내리는 중추 신경계와, 온몸과 중추 신경계를 연결하는 말초 신경계로 나뉨.

3 자극에 대한 두 가지 반응
의지에 따른 의식적 반응과, 무의식적인 반응인 무조건 반사가 있음.

호르몬

4 호르몬의 기능
혈액을 따라 온몸을 순환하면서 특정 세포에 신호를 전달하고 기관의 활동을 조절하여 항상성이 유지되게 함.

| 주제 | 자극에 대한 신경계와 호르몬의 기능

STEP 2 교과 개념 지문 독해 · 본문 158쪽

1 ③   2 ④   3 ④   4 ②

1 핵심 내용 파악하기 답 ③

2문단에서 말초 신경계가 중추 신경계와 온몸을 연결한다고 설명했을 뿐, 말초 신경계의 종류는 제시하지 않았다.

2 세부 내용 파악하기 답 ④

4문단에서 신속한 신호 전달을 하는 것은 신경계이며 호르몬은 느리면서 지속적인 반응을 일으킨다는 것을 확인할 수 있다.

3 세부 내용 추론하기 답 ④

4문단에서 날이 추울 때 갑상샘에서 티록신을 분비하여 체온을 올린다고 하였고 이러한 호르몬이 항상성 유지를 돕는다고 하였다. 따라서 티록신이 사람의 체온이 36.5도로 유지되도록 작용할 것임을 짐작할 수 있다.

오답 챙기기

① 호르몬은 내분비샘에서 만들어진다고 하였다. 따라서 티록신

과 인슐린을 각각 분비하는 갑상샘이나 이자 모두 내분비샘에 해당한다.

② 4문단에서 인슐린의 작용으로 혈당량이 감소한다고 하였으므로, 혈액 속 포도당의 양, 즉 혈당량이 증가하면 글루카곤이 아닌 인슐린이 작용해 혈당량을 줄여 항상성이 유지된다.

③ 4문단에서 글루카곤이 작용하면 혈당량이 증가하므로, 혈당량이 낮아지면 글루카곤이 분비되는 양이 늘어 혈당량을 높인다.

⑤ 2문단에서 간뇌가 혈당량, 체온과 체액 농도 등을 조절하는 역할을 한다고 했는데, 인슐린과 글루카곤은 혈당량을 조절하는 호르몬이므로, 체액 농도의 조절을 위해 분비된다는 추론은 적절하지 않다. 또한 인슐린과 글루카곤은 간뇌가 아니라 체내의 내분비샘(갑상샘, 이자)에서 분비된다.

수능 연결

4 사례에 적용하기 답 ②

1문단에서 중추 신경계를 구성하는 연합 뉴런은 자극에 대한 판단을 내린 후 운동 뉴런에 명령을 내린다고 하였다. 또 2문단에서 중추 신경계는 뇌와 척수로 이루어졌다고 하였다. 그런데 (나)의 반응에는 척수의 명령이 필요하므로 (나) 역시 연합 뉴런이 작용함을 알 수 있다.

오답 챙기기

① 3문단에 의하면, (가)는 공을 치겠다는 사람의 의지에 따라 일어난 행동이므로 의식적 반응이고, (나)는 의식의 작용 없이 저절로 일어난 무의식적 행동이므로 무조건 반사이다.

③ 2문단에 의하면, 대뇌와 척수가 반응기에 명령을 전달할 때 중추 신경계와 온몸을 연결하는 말초 신경계가 있어야 한다. 따라서 중추 신경계와 말초 신경계가 모두 작동해야 (가), (나)의 반응이 일어나게 된다.

④ 3문단에 의하면, 의식적 반응인 (가)는 대뇌의 명령이, 무조건 반사인 (나)는 척수의 명령이 반응기로 전달되어 일어난다.

⑤ 3문단에 의하면, 무조건 반사는 의식적 반응과 달리, 자극이 대뇌를 거치지 않고 척수까지만 전달되어 일어나므로 자극의 전달 경로가 짧다. 따라서 일반적으로 무조건 반사가 의식적 반응보다 짧은 시간 내에 일어난다고 할 수 있다.

STEP 3 교과 개념 핵심 정리 · 본문 160쪽

• **개념 한눈에 보기**
① 뉴런   ② 말초 신경계   ③ 무조건 반사   ④ 체온

• **교과 개념 확인 Quiz**
❶ 뉴런   ❷ ○   ❸ 말초 신경계   ❹ ×   ❺ 항상성   ❻ 호르몬
Tip ❹ 대뇌가 관여하는 반응은 의식적 반응이다.

| 구성 |

1 멘델의 완두 실험
대립 형질을 이루는 대립 유전자의 구성에 따라 겉모습이 달라질 수 있음을 알아냄.

2 분리 법칙과 우성 유전자의 발현
대립 유전자의 분리와 결합에 의해 잡종 1대가 만들어질 때, 우성 대립 유전자와 열성 대립 유전자가 결합하면 언제나 우성 형질이 발현됨.

3 독립 법칙에 따른 다양한 형질의 유전
여러 형질이 함께 유전될 때에는 각각의 형질이 독립적으로 분리되어 유전되며, 각각의 형질은 우성과 열성의 관계에 따라 다른 비율로 발현됨.

| 주제 | 멘델의 실험을 통해 살펴본 유전 형질이 전달되는 원리

STEP 2 교과 개념 🔆 지문 독해 · 본문 162쪽

1 ③   **2** ⑤   **3** ④   **4** ①

1 전개 방식 파악하기   답 ③

이 글에는 멘델의 실험 결과만 제시되어 있을 뿐 권위 있는 사람의 말은 인용되지 않았다.

오답 챙기기

① '분리 법칙'이나 '독립 법칙' 등 핵심 용어의 뜻을 밝혀 독자의 이해를 돕고 있다.

② 실생활의 사례인 수학 성적과 유전의 관계에 대한 이야기로 독자들의 관심을 유도하며 글을 전개하고 있다.

④ 3문단에서 스스로 묻고 대답하는 방식을 통해 실험 결과를 설명하고 있다.

⑤ 2문단에서 생식 세포의 결합과 발현 형질을 확인할 수 있는 시각 자료를 통해 멘델의 실험 내용을 구체적으로 제시하고 있다.

2 세부 내용 파악하기   답 ⑤

여러 형질이 유전될 때에도 독립 법칙에 따라 각 형질은 서로 영향을 주지 않고 서로 다른 생식 세포로 들어가 유전된다는 사실을 3문단에서 확인할 수 있다.

오답 챙기기

① 3문단에 따르면, 수학을 잘하고 못하는 것과 유전자 사이에 어떤 상관관계가 있는지는 규명이 안 된 상태로, 이를 유전되

는 대립 형질로 볼 수 없다.

② 2문단과 3문단을 통해 잡종 1대를 교배하면 잡종 2대에서 '순종 둥근 완두(RR)'나 '순종 주름진 완두(rr)' 또는 '둥글고 노란색인 순종 완두(RRYY)', '주름지고 초록색인 순종 완두(rryy)'가 나타나는 것을 확인할 수 있다.

③ 2문단과 3문단에서 대립 유전자 쌍은 각각 분리되어 서로 다른 생식 세포로 들어간다고 하였다.

④ 우열의 원리에 따라 우성 형질 또는 열성 형질이 유전된다.

3 세부 내용 추론하기   답 ④

우성과 열성이 결정되는 것은 결합된 대립 유전자의 구성에 따라 구분되는 것일 뿐, 결합 순서는 상관이 없다. 즉 'Rr'의 결합 구조나 'rR'의 결합 구조는 모두 우성인 'R'에 의해 둥근 형태로 발현되며 실험 결과에서 동일하게 '둥근 완두(Rr)'로 표시된다.

4 사례에 적용하기   답 ①

3문단에 따르면, 잡종 1대인 둥글고 노란색인 완두(RrYy)는 독립 법칙에 의해 각각 'RY, Ry, rY, ry'의 생식 세포로 분리되고, 이들이 다시 결합하게 되면 아래의 표와 같은 유전자 구성을 지니게 된다. 이때 둥근 모양(R)과 노란색(Y)이 우성 형질이므로, 'RRYY, RRYy, RrYY, RrYy'는 둥글고 노란색인 완두(파란색 음영)가, 'RRyy, Rryy'는 둥글고 초록색인 완두(초록색 음영)가, 'rrYY, rrYy'는 주름지고 노란색인 완두(붉은색 음영)가, 'rryy'는 주름지고 초록색인 완두(노란색 음영)가 된다. 그리고 이들의 비율은 '9 : 3 : 3 : 1'이 된다.

생식 세포	RY	Ry	rY	ry
RY	RRYY	RRYy	RrYY	RrYy
Ry	RRYy	RRyy	RrYy	Rryy
rY	RrYY	RrYy	rrYY	rrYy
ry	RrYy	Rryy	rrYy	rryy

STEP 3 교과 개념 🔆 핵심 정리 · 본문 164쪽

• 개념 한눈에 보기
① 분리 ② 독립 ③ 우열

• 교과 개념 확인 Quiz
❶ 대립 형질 ❷ × ❸ 분리 ❹ 독립

Tip ❷ 우성 형질의 대립 유전자와 열성 형질의 대립 유전자가 결합하면 우성 형질이 나타난다.

나는 엄마와 아빠를 그대로 닮았을까?

| 구성 |

1 부모로부터 물려받는 [유전] 형질
혈액형은 물론 혀 말기, 엄지의 모양 등은 모두 특정한 [유전자]에 의해 결정되는 유전 형질임.

2 사람의 유전에서도 적용되는 우열의 원리
부모로부터 물려받은 염색체의 결합에 따라 [우성]과 [열성]의 표현형이 나타나는데, 혈액형은 A, B, O 총 세 개의 [대립 유전자]가 관여함.

3 상염색체 유전과 성염색체 유전
[상염색체 유전]은 상염색체에 있는 유전자에 의해 유전 형질이 결정되며, 성염색체 유전은 성염색체에 있는 유전자에 의해 유전 형질이 결정되는 것으로 [남녀]에 따라 나타나는 빈도가 다름.

4 [가계도 조사]의 개념과 특징
사람의 유전 연구 방법으로, 특정 형질의 우열 관계와 유전자의 전달 경로 등을 알 수 있음.

| 주제 | 사람에게 나타나는 유전 형질의 특징과 연구 방법

STEP 2 교과 개념 😄 지문 독해 · 본문 166쪽

| 1 ④ | 2 ③ | 3 ⑤ | 4 ① |

1 핵심 내용 파악하기 · 답 ④

1문단의 '다만, 사람의 유전을 연구하는 것은 멘델의 완두 실험에 비해 무척 어렵기 때문에'에서 사람의 유전 연구가 어려움을 밝히고 있지만, 그 까닭은 설명하고 있지 않다.

오답 챙기기

⑤ 1문단에서 혈액형과 혀 말기, 엄지의 모양 등은 모두 특정한 유전자에 의해 결정되는 사람의 유전 형질이라고 하였다.

2 세부 내용 파악하기 · 답 ③

3문단에서 한 개의 적록 색맹 유전자를 가지고 있는 여성의 경우 자신은 정상이지만 자손에게 적록 색맹 유전자를 물려줄 수 있다고 하였다. 이는 특정 형질이 부모 세대를 건너뛰고 유전될 수 있음을 보여 준다.

오답 챙기기

①, ④ 2문단에서 귓불 모양을 예로 들어 부모로부터 물려받은

염색체의 결합이 EE나 Ee인 경우에는 우성의 표현형이 나타나고, ee인 경우에는 열성의 표현형이 나타난다고 하였다. 보조개가 없는 사람은 열성이므로 dd의 유전자형을, 엄지가 뒤로 젖혀지는 사람은 우성이므로 TT 또는 Tt의 유전자형을 갖는다.

② 2문단에서 사람의 유전에도 멘델이 발견한 우열의 원리가 그대로 적용되어 한 쌍의 대립 유전자가 관여하며 우열이 분명함을 제시하였다. 그러나 혈액형의 유전은 이 원리가 적용되는 보조개, 혀 말기 등의 유전과 조금 달라서 세 가지 대립 유전자가 관여하며 우열 관계가 없는 것도 있다고 하였다.

⑤ 혈액형의 표현형은 A형, B형, AB형, O형으로 네 가지이고 유전자형은 AA, AO, BB, BO, AB, OO로 여섯 가지이다.

3 세부 내용 추론하기 · 답 ⑤

만약 아들이 O형이라면 유전자형은 OO이므로 부모로부터 유전자 O를 하나씩 물려받아야 한다. 따라서 A형인 엄마와 B형인 아빠의 유전자형은 각각 AO, BO여야 한다. 따라서 이 경우 A형(AO), B형(BO), AB형, O형(OO)의 총 네 가지 혈액형이 나타날 수 있다.

4 사례에 적용하기 · 답 ①

적록 색맹 유전자가 성염색체 X에만 있는 적록 색맹의 유전에서, 정상인 남자(XY)와 정상이지만 보인자인 여자(XX′) 사이에서 태어난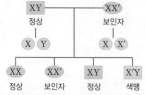

아들과 딸은 위의 그림과 같이 생식 세포 X, Y와 X, X′의 결합으로 'XX, XX′, XY, X′Y'의 유전자형을 갖게 된다. 이때 여자는 적록 색맹 유전자 X′가 두 개 있어야 적록 색맹이고 남자는 적록 색맹 유전자 X′가 하나만 있어도 적록 색맹이 된다. 결국 딸은 정상일 확률이 100%, 아들은 정상일 확률이 50%가 됨을 알 수 있다.

STEP 3 교과 개념 😄 핵심 정리 · 본문 168쪽

· 개념 한눈에 보기
① 우성 ② 열성 ③ 보인자
- - - - - - - - - -
· 교과 개념 확인 Quiz
❶ 유전 형질 ❷ 가계도 조사 ❸ × ❹ ○ ❺ ○

Tip ❸ AB형인 아버지의 유전자형은 AB, O형인 어머니의 유전자형은 OO이므로 둘 사이에서는 AB형과 O형이 나타날 수 없다.

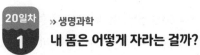

20일차

1 »생명과학
내 몸은 어떻게 자라는 걸까?

| 구성 |

1 세포의 형태와 기능
세포는 원활한 물질 교환 을 위해 여러 개의 작은 세포로 나누어짐.

2 세포 분열의 개념과 역할
하나의 세포가 둘로 나누어지는 세포 분열을 통해 재생, 생장, 생식 등이 이루어짐.

3 체세포 속 염색체의 형태와 특징
염색체는 유전 물질인 DNA 를 가지고 있는데 체세포에는 크기와 형태가 같은 2개의 염색체가 쌍을 이루는 상동 염색체 가 들어 있음.

4 체세포 분열의 과정
체세포 분열은 동일한 유전 정보를 가지는 2개의 딸세포 를 만드는 과정으로, 생장과 재생을 위해 반복적으로 일어남.

| 주제 | 세포의 역할과 체세포 분열의 과정

STEP 2 교과 개념 😊 지문 독해 · 본문 170쪽

1 ③   2 ④   3 ④   4 ①

---

1 전개 방식 파악하기   답 ③

이 글에서는 세포의 특징을 제시한 후 세포 분열 과정을, 특히 체세포 분열 과정을 중심으로 단계에 따라 차례대로 설명하고 있다.

2 세부 내용 파악하기   답 ④

2문단에서 단세포 생물인 아메바나 박테리아는 세포 분열이 곧 자손을 늘리는 것이지만, 다세포 생물은 세포 분열이 재생, 생장에 중요한 역할을 한다고 하였다. 따라서 단세포 동물이 세포 분열을 통해 재생, 생장, 생식을 한다는 것은 적절하지 않다.

3 세부 내용 추론하기   답 ④

1문단에서 영양소 흡수와 노폐물 배출 등의 물질 교환이 원활하려면 하나의 세포가 여러 개의 작은 세포로 나누어져 표면적을 늘리는 것이 더 유리하다고 설명하고 있다. 따라서 영양소 흡수를 위해 세포 분열로 표면적을 작게 하는 것이 유리하다는 설명은 적절하지 않다.

오답 챙기기

① 3문단에서 성을 결정하는 성염색체에 X염색체와 Y염색체가 있다고 하였다.

② 2문단에서 세포가 어느 정도 커지면 둘로 나누어지는 세포 분열을 한다는 내용을 통해 분열 전의 세포 크기가 분열 직후의 세포 크기보다 클 것임을 짐작할 수 있다.

③ 2문단에서 상처 난 손가락이 아무는 것도 세포 분열이 이루어졌기 때문이라고 설명한 내용을 통해 짐작할 수 있다.

⑤ 1문단에 제시된 코끼리와 토끼의 예를 통해서 짐작할 수 있다.

4 사례에 적용하기   답 ①

4문단에 따르면, 〈보기〉의 그림에서 ㉮는 간기, ㉯는 전기, ㉰는 중기, ㉱는 후기, ㉲는 말기, ㉳는 세포질 분열 단계이며, ㉴는 딸세포 2개로 완전히 분열된 상태이다. ㉴의 딸세포가 시간이 흘러 어느 정도 커지면 모세포가 되어 다시 ㉮ 단계부터 시작하여 세포 분열이 반복적으로 일어난다. 따라서 ㉮는 모세포가 분열하기 전에 유전 물질이 복제되어 두 배로 늘어나는 단계이지만 ㉴는 딸세포가 막 형성된 단계이므로 유전 물질의 양이 두 배로 늘어나는 단계로 보기 어렵다.

오답 챙기기

② ㉯는 핵막이 사라지는 전기이고, ㉲는 새로운 핵막이 나타나는 말기이다.

③ ㉮는 세포 분열의 직전이므로 모세포이고, ㉴는 세포 분열이 일어난 후의 결과물이므로 딸세포이다.

④ ㉰는 염색체가 세포의 중앙에 배열되는 중기이고, ㉱는 ㉰의 염색체에 있는 염색 분체가 분리되어 1개씩 세포의 양쪽 끝으로 이동하는 후기이다.

⑤ ㉯는 세포 분열 과정의 전기로 막대 모양의 염색체 형태가 나타나는 단계이고, ㉳는 염색체가 핵 안에서 실처럼 풀어지는 세포질 분열 단계이다.

STEP 3 교과 개념 😊 핵심 정리 · 본문 172쪽

• 개념 한눈에 보기
① 세포질 분열   ② 딸세포   ③ 염색 분체   ④ 하나씩

• 교과 개념 확인 Quiz🔍
❶ 성염색체   ❷ ×   ❸ ○   ❹ ×   ❺ 재생, 생장

Tip ❷ 세포 분열에 의해 세포의 수가 늘어난다.
❹ 체세포 분열로 만들어진 딸세포는 모세포와 염색체 수가 같다.

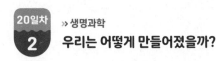
│구성│

1 생식의 의의 및 무성 생식의 장단점
생식은 종족 유지를 위한 수단이며, 그중 무성 생식은 짧은 시간에 많은 수의 번식이 가능하나, 자손의 유전적 다양성이 부족하다는 문제가 있음.

2 생식 세포가 만들어지는 과정
두 단계의 감수 분열을 통해 염색체 수가 체세포의 절반인 생식 세포가 만들어짐.

3 발생의 과정
두 생식 세포의 결합으로 만들어진 수정란이 세포 수를 늘리는 난할을 거쳐 하나의 개체로 자라남.

4 유성 생식의 의의
상동 염색체의 무작위 배열 및 분리, 암수의 무작위 수정으로 유전적 다양성을 가짐으로써 생존력이 높은 자손을 만들 수 있음.

│주제│ 생식의 의의와 감수 분열이 이루어지는 유성 생식의 장점

STEP 2 **교과 개념** 😀 **지문 독해** · 본문 174쪽

1 ④	2 ④	3 ③	4 ③

1 핵심 내용 파악하기 답 ④

이 글은 모든 생물은 종족 유지를 위해 생식을 한다고 언급한 뒤, 서로 다른 유전자의 결합을 통해 유전적 다양성이 높은 자손을 만들 수 있는 유성 생식을 중점적으로 설명하고 있다. 따라서 '유성 생식, 종족 유지를 위한 최선의 선택'이 이 글의 제목으로 가장 적절하다.

오답 챙기기

①, ② 이 글의 중심 내용은 무성 생식이 아니라 유성 생식이며, 무성 생식은 유성 생식에 비해 복잡하지 않다. 그리고 무성 생식이 단점보다 장점이 많다고 볼 만한 근거도 나타나 있지 않다.
③ 유성 생식은 유전자의 교환이 아니라, 서로 다른 유전자의 결합을 통해 이루어진다.
⑤ 유성 생식에서 감수 분열을 하는 것은 수정란이 아니라 생식 세포를 만들 수 있는 세포이다. 수정란은 감수 분열로 만들어진 생식 세포가 결합하여 만들어진 것이다.

2 세부 내용 파악하기 답 ④

㉠은 한 개체의 유전자가 세포 분열을 통해 고스란히 자

손에게 전해지는 방식이며, ㉡ 또한 감수 분열이라는 생식 세포의 분열을 통해 자손을 만드는 방식이다.

3 세부 내용 추론하기 답 ③

2문단을 보면, 감수 1분열 단계에서 크기와 모양이 같은 상동 염색체가 두 개씩 붙은 2가 염색체가 나타난다고 하였다. 그리고 이들이 분리되어 2개의 딸세포가 만들어지고 각 딸세포의 염색체 수는 체세포의 절반이 된다고 하였다. 따라서 감수 2분열이 이루어지기 전, 즉 감수 1분열 시기에 세포 내 염색체의 수가 변한다고 볼 수 있다.

오답 챙기기

⑤ 감수 분열로 만들어진 생식 세포는 다른 성별의 생식 세포와 결합하는 수정을 한다.

4 사례에 적용하기 답 ③

윌리엄스가 복권 당첨에 비유한 것은 유성 생식을 통해 다양한 개체를 생산하는 것이다. 다양한 개체의 생산이 가능한 것은 암수의 수정이 무작위로 이루어져 다양한 수정란이 형성될 수 있기 때문이지, 수정란이 세포 분열을 통해 개체가 되기 때문은 아니다.

오답 챙기기

① 이 글에서 단세포 생물은 무성 생식을, 다세포 생물은 유성 생식을 주로 한다고 하였다. 그러나 〈보기〉의 진딧물은 무성 생식과 유성 생식을 모두 한다고 하였다.
② 이 글에서 무성 생식은 수정의 과정 없이 한 개체의 유전자가 세포 분열을 통해 고스란히 자손에게 전해지는 것이라고 하였다. 또한 〈보기〉에서 무성 생식을 하는 종은 돌연변이가 없다면 변화하는 환경에서 살아남지 못할 수도 있다고 하였으므로, 그만큼 환경 변화에 대한 적응력이 떨어짐을 알 수 있다.
④ 〈보기〉에서 바이스만은 암수의 유전자가 함께 자손에게 전해지는 유성 생식이 유전적 다양성을 높일 수 있다고 주장하였다.
⑤ 〈보기〉에서 바이스만과 윌리엄스는 유성 생식을 환경 변화에 더 잘 적응하기 위한 생식 방법으로 보았다.

STEP 3 **교과 개념** 😀 **핵심 정리** · 본문 176쪽

• 개념 한눈에 보기
① 복제 ② 절반 ③ 4개

• 교과 개념 확인 **Quiz**
❶ 감수 분열 ❷ 2가 염색체 ❸ ○ ❹ × ❺ × ❻ 발생
Tip ❹ 정자와 난자는 수정란이 아니라 생식 세포이다.
❺ 난할이 거듭될수록 세포 하나의 크기는 점점 작아진다.

MEMO

MEMO

MEMO

메가스터디
중학 국어 독해
비문학
과학개념

정답과 해설

메가스터디BOOKS

www.megastudybooks.com

내용 문의 | 02-6984-6897   구입 문의 | 02-6984-6868,9